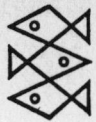

Über dieses Buch Eines der Hauptanliegen der Anthroposophie ist, daß der Mensch aus sich heraus auf einen Schulungsweg sich begibt, der die Veränderung des Menschen bewirken kann; der zu neuen Qualitäten des Denkens, des Fühlens und Wollens führt. Wer sich auf diesen Weg einläßt, entdeckt einen Bereich schöpferischer Kräfte, der auch in Rudolf Steiners *Philosophie der Freiheit,* an die der Autor anknüpft, unmittelbare Praxis und Erfahrung wird. Der Übende wird somit »Miterbauer« des achten Schöpfungstages, an dem sich der geistige Ursprung der Welt manifestiert.

Die Aufsätze in diesem Band beschreiben teils Erfahrungen, die das Methodische des Erkenntnisweges betreffen, teils Ergebnisse der meditativen Forschung; weitere befassen sich mit der Geisteswissenschaft selbst, andere versuchen die aus ihr und aus ihrer Praxis folgenden moralischen Möglichkeiten zu schildern: Die Formulierung des neuen Gebotes, das das menschliche Leben in der Zukunft allein menschenwürdig und möglich machen kann.

Der Autor Georg Kühlewind ist das Pseudonym eines im Ostblock lebenden Naturwissenschaftlers (Universitätsordinarius). Während seiner Forschungsarbeiten in der Bundesrepublik gab er Kurse, die die meditativ-denkerische Erarbeitung anthroposophischer Leitmotive zum Inhalt hatten. Daraus entstand – neben anderen zahlreichen Veröffentlichungen – eine Reihe von fünf Büchern, die alle um dieses Thema einer dem christlichen Logos-Gedanken verpflichteten Selbst- und Welterkenntnis kreisen.

Georg Kühlewind

Die Wahrheit tun

Erfahrungen und Konsequenzen
des intuitiven Denkens

Fischer Taschenbuch Verlag

Perspektiven der Anthroposophie

Herausgegeben von
Johannes M. Mayer und Wolfgang Niehaus

6.–7. Tausend: Mai 1987

Unveränderte Ausgabe
Veröffentlicht im Fischer Taschenbuch Verlag GmbH,
Frankfurt am Main, Januar 1985

Lizenzausgabe mit freundlicher Genehmigung
des Verlages Freies Geistesleben, Stuttgart
© 1978 Verlag Freies Geistesleben, Stuttgart
Umschlaggestaltung: Jan Buchholz/Reni Hinsch
Gesamtherstellung: Clausen & Bosse, Leck
Printed in Germany
1080-ISBN-3-596-25548-1

Inhalt

Überwindung der Naivität • Praktische Überwindung der Naivität • Die Struktur der Geisteswissenschaft • Das Schicksal der kosmischen Intelligenz • Die Wissenschaft des Menschen

Vorbemerkung

Die europäisch-amerikanische Menschheit steht im Zeitalter der Bewußtseinsseele. Das bedeutet, daß die Seele auf ihre erkennende Tätigkeit schauen kann, besonders auf das Denken – wenn es schon vergangen ist. Voraus ging diesem Zeitalter das der Verstandesseele, in dem der Mensch vom Denken Gebrauch gemacht hat, ohne daß er das Denken als selbständige Wesenheit bemerkte. Noch früher lebte die Menschheit in der Empfindungsseele: Wahrnehmen und Denken waren ungetrennt, die Begrifflichkeit erschien in der Wahrnehmung. Im Zeitalter der Bewußtseinsseele erlangt der Mensch seine Mündigkeit: da er auf das Erkennen zu schauen vermag, kann ihm nichts mehr ohne sein Zutun zukommen. Wird der Mensch seiner geistigen Lage nicht gewahr, so sinkt er unvermeidlich in die – nunmehr krankhafte – Geisteshaltung früherer Epochen zurück, und seine potentielle Autonomie wird von menschenfeindlichen Kräften benutzt. Welcher *Mensch* will all das Unmenschliche, das seit vielen Jahrzehnten, Jahrhunderten dauernd geschieht?

Wird der Mensch auf die Tatsache des Erkennens aufmerksam, so entstehen zunächst Erkenntnistheorien. Soweit diese im Bereich des gewöhnlichen, Vergangenheitscharakter tragenden Denkens bleiben – und das ist dann nie eine ganz durchdachte, folgerichtige Erkenntnistheorie –, bedeuten sie keinen Ausweg, keine Veränderung im Leben. Sie werden bald als hoffnungslose Versuche aufgegeben. Entdeckt der Mensch aber, daß der eigentliche *Vorgang* des Erkennens *vor* dem Bewußtwerden seiner Ergebnisse, vor dem Gedachten, Wahrgenommenen usw. liegt, so öffnet sich für ihn eine neue Welt: die des lebenden Geistes. Er wird einen selbständigen Schritt tun: in die Richtung der Erfahrung dieser Welt. Damit wandelt sich die Bewußtseins*seele* in das *Geist*selbst. Diesen Weg zeigt die Geisteswissenschaft Rudolf Steiners.

Die Aufsätze in diesem Band beschreiben teils Erfahrungen, die das Methodische des Erkenntnisweges betreffen, teils Ergebnisse der meditativen Forschung. Einige befassen sich mit der Geisteswissenschaft selbst; weitere versuchen die aus ihr und aus ihrer Praxis folgenden moralischen Möglichkeiten zu schildern: die Formulierung des neuen Gebotes, das das menschliche Leben in der Zukunft allein menschenwürdig und möglich machen kann.

Das Denken über das Denken

Das Denken kann nicht über sich selbst denken, nur über etwas Gedachtes – über etwas Wiedergedachtes oder über etwas, was geschöpft wird. Schöpfen aber steht nicht in der Macht des Bewußtseins.

Wenn das Denken doch versucht, über sich selbst zu denken, dann geht es vom abstrakten Begriff des Denkens aus – ist abstrakt, weil hinter ihm kein Erfahren steht, nur die Erfahrung des Gedachten – und dadurch ist die Bewegung des Denkens, das im günstigen Fall zu strömen beginnt, auf den Bereich der Abstraktionen beschränkt. Es ist möglich, daß bei genügender Konzentriertheit währenddessen eine neue Intuition aufblitzt; jedoch ohne Vorübungen, ohne die Übung der richtigen Gegenstands-Konzentration[1] ist es nicht sehr wahrscheinlich. Geschieht es dennoch, so bildet die Intuition eine Wirklichkeit; *diese* wird im weiteren zum Thema der Konzentration und führt richtig weiter, weil eben jetzt schon das Thema eine *Wirklichkeit* ist. Alle Wirklichkeit kommt durch Intuition ins Bewußtsein. Abstraktheit aber kann die intuitive Bewegung meistens nicht hervorrufen; Abstraktheit bringt nur abstraktes Denken in Bewegung. Wählt man das Denken zum Thema, so richtet das Denken seine Aufmerksamkeit in der Konzentration auf einen abstrakten Begriff, und damit übt die Aufmerksamkeit nicht die Gebärde der Hingabe aus. Diese geschieht nur einem scheinbar ganz *anderen* gegenüber.

Die Bewegung der Gegenstands-Konzentration besteht darin, daß das Denken völlig, d. h. sich selbst vergessend, in den Gegenstand untertaucht. Es ist kein Denken mehr; es ist *das;* der Gegenstand, von dem sich dabei immer herausstellt, daß *er* Denken ist. Diese Entdeckung muß Erfahrung werden, darf nicht gedacht bleiben. Die im Gegenstand anwesende Intuition, der Gegenstand ist menschengeschaffen. Die Realität, die Wirklichkeit des Gegenstandes ist diese Intuition. Sie macht den Gegenstand aus, und sie strömt in die Wahrnehmung des Gegenstandes, wenn wir ihn wirklich wahrnehmen, und sie strömt weiter oder glüht unter der Asche der Vorstellung des

Gegenstandes, die wir wieder heraufbeschwören. Zu dieser Intuition strebt die Konzentration hin; weil es Wirklichkeit ist, kann sich das Denken in das Thema hineinvergessen, indem es sich selbst entsagt, sich selbst vergißt: sich, d. h. sein gespiegeltes, abstraktes Wesen vergißt.

Es ist klar, daß das Denken über das Denken eben dieses Selbstvergessen nicht herbeiführen kann, weil es *an sich selbst* denkt, auf sich selbst achtet und *dieses* Selbst Abstraktheit ist, keine intuitive Wirklichkeit.

Das Wahrnehmen oder »Beobachten« des Denkens – des Denkvorganges – oder sein Erfahren geht *deshalb* aus von dem Wachrufen von *etwas,* d. h. einem Gegenstand oder einem Bild-Begriff, z. B. dem Begriff des Dreiecks. In diesen kann es untertauchen, in diesem kann es sich selbst vergessen. Dieses Sich-Auslöschen, Sich-Hineinvergessen ist die notwendige Vorbedingung zum Aufblitzen der Intuition. Dieses Aufblitzen ist eigentlich die wahrhafte Konzentration, das Stehenbleiben des Blitzes: das Verweilen in ihm, im wahren Denken, nicht im Gedachten. Nur in diesem Element kann der Vorgang des Denkens Erfahrung werden, noch nicht-gedachtes lebendiges Denken.

Sich-Vergessen ist Sich-Vergessen des Ego, es ist der Gebärde, die im Wahrnehmen – im primären Wahrnehmen – immer anwesend ist, ähnlich. Das Sich-Vergessen des Ego macht Platz für das Erscheinen des wahren Subjektes, das nicht herbeizudrängen, zu erzwingen, oder durch »Geschicklichkeit« herbeizuführen ist. Ganz unerwartet, unvorstellbar ist es für das abstrakte Ego-Denken.

Das Erfahren des Denkens oder der Aufmerksamkeit ist kein »Ertappen« des Denkens oder der Aufmerksamkeit, nicht eine Annäherung an seine Gegenwart, sei es auf eine unendlich kleine Entfernung – durch diese letzte unendlich kleine Entfernung kommt der Mensch nicht hindurch. Es ist eine qualitativ andere Gebärde, vorgebildet, aber nicht durchgeführt in jedem Aufmerksamkeitsakt, der sich auf *etwas* richtet, auf etwas, das anfangs etwas anderes ist als die Aufmerksamkeit selbst. Das ist nötig, damit das Achten der Aufmerksamkeit auf sich selbst, das immer ein Hindernis für die Hingabe bildet, ausgelöscht wird. Die Konzentration ist die völlige Hingabe; sie ist der Hingabe ähnlich, die im Wahrnehmen nicht bewußt anwesend ist, die zugleich dem gewöhnlichen sekundären Wahrnehmen vorangeht. Die grundlegende Ursache der Zerstreutheit ist das

Achten auf sich selbst. Die Erfahrung des Denkens, der Aufmerksamkeit – die Kontemplation – ist innerhalb des gespiegelten Denkens nicht direkt zu verwirklichen. Man kann nur durch das Hervorrufen, das Fördern der intuitiven Intensität aus dem gespiegelten Denken heraustreten. Und nur dieses intuitive Denken kann Erfahrung werden.

Auch die Meditation hat darum ein Thema, das Wirklichkeit sein muß. Solange etwas abstrakt ist, ist es Nichts. Es ist aber für den heutigen Menschen berechtigt, daß er sich an solche Themen wendet, die auf »Erkennen« des Denkens oder des Wahrnehmens hinzielen. Deswegen wird in »Die Schwelle der geistigen Welt« als erstes Thema empfohlen: »Ich empfinde mich denkend eins mit dem Strom des Weltgeschehens.«[2]

Meditation

Im menschengeschaffenen Gegenstand ist eine Idee verkörpert: diese Idee wird in der Konzentrationsübung gesucht. Der Mensch begegnet dieser Idee, wenn er im Kindesalter den Gegenstand erkennen lernt. Sooft er später den Gegenstand sieht und ihn erkennt – ihn also wirklich sieht –, ist die Idee im Hintergrund des Sehens. Die Aufmerksamkeit aber ist nie bewußt auf die Idee gerichtet, sondern auf den im Lichte der Idee erkannten Gegenstand. Die Idee bleibt im intuitiven Bereich des Bewußtseins: im Überbewußten.

Daß ich ihn erkenne, ihn benutze, daß er Gegenstand sei, *jener* Gegenstand, dazu ist Verstehen nötig. Verstehen ist auch notwendig zum ersten Erschaffen des Gegenstandes; fast das gleiche Verstehen wie zum Erkennen. Aber das erste Verstehen verstand noch nicht ein *Etwas,* nicht *Jenes;* es war noch kein Gegenstand: das Verstehen hatte noch keinen Gegenstand. Er war bloßes Verstehen, war im Verstehen, das Verstehen hat ihn in die Erscheinung gebracht. Der Gegenstand ist das Verstehen.

Die Idee wird durch die Funktion gesucht. Diese ist durch eine Bildreihe hindurch vorgestellt, nicht die Idee, da nicht die volle, reine Funktion, nur *eine* Möglichkeit von ihr, *eine* Verwirklichung. Die Funktion ist in Wahrheit übersinnlich. Sie enthält alle ihre Verwirklichungsmöglichkeiten. Die wahre Funktion ist die Idee selbst.

Deshalb ist das gewöhnliche Bewußtsein nicht imstande, die Funktion, d. h. die Idee, auf direkte Weise, durch dialektische Spekulation zu suchen und aufzufinden. Die Vorbereitung des Bewußtseins besteht darin, daß es die Vorbedingungen zu dem intuitiven Augenblick schafft: die Konzentriertheit des Bewußtseins, die innere Stille, die Freiheit von Assoziationen, die Unbeweglichkeit der Aufmerksamkeit – durch die Erfahrung der eigenen Ohnmacht in bezug auf das Wahrnehmen der Idee hindurch schreitend – das Loslösen der Aufmerksamkeit vom Gegenstand, ihr In-Sich-Bleiben ohne Gegenstand.

Durch diese Vorbereitung und durch die möglichst genaue

und erschöpfende Formulierung der Funktion, die jedoch in der Formulierung nie vollständig erfaßt werden kann: durch die Erfahrung der Unzulänglichkeit der Formulierung nähern wir uns der Idee. Da sie Funktionieren, Funktionieren aber Bewegung ist, ist die Idee selbst nicht zu formulieren, durch Worte nicht auszudrücken. Was man durch Worte ausdrücken kann, wird möglich durch das überbewußte Verfügen über die Idee. Und deswegen muß das Bewußtsein sich ändern, damit die Idee erblickt werden kann. Es gibt keine Idee, die durch andere Ideen auszudrücken wäre, da jede andere ja konsequenterweise auch wieder erklärende Zurückführungen erfordern würde. Damit eine Idee erklärt werden kann, muß sie schon da sein. Und die Erklärung muß einem Verstehen begegnen, damit sie zum Schauen der Idee führen kann – damit sie Erklärung sein kann. Die Idee ist nicht geschlossen – kann nicht eingeschlossen werden, weder in andere Ideen noch in Worte. Das auf den Gegenstand und dann auf die Funktion konzentrierte Strahlenbündel der Aufmerksamkeit kann, nachdem der Gegenstand, der ja immer nur Vorwand war, nicht mehr ihren Zielpunkt bildet, vor dem Zerstreutwerden durch das Suchen nach der Idee oder das Sich-Öffnen dem Aufblitzen der Idee – das Ihr-Platz-Bereiten – bewahrt werden. In nicht bewußter Weise bereitet der Mensch auch sonst seine Intuitionen so vor.

Wenn sich die aus dem überbewußten Appellieren an die Idee stammende Beschreibung der Funktion erschöpft, wird mit der Zeit das überwörtliche Ahnen der Idee möglich, wird der Ideencharakter des Gegenstandes erfahren und zugleich die Tatsache, daß die den Gegenstand schaffende Idee und die ihn erkennende Intuition identisch sind. Schließlich verwirklicht sich durch Suchen, oder auch ohne bewußtes Suchen, das formulierungsfreie wortlose Verstehen der Idee: Das Schauen der Idee.

Das Verharren in diesem Schauen der Idee ist die zweite Stufe der Konzentrationsübung, die in der ersten unausgesprochen enthalten ist als eine Reihe von Erfahrungen an der Übung. Diese Erfahrungen leiten den Übenden weiter wie bei künstlerischer Tätigkeit oder beim Erlernen eines Handwerks. Das Üben, ohne Erfahrungen zu machen und anzuwenden, führt ebensowenig weiter wie die Wiederholung von Tonleitern bei einem Anfänger, der nicht aus seinen Erfahrungen lernt.

Das Denken des Gegenstandes ist naturgemäß, aber meist unbemerkt das Denken der Idee. Schon beim Sehen, beim Erkennen des Gegenstandes wird an die Idee appelliert.

Was der Mensch bewußt geschaffen hat, dessen Funktion vermag er auch zu beschreiben, zu formulieren, da ja bei der Erschaffung des Gegenstandes die Idee im Menschen anwesend war. Daher genügt es, den Gegenstand zu denken. Ihn zu betrachten ist sinnlos, weil die Idee in ihm nicht wirkend ist: sie ist im Bewußtsein des Menschen. Für die Übung wäre die Betrachtung nachteilig, weil dabei Wahrnehmen und Denken gemischt auftreten, was die denkerische Konzentration ebenso stört wie eine äußere Ablenkung, es wäre gewissermaßen eine eingeplante Störung.

Die Funktion der nicht vom Menschen geschaffenen, der Naturgegenstände, ist für das gewöhnliche Bewußtsein unerkennbar und undenkbar. In ähnlicher Weise ist das gewöhnliche Bewußtsein nicht imstande, fundamentale Begriffe wie Sein, Bewegung, Hier, Jetzt usw. zu denken oder zu umschreiben, im allgemeinen auch nicht die Kategorien oder den Menschen betreffende Begriffe wie Freiheit, Mensch, Denken usw. Diese Begriffe, diese Ideen waren einst dem Menschen eindeutig klar, sonst hätte es sie gar nicht gegeben und die Sprache hätte sie nicht überliefert. Diese Begriffe, Ideen, Worte, stammen aus der Zeit der alten inspirierten geistigen Erfahrung des Menschen. Sie selbst waren die geistige Erfahrung, von der sie heute nur noch eine Spur wiedergeben. Kategorien-, Begriffsform haben sie im wesentlichen durch Aristoteles erhalten.

Da der Mensch weder die Naturgegenstände noch die erwähnten Ideen – Begriffe – ihrer Funktion gemäß zu formulieren imstande ist, kann er der Intuition, d. i. dem Erschauen solcher Ideen auf dem Wege der Konzentration nicht näher kommen. Der Weg der Annäherung an solche Ideen ist die *Meditation*. Zum Erschauen der Ideen von Naturphänomenen führt das reine *Wahrnehmen:* die Wahrnehmungsmeditation.

Zum Kennenlernen der Gebärde der Meditation sind vor allem solche Sätze, Texte oder Bilder geeignet, die höhere Bewußtseinserfahrungen zum Ausdruck bringen; Ideen also, die sich zugleich auf das Leben der Welt und des Bewußtseins beziehen. Ihre Ausdrucksform ist derart, daß sie eine Idee, d. h. eine Funktion, eine Bewegung – und nicht eine »Bedeutung« – wiedergeben. Sie ist deshalb für das gewöhnliche Bewußtsein im Grunde genommen unverständlich, paradox, oder sogar absurd. Handelt es sich um einen gedanklichen Ausspruch, so ist der entsprechende Satz in einer uns bekannten Sprache als solcher in gewissem Sinne verständlich, sogar in eine andere Sprache übersetzbar; sein *Inhalt* bleibt trotzdem verborgen. Ein solcher Satz ist z. B.: »Im Anfang war das Wort«; oder: »Denkend empfinde ich mich eins mit dem Strome des Weltgeschehens«.

Wenn wir es als eine Aufgabe formulieren wollen, dann müssen wir sagen: Wir möchten diejenige Realität oder Idee aufsuchen, die sich in eine solche Ausdrucksweise gekleidet hat. Der Weg dorthin besteht darin, daß wir den Satz in seiner Formuliertheit konzentriert denken, unter Ausschluß von allen anderen Gedanken, Bildern, Vorstellungen und unter vollständigem Ausschalten von Assoziationen, mit einer den Satz »ausschnitzenden« Intensität – ohne Willensanstrengung. Wir analysieren nicht; das Analysieren würde sich auf die Teile des Satzes beziehen, auf die Worte; diese bekommen jedoch ihren Sinn in diesem speziellen Fall von dem Ganzen, von der Idee, die hinter dem Satz steht: wir können also nicht von ihnen ausgehen, wenn wir die Idee suchen. In dieser Hinsicht ist die Sachlage umgekehrt wie in der Konzentrationsübung, wo die Idee des menschengeschaffenen Gegenstandes von vornherein gegeben ist. In der Meditation lernt man den gegebenen Satz wortlos denken; das bedeutet: die Idee finden, der man sich hier im Vergleich zur Bewegung der Konzentration von der anderen Seite her nähert. Die Technik dieses »Denkens« muß individuell entstehen. Deshalb ist die weitere Beschreibung nur eine der möglichen.

Es kann zum wortlosen konzentrierten Denken des Satzes führen, wenn wir versuchen, unsere Aufmerksamkeit auf die Ganzheit des Satzes zu lenken. Anfangs ist sie zwangsläufig und auch sinnvollerweise auf die Worte gerichtet. Wir denken den Satz bis zum Ende, den Worten nach; dann versuchen wir auf den Satz »darauf zu schauen«. Dieses Daraufschauen gilt nicht für die Vorstellung des geschriebenen oder gedruckten Textes, sondern für den Satz als solchen. Die Worte müssen ihre »gewöhnliche« Bedeutung, die assoziativ – durch Gedankenverbindung oder Kenntnis – mit ihnen verbunden ist, verlieren. Es soll klar erfahren werden, daß wir nicht wissen, was sie bedeuten, was »Anfang« ist oder »Weltgeschehen«. Es kommt der schon erwähnte, für den größten Teil unserer Worte charakteristische Umstand zum Vorschein, daß diese keine klare, sondern nur eine empfundene geahnte »Bedeutung« haben. Nach dem »Daraufschauen« versuchen wir nun den Satz mit weniger Worten zu denken: in wenigen Worten den *ganzen* Satz. Wir denken ihn nicht mit anderen Worten, sondern nehmen aus den gegebenen, vielleicht erst einige, dann weniger Worte, schließlich ein einziges Wort und verdichten den ganzen verstandenen Inhalt des Satzes in ihm, in den nominalen Inhalt, den wir übersetzen könnten. Dieses Verdichten ist eine bekannte Operation. Manchmal sind wir fähig, einen ganzen Satz durch ein einziges Wort, manchmal auch wortlos mit einem einzigen Blick und manchmal sogar ohne jede äußere Gebärde zum Ausdruck zu bringen: schweigend und bewegungslos für ein adäquates Verstehen. In der Verdichtung auf wenige Worte, oder durch das einzige Wort, wird der ganze Satz gedacht. Dieses Wort, diese Worte können beliebige aus dem Satze sein; z. B. aus dem obengenannten: »Ich empfinde mich eins« oder »Weltgeschehen« oder »Strom«. Schließlich – es geschieht vielleicht wie von selbst – lassen wir auch dieses letzte Wort weg und denken nun *so* den Satz: *Das*.

Im konzentrierten wortlosen Denken ist zu bemerken, daß wir uns zusammen mit dem Sinn des Satzes auf derselben Ebene der Intuition bewegen, die wir in der Konzentration beim denkenden Schauen der Idee erreichen. Die Ausdrucksweise des Meditationsthemas – des Satzes – ist »funktionell«, deshalb trennt sich die Aufmerksamkeit, die am Satz erzogen wurde, indem sie »leer« wird, von den Worten ab. Die Abwesenheit der Worte wird eben der Ort, wo die Intuition des Sinnes des Satzes erscheinen kann. Die Bewegung des »Suchens« ist auch hier vorhanden, selbstverständlich ohne Absichtlichkeit und ohne jede andere Eigenheit des gespiegelten Bewußtseins, die schon am Anfang der Meditation nicht mehr anwesend ist, d. h. im Idealfall nicht mehr anwesend sein düfte. In der Konzentration wird erlernt, sie wegzulassen, ohne einzuschlafen.

Im Augenblick, in dem es gelingt, den Satz ohne Worte zu denken, haben wir ihn verstanden. Der Mensch kann nur denken, was er versteht. Zum Aufblitzen des Sinnes führen die Worte, führt die Zusammenfügung der Worte; sie geben aber den Sinn des zum Thema gewählten Satzes nicht an sich, sondern indem sie nach und nach weggelassen werden. Das Weglassen der Worte ist nicht ebenso, wie wenn es sie überhaupt nicht gegeben hätte. Gerade ihr Ergreifen und *dann* ihr Weglassen führt zur verborgenen Realität des Satzes. Es ist nicht ein Erfinden, sondern ein Aufsuchen: das Auffinden einer Realität. Die Worte sind Wegweiser, und so lange das Bewußtsein auf der dialektischen, redenden Ebene bleibt, Hindernisse auf dem Weg zur Realität. Auf dieser Ebene kann das Bewußtsein nur den nominalen Sinn des Satzes erfassen. Die Sätze, die das gewöhnliche Bewußtsein bildet, haben keinen anderen Sinn. Haben sie einen tieferen Sinn, so kommt er aus der Intuition, nicht von der Ebene der Spiegelung. Wir kämpfen die Worte auch im gewöhnlichen Denken nieder, bloß ein Wort nach dem anderen, immer nur eines oder wenige auf einmal, während sich das Bewußtsein auf die anderen stützt. In der Meditation werden alle und auf einmal weggelassen.

Nachdem die Gebärde der Meditation erlernt worden ist, kann jedes Thema oder jeder Gegenstand der erwähnten Art, alles, was *nicht* vom menschlichen Bewußtsein geschaffen ist, die ganze Natur und der gesamte Wortschatz der Sprachen zum Thema des Meditierens werden. Die *primäre* Aufgabe der Meditation ist jedoch *nicht das Forschen, nicht* das Erforschen der Ideen, sondern das Schaffen und Fördern des Geöffnetseins des menschlichen Bewußtseins nach oben, nach seinen Quellen hin. Forschen ist die sekundäre und spätere Aufgabe, die auch später sekundär bleibt. Das Formulieren der Forschungsergebnisse bedarf darüber hinaus des Erlernens weiterer Gebärden.

Meditation ist das Zurückkehren des Denkens zu seinem lebendigen Quell, und seine Übung in lebendiger Form: das Wiederherstellen des ursprünglichen Denkens, jetzt in Bewußtseinsklarheit.

Die meditative Gebärde – die Bewegung zum Sinn oder zur Idee – hat einen in bezug auf Naturgegenstände anderen Ausgangspunkt als in bezug auf geistige Inhalte, die in Worte oder Gedanken gekleidet sind. Das Gewand ist für Naturgegenstände die Wahrnehmung. Deshalb führt bei ihnen der Weg zum Sinn, zur Idee durch die Metamorphose des Wahrnehmens.

Um das reine Wahrnehmen zu beschreiben, kann man sagen, daß es – ähnlich wie die Konzentrationsübung – aus zwei Stufen besteht. Die erste Stufe ist die genaue, in die Einzelheiten gehende Beobachtung des Gegenstandes, wie wir sie im Alltagsleben nie ausführen, da wir uns nach der Wahrnehmung von gewissen Zeichen dem Gegenstand mit bereitstehenden Begriffen nähern, ohne ein genaues Beobachten anzustreben. Diese Stufe entspricht der ersten Stufe der Konzentration: sie zielt auf das Konzentrieren der wahrnehmenden Aufmerksamkeit ab. Jedes Gefühl, jede Empfindung, auch eine ästhetische Resonanz in bezug auf den Gegenstand, hat den Charakter einer Ablenkung. Bei der »beschreibenden« Beobachtung sollen wir uns möglichst mit dem »Bild« begnügen und möglichst keine Begriffe oder »Benennungen« gebrauchen, vor allem aber sind Erwägungen, Bewertungen oder Schlußfolgerungen bezüglich der Wahrnehmung zu vermeiden. Wie sich bei der Konzentrationsübung die Aufmerksamkeit ganz im Denken bewegt, sollte sie im reinen Wahrnehmen ganz im Wahrnehmen sein, mit möglichster Vermeidung des Denkens. Das ist schwieriger, als von der Sinneswahrnehmung in der Konzentration abzusehen, weil wir das Selbstbewußtsein mit dem Denken und gleichsam an ihm entlang erleben. Das völlige Ausschließen des Gedankenelementes, der dialektischen Begriffe, erfolgt in der zweiten Stufe der Übung. In der ersten Stufe bemühen wir uns, alle mitgebrachten Vorstellungen, Erinnerungen, Gefühle, Empfindungen in bezug auf den beobachteten Gegenstand – und auch sonst – zu vergessen: auszuschließen. Die Beobachtung ist genau, kühl, indifferent, unvoreingenommen. Sie erfaßt die Einzelheiten in solchem Maße, daß wir uns ihnen einzeln ganz hingeben, so daß wir nicht mehr wissen, was es ist, dem die Einzelheit angehört.

Die zweite Stufe wird durch das graduelle Weglassen der vorhin ergriffenen Einzelheiten eingeleitet. Wir sehen nicht das Geäder des Blattes oder die Form seines Randes, seine Farbe, sondern: das Blatt; nicht die Blätter, sondern: den Ast; nicht die Äste, sondern: den Baum. Endlich erblicken wir den Baum; wir haben ja vorher die Vorstellung des Baumes vergessen. Wir haben tatsächlich den Baum bis zu diesem Augenblick nicht gesehen.

Den Gegenstand oder das Phänomen sehen wir jetzt das erste Mal: wir sehen ihn erstmalig als Idee, als Ideenkleid oder als Idee mit ihrem Kleid zugleich: als eins werden sie wahrgenommen.

Der wahrgenommene Gegenstand ist der Gedanke, das Denken der Welt. Im Wahrnehmen begegnet uns dieser Gedanke; es ist nun nicht mehr notwendig, ihn zu denken. In der Idee sind Wahrnehmen und Denken dieselbe Bewegung: das Sein der Idee.

Die Bildmeditation will die heutige dekadente Vorstellungsart wieder in Bewegung bringen, wie die Gedanken-Meditation das ursprüngliche lebendige Denken, die Wahrnehmungs-Meditation das reine Wahrnehmen wiederherzustellen sucht.

Die Fähigkeit der Synthese des Wahrnehmens und des Denkens lebt blaß in abstrakter Form im gewöhnlichen Vorstellen. Die Vorstellung ist ein Wahrnehmungs-Erinnerungs-Bild, durchwoben mit Begrifflichkeit. Beide, das Begriffs- wie auch das Wahrnehmungselement sind abstrakt, weil sie nicht mit der bewußten Erfahrung ihres Gegebenwerdens verknüpft sind.

In der Bild-Meditation stellt man ein Bild vorstellungsmäßig vor sich hin und betrachtet es so wie in der reinen Wahrnehmung das Thema. Das Bild kann geometrischer oder anderer Art sein – wie z. B. das Rosenkreuz –, niemals aber kann es ein Erinnerungsbild, die Erinnerung einer sinnlichen Wahrnehmung oder einer schon bekannten Vorstellung sein. Es kann kein Abbild einer Wahrnehmung sein, obwohl es aus Wahrnehmungselementen besteht; aus etwas anderem kann es nicht bestehen.

Die »Bedeutung« des Bildes ist eine Funktion, ähnlich wie bei anderen Meditationsthemen; deshalb kann das Bild »symbolisch« genannt werden; die Bedeutung kann ebensowenig in Worte oder Begriffe gefaßt werden wie bei anderen Meditationsformen die Idee, d. h. wie eine wahrhafte Funktion.

Eben deshalb ist ein solches Bild an sich nicht unbedingt ein zureichender Ausgangspunkt für die Meditation. Daher ist es – besonders für den heutigen Menschen, der nicht in der Praxis einer traditionellen Symbolik lebt – sinnvoll, die Richtung und die Bezogenheit des Bildes anzugeben; z. B., daß es sich auf den Menschen, auf dessen moralische Entwicklung, auf die Erde usw. bezieht. Das geschieht in Form von vorbereitenden Gedankengängen, die man vor dem Aufbauen und gleichzeitigen Betrachten des Bildes selbst mit konzentriertem Denken durchschreitet. Die Themen der Denk- oder Wahrnehmungsmeditation enthalten diese Richtungsangabe in sich.

Aufbauen des Bildes heißt zugleich: es betrachten, es schauen: darin kann die Kraft der Bild-Meditation und der Unterschied zur Gedanken- und Wahrnehmungsmeditation ermessen werden. Im Schaffen des Bildes bringt der Mensch etwas hervor und betrachtet es zugleich. Er ist dabei anwesend wie im Schauen der Idee oder in der Erfahrung des Gegebenwerdens des Wahrnehmungsbildes: er naht sich der Kontemplation.

Das Bild ist kein Erinnerungsbild, auch in dem Sinne nicht, daß man sich an das einmal geschaffene Bild zurückerinnern würde. Wie das meditative Denken ein wortloses Denken ist, so ist das Bild der Bild-Meditation nicht nur Bild, sondern lebendiger Sinn, ein ideenstellvertretendes Bild, deshalb nie statisch, also im gewöhnlichen Sinne gar kein Bild. Allenfalls geht es von einem solchen aus. Das eigentliche Thema ist der Sinn des Symbolbildes, zu dem das Aufbauen des Bildes hinführt. Jede Form der Meditation ist eine Rückkehr zur Durchsichtigkeit, zum unmittelbaren Erkennen: ist Anteil am kosmischen Denken.

Über die Reinheit des Strebens

Das Teil-Bewußtsein

Die Welt ist Licht; ihre Grundkraft ist das Licht, die Bewußtheit, durch die sie zur Welt wurde. Das vollständige ganze Bewußtsein ist die Welt selber, samt allen ihren Verborgenheiten, samt dem Bewußtsein, das auf sich selbst, auf die Welt schaut. »Teil-Bewußtsein« heißt, daß nicht die Welt im Bewußtsein ist, nicht das Licht, sondern *etwas*. *Etwas* wird im Bewußtsein, wenn das Bewußtsein nicht kontempliert, nicht sich selbst im Schauen durchleuchtet. Wo es sich nicht schaut, bleibt etwas außerhalb: »es ist«, anstatt *»ich sehe* es«; etwas bleibt außerhalb des Gegebenwerdens. Immer mehr vom Gegebenwerden fehlt im Bewußtsein, immer mehr entsteht, was einfach da ist, wozu es kein adäquates Wahrnehmen gibt: es wächst das Nicht-Verstandensein der Welt. Das Teil-Bewußtsein gebiert Haften am Teil-Bewußtsein.

Teil-Bewußtsein bedeutet nicht bloß Zerfallen des Bewußtseins, sondern zugleich Zerfallen des kosmischen Menschen, das Heraussetzen seiner einzelnen Teile und ihre Verselbständigung in der Welt: das Entstehen der Natur. Diese kann im Bewußtsein »gespiegelt« werden und durch die Sinnesorgane den menschlichen Organismus formen, weil sie aus dem Menschen herausgefallen ist; sie formt ihn nach dem Prinzip der Entsprechung. Schon die Sinnesorgane selbst sind Ergebnisse dieses Vorganges: sie empfinden, was als ihnen Entsprechendes nach außen gekommen ist.

Der andere Teil

Was sich vom Ich loslöst, verselbständigt, zum »Teil« wird, das erstarrt, behält seine Gestalt, wie der Gedanke. Wenn etwas seine Verbindung mit dem schaffenden Ich verliert, zum Teil wird, so verliert es die Möglichkeit der Umwandlung: es wird fertig, anstatt bereit zu sein. Der Teil ist seiner Natur nach bestrebt, sein Teil-Sein aufrecht zu erhalten; diese Kraft machte ihn zum Teil: deshalb ist Disharmonie zwischen den Teilen. Der Körper ist schon in sich Teil und besteht weiter aus Teilen. Daher: »der Gedanke des Körpers ist der Tod«. Der Frieden ist die Verwirklichung der Einheit der Teile und ihr gegenseitiges Dienen: »Der Gedanke des Geistes ist Leben und Frieden.«

Der Teil besteht immer aus Teilen: die Richtung seines Entstehens setzt sich fort in ihm.

Spiegelung

Das Teil-Bewußtsein ist immer gespiegeltes Bewußtsein. Die Gespiegeltheit besteht darin, daß das Sehen mit dem Gesehenen nicht zusammenfällt: daß wir das Ergebnis des Sehens sehen, das Ergebnis des Denkens denken; das Resultat des Zerbrechens des Lichtes erfahren. Das ist Vergangenheits-Bewußtsein: die Umkehrung der Kraft und der Richtung des Lichtes.

Das Denken vermag sich rein zu erfahren – Licht das Licht –, anders wäre es seiner nie bewußt. Auch die gespiegelte Bewußtheit stammt aus diesem Denken, unabhängig von der leiblichen Stütze. Heute erstreckt sich die Selbsterfahrung des Denkens weitgehend nur auf das Gedachte, dessen Gegebenwerden vom Menschen nicht erfahren wird: daher ist das Bewußtsein ein gespiegeltes. Der Realismus, d. h. die Ansicht, daß etwas unabhängig von dem Erkennen, durch das wir davon wissen, existiere –, basiert darauf, daß das gespiegelte Bewußtsein die wahre Sachlage nicht erkennt, nicht erkennen kann: es vergißt seine eigene Gegenwärtigkeit und nimmt durch das Vergessen die Attitüde des präindividuellen, noch nicht gespiegelten Bewußtseins ein: den Realismus, der *jetzt* formuliert wird.

Solange der Realismus berechtigt gewesen wäre – das Gegebenwerden war im realen Bild enthalten, gerade dadurch war es real –, konnte nicht von einer »Realität« gesprochen werden: dem Bild war nichts gegenüber zu stellen, und es war selbstverständlich, daß der Inhalt des Bewußtseins real ist. Wenn er real ist, hat es keinen Sinn, den Inhalt des Bewußtseins von der »Welt« zu unterscheiden – als ob die »Welt« kein Bewußtseinsinhalt wäre. Daß etwas existiert – daß es *das* ist und *ist:* das ist Erkenntnis, Bewußtseinsakt, worum es sich auch handele.

Alles – Licht, Ding – was zur Rede steht, setzt dich und mich voraus, und daß es Wahrheit gibt.

Es gibt keinen anderen als den naiven Realismus. Ob das *Objekt* des Realismus die Wahrnehmungswelt oder das Ding an sich, das Unterbewußte oder eine geistige Welt ist – unabhängig vom Erkennen –: das ist inbezug auf die Naivität und auf den Realismus gleichgültig.

Vergangenheit

Was keine Beziehung zur Gegenwart hat, behält die Form, die es einmal bekommen hat. Was nicht in der Gegenwärtigkeit aufgelöst ist, nicht zu dem gegenwärtigen Bewußtsein gehört, das ist Vergangenheit: es lebt nicht mehr; aber als Vergangenheit in ihrer Unaufgelöstheit beeinflußt es die Gegenwart, und dadurch nimmt auch diese Vergangenheitscharakter an. Das ist kein wahrhaftes Selbstbewußtsein, in dem Einschlüsse der Vergangenheit anwesend sind. Das wahre Selbstbewußtsein löst die eigene Vergangenheit auf und kehrt in die Ewigkeit, in das Leben zurück, aus dem es stammt: Die Gegenwart wird seine Vergangenheit enthalten und nicht in Abhängigkeit von ihr geraten. Es ist das Sein in seiner Bewegung – nicht in seiner Erstarrung –: es wird.

Der Schlaf und das Unbewußte

Sobald der Mensch auf das Gedachte schauen kann, bemerkt er zugleich, daß er zum fertigen, Vergangenheitscharakter tragenden Inhalt nicht über die Kontinuität des Bewußtseins gelangt. Er durchschläft den Vorgang, wodurch das Gegenwärtige zum Vergangenen wird. Dadurch erscheint er ihm als Vorstellung eines Seienden, von dem er dann nichts anderes weiß, als daß es *ist*. Wie auch vom Schlaf, wenn er vorbei ist, nur zu wissen ist, daß er *war*. Das ist der Ursprung jeglicher Transzendenz: Gott, Geist, Ding an sich, das Unbewußte. Er ist widerspruchsvoll, weil er auf dem Gewahrwerden des Schlafes beruht: dieser ist ebenso widerspruchsvoll, weil ihn der Mensch nachträglich »wahrnimmt«, wenn er nicht mehr *ist*. Der Mensch schläft immer, wenn er *ist* und nicht darüber *weiß:* in der Intuition, im Wahrnehmen, im Wollen – im Nicht-Ich, im Nicht-Bewußten. Er träumt in seinen Gefühlen.

Im Schlaf *ist* der Mensch im Licht, in der Welt: er *ist* Welt. Als

Welten-Mensch ist er Teil und Teilhaber des Lichtes – daher kommt auch jener Bruchteil des Lichtes, der das gewöhnliche Erkennen ausmacht. Das Leben im Tagesbewußtsein ist ein Ausflug aus der Ewigkeit. Der Mensch ist auch währenddessen mit dem größeren Teil seines Wesens im Schlaf, im Licht versunken. Weil das Licht im Menschen lebt, weiterlebt, und der Mensch zur Zeit nur in der Sinneswelt *zu beginnen* vermag – aus dem Nichts zu schöpfen –, geschieht der Ausflug. Die wahre Ansicht der irdischen Erfahrung beurteilt im Licht gemäß dem Licht, von dem er auf der Erde kein bewußtes, nur im Schlaf ein Erleben hat, gibt er nach dem Tod zurück.

Die Gegenwart

Von der Vergangenheit kann nur ein *gegenwärtiges* Bewußtsein wissen – sonst wäre die Vergangenheit gar nicht bemerkt. Zum Erkennen ist Gegenwärtigkeit erforderlich, der die ganze *fertige* Welt gegenüber steht: die Vergangenheit. Was außen ist, ist Vergangenheit; die Gegenwart ist die ewige innere Welt. Wenn du darin lebst, ist für dich kein außen, kein innen, weder Zukunft noch Vergangenheit.

Die Kraft, welche aus der Gegenwart die Vergangenheit erkennt, ist den geformten Inhalten der Vergangenheit gegenüber noch ohne Form – ungestaltet –, sonst wäre das Erkennen nicht fähig zur Regsamkeit, zum Nach-Ziehen, zur inneren Nachahmung, die eben Erkennen bedeutet. Die Welt oder das Sein hat den Menschen gestaltet: nachdem die Form zustande gekommen ist, zieht er sich heraus aus ihr und erkennt sie. Aus der Vergangenheit *bleibt,* was nicht Verstehen wird; ihre aufrechterhaltende Kraft ist, daß sie *Wirkung* bleibt.

Formen

Das Licht ist – den menschlichen Seelenkräften gemäß formuliert – Denken, Fühlen, Wollen. Diese sind, was in das Bewußtsein gelangen kann, sonst nichts: kein Ding, kein Gegenstand, noch Kraft – keine *Wirkung* kann in das Bewußtsein gelangen, allein Licht. Aber vom Licht der Welt wird nur das Denken als gespiegeltes bewußt, Fühlen und Wollen treten nur durch das Denken als Licht in das Bewußtsein, sonst treffen sie das Bewußtsein wie körperliche Wirkungen, obwohl sie das ursprünglich nicht sind. Für diese stärkeren Licht-Arten hat der Mensch noch keine Sinnesorgane; deshalb empfindet man sie, anstatt sie wahrzunehmen, als Schmerz, oder man freut sich, körperhaft, sich selbst fühlend. Die Kräfte des Fühlens und Wollens werden nicht Erkennen, obwohl sie den Menschen berührende Lichteskräfte sind. Da sie kein Erkennen werden – nicht zur Gegenwart werden – neigen sie dazu, Formen anzunehmen, zu erstarren in der Form des Gedankens, an dem sie haften, gemäß der Form der Vorstellung, die das Gefühl erweckt: unrechtmäßig, weil in der Gespiegeltheit nur Teil-Wahrheiten enthalten sind, an welchen kein Fühlen und Wollen des Ego haften dürfte. Fühlen und Wollen werden in niedrigere Form gezwungen, in solche des Gedankens oder der Vorstellung, wenn das Denken nicht autonom, nicht rein ist; das geschieht durch jede Assoziation, jedes halbbewußte Wahrnehmen oder Phantasieren. Die Assoziation zwingt das Element des Fühlens, Form anzunehmen, zu erstarren: sie bringt den »Inhalt« hervor, der sonst als Bereitschaft schlummert; und da dies nicht durch die Tätigkeit des Ich bewirkt wird, nimmt das Element des Fühlens nach seinen eigenen Gesetzen Form an, und das ist eine tierische Form.

Das sind dann die Elemente des unterbewußten Seelenlebens, aus dem Fehlen des Lichtes gewobene Formen; aus diesen Formen werden die Komplexe gewirkt. Alles Undurchsichtige, was von der Seele passiv angenommen wird, vermehrt diese Zone.

Das Licht der Welt ist nicht bewußt im Menschen: das bewirkt die obere Finsternis, das Überbewußte. Wie und in welcher Weise es nicht bewußt ist, das stellt die individuelle Finsternis-Kraft dar, das untere oder innere Unbewußte, die wirkende Kraft des menschlichen Schicksals. Beide leben als Transzendenzen in dem undurchsichtigen Element der Seele.

Aufstieg in das dünnere Element

Die Konzentration beginnt mit dem festen konturierten Denken. Weil es konzentriert ist, bewegt es sich mit steigender Durchsichtigkeit: es erfährt sich und verwirklicht dadurch seine Autonomie. Es denkt seinen Gegenstand, immer kleinere Kreise um ihn ziehend. Es kann erschaut werden: der Gegenstand ist ein Mittel und eine Verkörperung seiner Funktion. Die Funktion ist seine eigentliche Realität, der Ursprung. Nun denkt das Denken die Funktion; es kann sie nicht in Worten denken; also geht es in wortloses, überwörtliches Sein über, löst sich aus seiner Wort-Form, wird Wort-Kraft, Wort-Möglichkeit: *Verbum;* im Verhältnis zu den Worten formlos, Quelle der Formen: flüssiges Element.

In der Konzentration wird die Autonomie des Denkens verwirklicht. Das Denken erfährt sich selbst – in seinem gegenwärtigen Denken – in der Kontemplation, von innen her, seiner solaren Natur entsprechend. Gleichzeitig kann das Aufschmelzen zur Denk-Kraft beginnen: zur Mutter-Lauge der Gedanken. Autonomie ist hier in gesteigertem Maße notwendig, weil keine feste Form – die vergangene Form der Worte – mehr da ist, welche die Ordnung auf der Ebene der Gespiegeltheit vor der Verwirklichung der Autonomie – vor ihrer Erfahrung – gesichert hat. Das Denken tritt jetzt in das »Nichts« – in das *erste* Nichts –: Es bewegt sich seiner selbst gemäß, dem Nichts entsprechend, aus der Gegenwart in die Gegenwart.

Die Gefahr

Die Erfahrung des Denkens, die Ganzheit, das Aufhören des Teil-Charakters kann aus irgendeinem Grunde ausbleiben; das Verfahren kann jedoch weiterlaufen. Durch die Ermüdung des Bewußtseins kann das Denken in Worten aufgegeben, der Übergang in das dünnere Element erzwungen werden. Die Autonomie des Denkens wird dabei nicht verwirklicht, sie verbindet das gespiegelte Bewußtsein nicht mit dem lebendigen Element. Das Auslöschen des gespiegelten Denkens, und bereits die dahin zielenden Versuche, können die Möglichkeit für eine assoziative Betätigung des Bewußtseins bieten. Damit wird auf dieser Ebene die Welt der Dämonen gefördert, indem sie zum Formuliertwerden gezwungen wird und daduch *entsteht:* Aus den höheren Kräften des Erkennens nimmt sie niedere Form an und beherrscht das Bewußtsein, das die Verwirklichung der Herrschaft versäumt hat. Das Dämonische ist nichtdurchschaute und daher in Form geronnene Seelenkraft; es hat daher Macht über uns. Wenn wir es erkennen – den Namen des Dämons kennen lernen – verliert es seine Macht.

Es ist besser, wenn es Formen sind, die als dämonische erscheinen: das ist Mahnung *und* Bewußtseinsstufe: Erkenntnis. Gefährlicher ist es, wenn diese Formen symphatisch sind: aus der Zone der Assoziationen steigen Phantasiebilder mit Wunschcharakter auf – mit zwingender Macht – als *»Erkenntnisse«*.

Einst genügte es, das gespiegelte Bewußtsein auszulöschen: in das Bewußtsein drang echte höhere Inspiration – wie die Inhalte des Glaubens – ein, ohne die Vermittlung des Denkens, durch das unmittelbar auf seiner eigenen Ebene bewußt werdende *Gefühl*. In solchem Schlummer des Bewußtseins ziehen heute vom Menschen hervorgebrachte tierische Gefühlsformen das Gewand des Denkens oder der Vorstellungen an.

Die Gelegenheit

Wenn die Schulung von einer Vorstellung, von einer außerhalb der Schulung liegenden, wenn auch noch so edlen Aufgabe ausgeht, von dem Bewußtsein der Wichtigkeit etwa, oder aus irgendeiner anderen Undurchsichtigkeit – Hochmut, Neugierde, Demutsgefühl – heraus, indem das Prinzip des Lichts durchbrochen und die Undurchsichtigkeit, die am Anfang des Weges fast immer besteht, nicht bald, rechtzeitig, d. h. vor der Annäherung des dünneren Elementes, aufgelöst wird, dann geht das Licht, die Autonomie des Denkens verloren, und die zeitweilige Beseitigung der Gespiegeltheit führt in die egoistisch-assoziative Zone: die Karikatur des alten Weges. Die Versuchung, mit einer äußeren Voraussetzung oder Vorgeschichte zu beginnen, entspringt immer dem Wunsch, sich selbst zu empfinden.

Die Reinheit

Es darf nichts *vor* der Schulung festgelegt sein. Nichts darf *während* der Schulung anwesend sein. Nur was aus ihr selber stammt, darf anwesend sein, nur das darf dem Unternehmen Richtung geben. Es ist der Weg des *Erfahrens:* Im Üben werden Erfahrungen gemacht und diese werden das nächstemal in das Wie des Tuns eingebaut. Das Erfahren geschieht von innen her, wie in der Kunst: Ich handle und erfahre zugleich das Handeln – durch das Handeln selbst. Von Erfahrung zu Erfahrung, von

Licht zu Licht schreite ich, es ist nie zweimal das gleiche, kann es nicht sein.

Die Konzentration oder Meditation ist im Leben des Denkens das Ausschließen von allem anderen; im Moralischen ist dies die *Aufrichtigkeit* oder die zweite, erworbene Einfachheit: Ich tue nur, was ich tue, nichts anderes, habe keine Neben-, noch Hintergedanken – es ist keine Ablenkung da. Die feinste und dadurch stärkste Ablenkung, die ich nicht bemerke, ist: das Sich-Selbst-Fühlen, im Hintergrund des Bewußtseins. Es wird durch jedes von außen stammende undurchsichtige Element gefördert und gesteigert: alle Inhalte des gespiegelten Bewußtseins, bestrebt zu *bleiben,* beeinflussen im voraus den Gang der Operation.

Ohne innere Aufrichtigkeit, wenn die Vorstellungen des gespiegelten Bewußtseins nicht nacheinander beseitigt werden, kann die Schulung, können alle »geistigen Tätigkeiten«, Gedankenbildung, Gefühlswelt, das Handeln, ebenso von den verkehrten Kräften der Egoität, den Komplexen, Zwangsideen, zwingenden Phantasiebildern durchzogen sein wie im gewöhnlichen Leben alles, was nicht reines Denken, reines Fühlen – Kunsttätigkeit – ist.

Die Voraussetzung zur Reinheit des Strebens ist, daß keine Voraussetzung gemacht werde, daß ihr keine Wichtigkeit im voraus beigemessen werde, wodurch die unbemerkte Erhaltung des Ego-Bewußtseins während des Übens bewirkt würde – das Leben des Bewußtseins würde über dieses vorübergehen, und doch würde dieses Leben durch den durchziehenden Gefühls-Faden gebunden sein.

Die Reinheit besteht darin, daß das Tun keinen Teil-Charakter hat: es ist nicht *mein,* nicht *unser Streben:* Es ist der Versuch der Fortsetzung des Seins, deren unpersönlicher Boden und persönliches Hindernis ich bin. Jeder Vergleich mit dem anderen ist die Gebärde der Lüge, der Böswilligkeit, denn der Andere ist eine andere Welt, eine andere Gattung, hat andere Schwierigkeiten mit seinen zu bekämpfenden – aufzulösenden und zu erlösenden – Dämonen: Das Vergleichen hat keinen Anhaltspunkt, kein notwendiges gemeinsames Maß.

Die Konzentration ist der Versuch, das Element der Universalität wieder herzustellen: die Schule der Selbstlosigkeit.

Dies ist die Reinheit, die nicht anzustreben ist.

Dies ist die Reinheit, die man nicht anstreben kann.

Dies ist die Reinheit, die man sich nicht vorstellen kann.

Diese Reinheit kann nur aus der Konzentriertheit kommen, aus der Konzentriertheit des Lichtes, in dem keine Finsternis ist: aus der Aufrichtigkeit. Wer auch *das* noch anstrebt, hat nicht verstanden.

Das Auge sieht, weil es nicht gesehen wird. Das ist seine Reinheit. Der Mensch ist das Auge oder das Licht der Welt. Er ist nicht der Sich-Selbst-Fühlende: das ist seine Reinheit.

Wer auf dem Wege zu dem Punkt gekommen ist, nun seine Gefühlswelt anzurühren oder gar an der Gefühlsmeditation zu arbeiten, sollte durch die *Erfahrung* des Geschilderten gegangen sein, damit die Schulung der Gefühle in Reinheit bleibe und zur Reinheit führe.

Die zweite Stufe der Meditation

Die Reinigung

Es gibt im menschlichen Dasein nichts Unreines, außer den Vorstellungen des Menschen, was er denkt oder sagt, »was zum Munde ausgeht«, ob der Mensch die Vorstellung nur in sich formuliert oder in Worten ausspricht. Keine Handlung ist an sich unrein, aber es gibt solche, die der Mensch nicht ausführen würde, wenn ihn nicht die unreinen Vorstellungen dazu anleiten würden.

Unreine Vorstellungen sind alle, die nicht aus dem Erkennen stammen und nicht dem Erkennen dienen; es sind solche, die dem Gefühl dienen, das durch sie hervorgerufen wird; Gefühle lösen die Handlungen aus, die die Vorstellungen vorzeichnen.

Deshalb bedeutet Reinigung die Reinigung des Denkens, nicht die der Gefühlswelt, die *unmittelbar* noch nicht anzutasten ist. Die Reinigung der Gedankenwelt ist auch Reinigung der Gefühlssphäre; die sich-selbst-fühlende, für-sich-seiende egoistische Gefühlswelt findet keine Vorstellungen im reinen Denken, in denen sie Gestalt annehmen, d. h. zustande kommen könnte. Das Licht des Fühlens nimmt nicht niedrigere vorstellungsmäßige Form an, es bleibt in der Seele als form-lose Erkenntnismöglichkeit. Im reinen Denken kann das unreine Vorstellen nicht geübt werden und so auch nicht die Form der instinkthaften Gefühlswelt. Wo das reine Denken fehlt, d. h. wo das Denken entstellt, irrtümlich, partiell ist, wo es sich um Teilbewußtsein handelt, dort ist die Gefühlswelt, welche die Vorstellungen begleitet, sich-selbst-fühlend, d. h. unrein.

Alle mißverstandenen, halbverstandenen Gedanken oder Dinge, Prinzipien, Ratschläge – wenn als Verstandenes aufgenommen – vermehren diese Unreinheit. Die Reinigung besteht im Reinigen des Gedankenlebens von den undurchsichtigen Elementen.

Durch die Sprache werden viele Wörter tradiert, die kaum verstanden, keine reinen Begriffe sind. Es sind noch die Ergebnisse eines alten Bilderbewußtseins, d. h. aus kosmischem Wissen stammende »Begriffe«, die nicht in das sich selbst durchleuchtende Licht des Ich gehoben sind.

Die letzte Reinheit des Denkens wird durch die Durchleuchtung, durch das Erfahren seiner eigenen Gegenwärtigkeit gegeben, durch die Kontemplation. Sie vertilgt das Teil-Bewußtsein: Es bleibt nichts außerhalb des Denkens, das Denken wird vollständig. Es ist das spirituelle, Reinheit schaffende Denken.

Die Gefühlswelt kann unmittelbar nur durch das gereinigte, für sich durchsichtige Denken berührt werden.

Gegen die Katharsis, die Läuterung, arbeitet jede Lehre, die mit ungewandelter Qualität des Denkens *in Inhalten* – »spirituellen« oder »esoterischen« oder »okkulten« Inhalten – die Integration des Erkennens oder die Wandlung des Menschen sucht. Sie vergißt, daß es nur ein geistiges, esoterisches *Verstehen* gibt, keine derartigen Inhalte; denn Inhalte gibt es nur für das Erkennen, und der Inhalt ist von der Qualität des Erkennens abhängig: Es gibt keine andere Wahrnehmung des Inhaltes. Die aus höherer Erkenntnis stammenden Ausdrucksformen vergrößern, wenn sie »Inhalte« niedrigeren Erkennens werden, die unreine Zone des Bewußtseins, der Seele. Worte können nie »geistig« sein, geistig ist nur die verwirklichte Idee, die vom Menschen erfahren wird.

Wenn der Mensch nicht auf der entsprechenden Ebene etwas »versteht«, wiederholt er die Ursünde: die des unadäquaten Erkennens.

Die an Hand von Mitteilungen der geistigen Forschung gebildeten Vorstellungen sind niedrigere Vorstellungen als die gewöhnlichen, weil keine Wahrnehmung zu ihnen gehört. Begriffe, Ideen sollten aus solchen Mitteilungen hervorgehen. Vorstellungen sind Quellen der Unreinheit.

Fühlen und Wollen im Denken

Das Denken geschieht immer durch Wollen, oder es ist kein Denken. Der Wille, der im Denken lebt, weiß im Gegensatz zu allen anderen Willensakten nicht, was er will. Das Denken ist Improvisation – es weiß nicht, was es denken wird. Der Wille, der identisch ist mit der Bewegung des Denkens, ist improvisierend: er weiß nicht, was er denken will: ein objektloser, reiner Wille.

Daß das Denken »richtig« ist, d. h. logisch, daß es zur Evidenz führt, wird vom Denken selbst entschieden, aber nicht aufgrund von Logik – das wäre bloß die Verschiebung der Frage –, sondern aufgrund des Gefühls, das das Denken von vornherein führt – des Gefühls: so ist es gut –, als des überbewußten regulativen Elements des Denkens. Ein improvisierendes Fühlen, erkennend und objektlos, liefert das steuernde Element des Denkens, des logischen Ganges: das »So«. Beide objektlosen Kräfte sind das vorgreifende, sich selbst vorauseilende Wollen der Liebe, hin zum noch nicht Daseienden: »*nur Das*« – das noch nicht ist, von dem ich noch nichts weiß.

Beide Kräfte sind im Wahrnehmen anwesend: sie sind sein »So«, unbeeinflußt, unabhängig vom Subjekt, die Anderheit, d. h. das umgekehrte Willenselement des Bewußtseins, im Schlaf erlebt. Die Qualitäten sind die durch den Schlaf hereinsickernden letzten Ausklänge des erkennenden Fühlens.

Der Wille in der Konzentration

Der Wille wird in der Konzentration geweckt als der Wille, der die Übung will. Das Denken hat da keine andere Treibkraft; der Wille wird im Denken von Sonderzwecken gereinigt: von Zielen, die außerhalb des Tuns liegen. Denn je selbständiger er ist, je weniger sich anlehnend an Interesse, Schönheit, Sinn-Erfülltheit, desto besser kann er zum Denken führen; je konzentrierter der Wille, je mehr er nur auf den Gegenstand gerichtet ist, desto konzentrierter ist das Denken; Denken wird identisch mit Wollen: Das Denken will; aber zu dieser Identifizierung – zur ursprünglichen Identität hin – muß der Wille so rein-hell werden wie das Denken, d. h. rein von jedem nicht bewußten Element, dem Automatismus, der seine gewöhnliche Bewegung unter der Wirkung eines Motives ist. Diese Reinigung ist eben in diesem Denken der Konzentration möglich. Das Denken muß immer gewollt werden, das Wollen aber wird sonst nicht vom Menschen aufgebracht, es wird in ihm erregt, nicht er ist die Quelle.

Wenn das Denken mit dem es wollenden Willen eins geworden ist, kann die Bewegung zu seiner Quelle hin beginnen, zum lebendigen Denken. Die Idee kann nicht gedacht werden; solange *etwas* gedacht wird – das Zeichen dafür, daß das Denken noch nicht eins ist mit dem Willen – bleibt es gespiegelt und außerhalb des lebendigen Denkens selbst. Die Idee ist Idee *vor* ihrem Bestimmtwerden, bevor sie Gedachtes wird, bevor der Gedanke herausgefallen ist aus dem Strömen des Willens. Die Idee wird vom Menschen nicht gedacht, sondern gewollt; er will kein Gedachtes –: Das Licht des Denkens geht über in das Licht des Willens. Jenes Willens, der ohne Gegenstand in Bewegung kommt; wenn wir sagen: die Idee wird gewollt, so ist die Idee nicht außerhalb des Wollens, weder vor ihm, noch ohne es: Sie ist im Wollen und fällt nicht aus ihm heraus: wird nicht Objekt.

Mit den Gedanken schafft der Mensch den Platz für die Idee, mit dem denkenden Willen schaut er auf diesem Platz die Idee: mit dem Willen, der den Gegenstand schafft, der vor dem Gegenstand da war.

Der Logos ist schaffendes Licht. Deshalb wird der Mensch durch die gewollte, d. h. die mit dem schauenden Willen gesehene Idee mit dem Logos verbunden.

Das Fühlen in der Konzentration

Zwischen Subjekt und Objekt spannt sich in der Dualität das Prädikat aus, das Zeitwort, so scheint es. Aus ihm stammen Subjekt und Objekt ab, und es scheint diese wieder zu verbinden. Zwischen Subjekt und Objekt spannt sich zu gleicher Zeit auch etwas anderes aus, das sie zu verbinden, vor allem aber zu trennen scheint: das Fühlen, das Sich-selbst-Fühlen. Es gibt gewöhnlich kein Gefühl, das nicht an einen Gegenstand gebunden und zugleich ein Sich-selbst-Fühlen wäre. Das Bedürfnis danach ist eigentlich das gewöhnliche Fühlen, der Grund, von dem seine verschiedenen konkreten Formen ausgehen. Der Anspruch sich selbst zu fühlen ist der stetige Grund und Hintergrund des Seelenlebens; so eins mit ihm, daß er meist unbemerkt bleibt oder ideologisch-wissenschaftliche Legalisierung erhält; er ist anwesend im Hintergrund von indifferenten Gedanken und Urteilen, die mit ihrer Subjekt-Objekt-Struktur nur auf ihn hinweisen. Dieser Anspruch auf Gefühl trennt das Objekt vom Subjekt und verbindet sie zugleich, unsichtbar und auf nicht-erkennende Weise: Er ist die nach unten verbogene Kraft des Logos.

Wer das Gefühl in der Konzentration »vermißt«, dem fehlt eben das Sich-Fühlen, gerade das, dessen Eliminierung diese Übung bezweckt. Die Konzentration ist auch Gefühlsübung: Auf negative Weise, durch die Wahl eines indifferenten Gegenstandes und durch das *gedankliche* Wählen läßt sie den Platz frei, wo sonst die Gefühle erscheinen, so das wahre Gefühl vorbereitend. Dies ist gerade das »Vergessen«, das Aufgeben des Sich-Fühlens, daß ich mich ganz dem Gedanken hingebe. Die Besiegung des Tiermenschen, die Besiegung der gefühlten der mich selbst hinreißenden Gefühle besteht eben darin: das ist der moralische Wert der Übung, die völlige Konzentriertheit, der moralische Grund und die Möglichkeit zur Aufrichtigkeit.

Das wahre Gefühl beginnt dann in der Konzentration zu erscheinen, wenn das Denken wirklich »erschöpfend« ist, d. h. wenn nichts anderes in der Seele bleibt, auch am Rande des Bewußtseins nicht: Dieses wird ganz durch das Thema besetzt. Da wird *fühlbar*, daß dieses Weben einerseits reale Tätigkeit, andererseits aus Freiheit ist, drittens, daß es aus Helligkeit, aus Licht ist: Das ist der Keim des neuen Gefühls. Man braucht von außen nichts anderes, kein bekanntes Gefühl herbeizubringen, keine »edlen« oder »erhabenen« Gefühle – etwa Dankbarkeit – denn, nicht durch die gewollte Richtung bestimmt, sind auch diese gefühlten Gefühle wenigstens gemischt mit Sich-Selbst-Fühlen. Sie würden das Lichtprinzip der Übung brechen, die Durchsichtigkeit der Erfahrung: ich mache etwas anderes. Das neue Fühlen ist erkennend oder kann es werden: Je weniger ich darauf achte, desto stärker wird es, desto ungestörter wächst es.

Das gefühlte Gefühl: Erster Übungstyp

Die Bedingung jeglicher Übungen in bezug auf die Gefühlswelt ist im Sinne des oben Gesagten die Fähigkeit der Konzentration, um die gedankliche Vorstellungs- und Wahrnehmungsmeditation und die Kontemplation mit Sicherheit zu verwirklichen. Das bedeutet nicht, daß z. B. jede Meditation erfolgreich sei; aber einerseits vermag der Übende die Gründe der Erfolglosigkeit zu erkennen, andererseits ist er fähig, wenigstens von Zeit zu Zeit die obigen Übungen mit Erfolg zu vollführen.

Die im folgenden mitgeteilten Übungen, die sich auf die Gefühlssphäre beziehen, sind durch die Natur der Gefühle nicht nur miteinander zusammenhängend, sondern gehen ineinander über, viel mehr als die Übungen, welche die Wiederherstellung des Denkens und Wahrnehmens versuchen.

Die Aufmerksamkeit, schon im Wahrnehmen der Bewußtseinsphänomene geübt, im Denken strömend, ist auch dazu fähig, sich erst nachträglich, später auch im Laufe des Erlebnisses, auf die Gefühle hinzuwenden. Sie beobachtet nun den Charakter der gefühlten Gefühle: wie sie auf das Bewußtsein losbrechen, als fertige, irreversible Tatsachen; wie der Mensch ihnen gegenüber ohnmächtig ist; wie sehr er Gegenstand und nicht Subjekt der Gefühle ist; wie er in ihnen untertaucht und hingerissen wird; wie sehr die Gefühlserlebnisse sich doch auf »ihn« beziehen und nicht auf die Objektivität; und wie wenig sie erkennend sind, die Möglichkeit des Erkennens sogar zudecken: gäbe es keine gefühlten Gefühle, so hätte man sich besser orientiert und manchmal vielleicht richtiger gehandelt. Es ist beobachtbar, wie sehr Gefühle sich selbst fühlen, und wie leicht sie den Menschen zu einer Handlung anregen, welche nicht durch das Denken bestimmt ist, bzw. ihn anregen würden, wenn das Denken, oder auch ein anderes Gefühl, ihn nicht von dem so angeregten Willensakt abbringen würden. Ebenso leicht wie das Gefühl in den Willensakt übergeht, ebenso stark beeinflussen die an Hand eines gefühlten Gefühls gebildeten Vorstellungen das Denken selbst.

Der grundlegende Zug der Übung ist, den Unterschied in der Erfahrung eines gefühlten Gefühls von der Erfahrung einer Sinneswahrnehmung zu erfassen. Der Beobachtende kann bemerken, daß die gefühlten Gefühle sich im wesentlichen auf einer einzigen Skala, in den Abstufungen des Für-mich-Guten und Für-mich-Schlechten bewegen. Obwohl sie innerhalb dieser Skala mannigfaltig sind, ist ihre Welt doch undifferenziert im Vergleich zu der Begriffswelt. Es ist zu erkennen, daß der Charakter des Sich-Selbst-Fühlens sich auch in den erhabenen, »edlen« Gefühlen ausdrückt, insofern diese sich spontan einstellen, ja auch in dem, was das Bewußtsein gewöhnlich als Begeisterung verzeichnet.

Der Beobachtende kann das Erzittern der gefühlten Gefühle in einer Diskussion oder bei intellektuellen Leistungen verfolgen und schließlich zu der Feststellung gelangen: das gefühlte Gefühl mit seinem Vergangenheitscharakter ist die spezifische Offenbarung der Egoität: Es zeigt in seiner Richtung immer auf das Zentrum des Ego, dieses Gerichtetsein ist also die Egoität selbst.

Wenn die Beobachtung darauf gelenkt wird, kann wahrgenommen werden, daß das gefühlte Gefühl immer Wirkungen auf den Körper hat. Im Extremfall wird das Atmen, der Puls verändert, es zeigen sich die körperlichen Zeichen des Schmerzes oder der Freude. Die genaue Beobachtung kann dieses Zeichen in kleinem Maße bei jedem gefühlten Gefühl entdecken. Soweit das Gefühl nicht in einen Willensakt einmündet, treten die Wirkungen im rhythmischen System auf.

Die Elemente des erkennenden Fühlens:
Zweiter Übungstyp

Die zweite vorbereitende Übung für das Zustandebringen des erkennenden Fühlens ist das Beobachten der Elemente dieses Fühlens, dort wo diese schon von vornherein anwesend sind: im Denken, im Wahrnehmen, bzw. in der gedanklichen oder wahrnehmenden Konzentration, in der Meditation.

Wir sahen es: Im Denken offenbart sich das erkennende Fühlen im fast überbewußten Element der Logizität oder des Wahrheit-Erkennens, im »so« – »so ist es wahr«: Wahrheitsgefühl; oder in entgegengesetztem Sinne, entlang einer Gedankenreihe, welche nicht logisch und unwahr ist. Das hat selbstverständlich nichts zu tun mit Sympathie und Antipathie, welche meistens Reaktionen des Egowesens sind. Der Beobachtende vermag – nach einigem Üben – seine Aufmerksamkeit entlang dem Denken auf die Keimelemente des erkennenden Fühlens zu wenden; entlang dem gewöhnlichen Denken wird die Beobachtung nachträglich bewußt; in der Konzentrationsübung oder in der Meditation geschieht das ebenfalls nachträglich oder durch eine das Wesen des Übens ausmachende gleichzeitige – nicht von außen erlebte – Erfahrung; nicht durch eine zweite »Aufmerksamkeit«, sie würde sofort die Übung zerstören, sondern durch die *einzige,* auf das Thema konzentrierte Aufmerksamkeit. Es ist erfahrbar, daß diese Art von Fühlen sich in der Richtung der Ideen-Synthese, oder entlang dem wortlosen Denken verstärkt; das ist wahrhaft »Fühlen«.

In der Wahrnehmungs- oder Vorstellungsmeditation ist das erkennende Fühlen hinter allem Sinneswahrnehmen erfahrbar. Je weniger das Wahrnehmen »gedacht« wird, desto lebhafter ist spürbar, daß sich hinter dem Wahrnehmen der Qualitäten – Farbe, Ton, Form etc. – ein Fühlen hinzieht, das sich in der Wahrnehmungs-Synthese – Wahrnehmen des *ganzen* Gegenstandes – zu einem spezifischen Gefühls-Licht weben kann. Zugleich wird es klar, daß mit dem gewöhnlichen Wahrnehmen der Natur-Gegenstände im wesentlichen ihr begriffliches Element vermittelt wird – da das Wahrnehmen immer durch das Denken bewußt wird –, während die »Seele« der Dinge – das aus ihnen strömende, ihr Wesen bedeutende Fühlen und Wollen – unbemerkt bleibt.

Das Beobachten kann dabei inne werden, daß das im Denken schwebende erkennende Fühlen: »wahr« – »unwahr« nicht einfach die Anwesenheit oder Abwesenheit der Logizität andeutet, sondern daß es ein spezifisches »Wahrheit« oder »Nicht-Wahrheit« fühlendes Fühlen ist, so differenziert dem Thema entsprechend, wie dessen begriffliches Gewebe. Je tiefer das Beobachten dringt, desto klarer ist es, daß der Begriff sich aus dem Ideen-Gewebe, das Ideen-Gewebe sich jedoch aus dem Fühlen oder erkennenden Fühlen absondert. Das gewöhnliche bekannte »Wahrheitsgefühl« irrt sich oft, weil es der Ausdruck der Subjektivität sein kann.

Am Anfang des Übens ist es vielleicht angebracht, die gewöhnliche gefühlte Gefühlswelt mit jenem Gefühl zu vergleichen, das in der Kunsttätigkeit hinfließt. Dieses ist nicht »gefühlt«, es hat keinen Vergangenheitscharakter und ist nicht sich-selber-fühlend: Es ist auf das Tun gerichtet, strömt in ihm dahin, lenkt es. Dieses Gefühl ist jedoch nicht erkennend im Sinne des Wahren und Unwahren; es bewegt sich in der Orientierung des Schönen – Nicht-Schönen, oder des »so« richtig – »so« unrichtig (oft sagen wir: es ist nicht *wahr*) mit vollkommener Sicherheit, wie das die Evidenz fühlende Gefühl. Der Sinn der Kunst ist nicht das Erkennen: Sie ist der *Ausdruck* dessen, was dem gewöhnlichen Erkennen überbewußt vorangeht, mit den Mitteln der Wahrnehmungswelt; sie geht nicht darauf aus, das erkennende Bewußtsein in diesem Vorangehenden zu erwecken. Sie kann aber unsäglich hilfreich sein für dieses Erwecken. Die Unterscheidung des Kunstgefühls vom gefühlten Gefühl kann als Erfahrung in der anfänglichen Phase des Übens sehr helfen. In der vorgeschrittenen Phase ist das Vergleichen mit dem *erkennenden* Fühlen sehr fruchtbar für die Entwicklung der Differenziertheit des Bewußtseinslebens. Gemeinsam ist das Gepräge des Gewahrwerdens – das erkennende Fühlen ist künstlerisch in seiner Gegenwärtigkeit, Selbstlosigkeit und in seinem Nach-Außen-Gerichtetsein: Es fühlt nicht für sich selbst.

Die beschriebenen Übungen führen zu der Folgerung – und es kann zugleich Erfahrung werden –, daß es für die Gefühle gewöhnlich kein entwickeltes, selbstloses, d. h. sich selbst nicht fühlendes Sinnesorgan gibt; und das bewirkt, daß sie den Menschen überwiegend als *Wirkungen* treffen. Die gefühlten Gefühle verursachen Herzklopfen, Verschlagen des Atems usw.: das zeigt an, wo an sich Sinnesorgane da sind; als Wirkungen treten sie anstatt des Fühlens und an seiner Stelle auf. Der körperliche Träger der Gefühle wäre die Veränderung im Funktionieren des rhythmischen Systems: qualitative, nicht physische Veränderung, oder doch kaum körperliche, wie etwa die chemischen Vorgänge im Auge beim Sehen, die nicht bemerkt werden. Die höheren, die »lesenden« Sinnesorgane sind in Bewegung, haben keine statische Form: Sprachsinn, Begriffssinn usw., sie bestehen allein aus Bewegung. Diese Bewegung ist der Träger und zugleich das Wahrnehmende der Qualität, deren Sinnesorgan sie ist, weil hier das Wahrnehmen und das Sein nicht geschieden sind. Wenn wir sie richtig betrachten, sind die höheren Arten des Sehens – in ihrem synthetischen Charakter – ebenso beschaffen. In diesem Sinn ist das rhythmische System das Organ der Gefühle, das Gliedmaßen-Stoffwechsel-System das Organ des Willens. Die obige Erfahrung – Betrachtung – gibt die Richtung der weiteren Übungen an. Im Fall des fühlenden, erkennenden Gefühls – wie im Fall des Denkens – ist das Sinnesorgan – nicht der körperliche Träger – zugleich die »Substanz« des Erkennens: Das Denken ist die Substanz des Gedankens und auch sein Erkenntnisorgan. Bei den höheren Sinnesorganen sind Objekt, Subjekt und Mittel identisch: alle zusammen sind die Qualität, die erscheint.

Wenn das Denken nur noch bestimmte, an Zahl und Qualität begrenzte Gedanken zu denken fähig wäre, so wäre es kein Denken mehr, es würde seinen improvisierenden Charakter einbüßen. Das Abbilden und Mechanisieren des Denkens führt dahin, das Denken abzuschaffen. Es wird damit auch die Möglichkeit des *Anfangens* abgeschnitten. In der Welt der gefühlten Gefühle ist das von vornherein die Lage: Der Mensch kann im Fühlen nicht improvisieren, weil er das Gefühl in seiner Qualität vor dem Geformtsein nicht kennt und auch, weil er nicht »Herr« seiner Gefühle ist: Er kann nicht willentlich fühlen, wie er frei denken kann. Im Denken kann er *anfangen,* muß er sogar anfangen; im Fühlen ist das nicht möglich, weil die Gefühle gewöhnlich ein *Objekt* haben, *etwas* fühlen, wie zwar auch das Denken gewöhnlich *etwas* denkend erscheint. Wie wir das Denken in der Konzentrationsübung von den Gegenständen lösen, wie der Übende vom Nach-Denken des Gegenstandes – universalia post rem – durch die Funktion des Gegenstandes – universalia in re – bis zu der dem Gegenstand vorangehenden – der zum Sein denkenden Idee – universalia ante rem – schreitet, und damit die der Form vorangehende Kraft – das Sein und Wesen des Denkens – kennenlernt und hervorbringt, *so* muß er auch in bezug auf die Gefühlswelt vorgehen.

Die Entwicklung des erkennenden – fühlenden – Fühlens:
Dritter Übungstyp

Das Bemerken der Ansätze des erkennenden Fühlens und dann die innere Aufmerksamkeit auf diese Keime erstarkt ihr Sein. Die Aufmerksamkeit ist – jedenfalls anfangs – denkende Aufmerksamkeit; das Denken gibt acht und beobachtet. Die Beobachtung der gefühlten Gefühle ergibt außerdem durch den Vergleich mit den erkennenden Gefühls-Elementen ein weiteres Gewahrwerden: daß wir die gefühlten Gefühle gewöhnlich von ihrer Außenseite kennenlernen – natürlich auf dem inneren Gebiet der Seele, des Bewußtseins, vom Gesichtspunkt des *Gefühls* aber von außen: man weiß nicht, was es sagt oder sagen will. Man kann nur ahnen, daß es überhaupt etwas sagen *will*. Die Keime des erkennenden Gefühls hingegen – obwohl ihr *Gewahrwerden* auch durch die Tätigkeit der denkenden Aufmerksamkeit erfolgt –, wenn es gelingt sie zu erfahren, erleben wir von innen her, innerhalb des Fühlens, immer näher zu dem gelangend, was sie sagen – hier bleibt kein Zweifel darüber, *daß* sie *sagen*. Man kann den feinen Übergang der Aufmerksamkeit zustandebringen: die wahrnehmende Bewegung der gedanklichen Aufmerksamkeit wird in dem inneren Erfahren – was sagt es? – des Gefühlselementes zur fühlenden Aufmerksamkeit, zum fühlenden Licht. Wie die Musik nur durch Musik »verstanden« werden kann, so kann das Gefühl nur durch das Fühlen, durch fühlendes Fühlen erkannt werden. Die Aufmerksamkeit wechselt nicht aus dem Denken in Fühlen hinüber, sondern die denkende Aufmerksamkeit fließt über in die fühlende Aufmerksamkeit, wird in ihr aufgelöst: sie kehrt zurück in ihr ursprüngliches Mutterelement in dem Maße, in dem dieses – fühlend oder erkennend – *hell* wird. Denkende und fühlende Aufmerksamkeit bereichern sich gegenseitig.

In bezug auf die gefühlten Gefühle, die das Subjekt kaum erdulden, ist diese Umwandlung schwieriger durchzuführen. Deshalb ist es dienlich, sie erst in Richtung auf langvergangene Gefühle und Emotionen zu üben. Es ist zu versuchen, aus der Beobachtung des Gefühlscharakters die besondere Qualität, »Farbe« des Gefühls, die Seelenlandschaft wahrzunehmen, die in diesem Augenblick das Gefühl ist; mit anderen Worten: auf die »Mitteilung« zu schauen. Das ist im allgemeinen, aber nicht unbedingt, leichter im Fall einer längst vergangenen Emotion. Dieses Schauen ist selbstverständlich kein Spekulieren, auch kein Gedanke oder Denken, sondern das Aufgehen eines zweiten fühlenden Fühlens im Inneren des ersten Gefühls: damit schauen wir. Diese Erfahrung wird durch die erste Übung erleichtert, deshalb ist es ratsam, beide Gefühlsarten in einer Zeitperiode, z. B. abwechselnd zum Thema des Beobachtens bzw. des allmählichen inneren Erfahrens, zu machen.

Die Umwandlung der gefühlten Gefühle: Vierter Übungstyp

Sooft in der Schulung von dem Hervorrufen eines Gefühls die Rede ist, wird darunter das erkennende Fühlen verstanden. Dieses Fühlen geht in dem gedanklichen Verstehen auf, dadurch gelangt es in das Bewußtsein. Nie wird ein Gefühl *neben* dem Gedankenleben gemeint, oder eines, das von außen dazugezogen wäre. Ebenso ist es bei den Wahrnehmungs- und Vorstellungsübungen. Das Fühlen blüht immer aus dem Verstehen auf, wird nie dazugebracht, sonst ist es immer gefühltes Gefühl und egoistisch. Die Keime des erkennenden Fühlens sind anwesend im Denken und im Wahrnehmen: Damit aus den Keimen kraftvolles Erkennen werde, müssen die unter das Bewußtsein gebogenen Gefühlskräfte aus diesem Zustand befreit werden: Sie müssen zurückverwandelt werden in ihre ursprüngliche, formlose Wesenheit. Deswegen ist die Umwandlung der gefühlten Gefühle notwendig, das Sich-Befassen mit ihnen, sofern der Mensch die dazu erforderlichen Bedingungen erfüllt, vor allem die Erfahrung des lebendigen Denkens und seiner Gegenwärtigkeit. Die Berührung der Gefühlswelt erfordert diese Autonomie.

Es kann vorkommen, daß die Gefühlswelt in einem Lebensalter so ungeordnet und chaotisch wird, daß sie die Schulung des Denkens hindert oder verhindert, die doch die Vorbedingung für das Ordnen der Gefühlswelt ist. Auch in diesem Fall stammt das Ungeordnetsein aus dem Ungeordnetsein des Denkens, aus dem, was die Unreinheit des Bewußtseins genannt wird: daß in ihm in gedanklicher oder Vorstellungsform undurchleuchtete, undurchsichtige Elemente und Gebilde sind. Die Aufarbeitung und Durchleuchtung dieser Formen ist die primäre Aufgabe. Dafür ist es zweckmäßig, die extremen, auch für das beschädigte Bewußtsein allzu krassen Unregelmäßigkeiten auf äußerem Wege nach Möglichkeit zu dämpfen, zu bremsen oder sogar zu beseitigen. In diesem Fall bieten die einfachen Wahrnehmungsübungen eine große Hilfe: die *genaue* und *eingehende, regelmäßig* geübte Beobachtung und Beschreibung von Naturgegenständen und Naturphänomenen: Stein, Pflanze, Himmel, Wolken, Farben, Töne usw. Je größer die Vertiefung in diese Übungen ist, desto größer ist ihre harmonisierende Wirkung auf die Gefühlswelt.

Die Befreiung der Erkenntniskräfte, welche in den gefühlten Gefühlen gefangen sind, beginnt mit dem Aufmerksamwerden auf diese Gefühle. Die Möglichkeit zur Aufmerksamkeit ist schon eine Befreiung der üblichen hinreißenden Ladung der gefühlten Gefühle. Die Steigerung der Aufmerksamkeit kann zu der Wahrnehmung führen: Die Gefühle und Emotionen sind im allgemeinen übertrieben. Die Situation, die sie entfacht, verdient im allgemeinen nicht die überflutende Gefühlsintensität. Die Gefühle entstehen gewöhnlich immer an Gegenständen, Dingen, Sinnestatsachen – d. h. an Wahrnehmungen, – auch dann, wenn sie von hohem Wert zu sein scheinen. Die Gegenstände, Tatsachen, Phänomene, sind nicht *wahr,* stellen in ihrer Erscheinungsform nicht dar, was sie bedeuten: Deshalb ist es eigentlich nicht gerechtfertigt, daß sie Gefühle auslösen, welche in ihrer Tatsächlichkeit zu den sie – scheinbar – verursachenden Phänomenen gehören. Es wird Erfahrung, daß die gefühlten Gefühle für sich selbst – für mich selbst – sind, das Phänomen ist im Grunde nur ihr Vorwand und nicht ihre Ursache. Nur der übersinnliche Sinn, die Wahrheit sollte Gefühle wecken – dieser wird aber von dem gespiegelten Bewußtsein nicht aufgefaßt. Das gefühlte Gefühl waltet anstelle des vollständigen Erkennens und verdeckt dieses. Es ist eine charakteristische Erfahrung, daß in entscheidenden Schicksalssituationen der Mensch in der Regel nicht emotional reagiert wie bei weniger bedeutenden Geschehnissen und viel zweckmäßiger, reifer handelt.

Das Entziehen – Ersparen – der Gefühle beginnt übungsmäßig bei den schon beobachteten vergangenen Gefühlserlebnissen und wird fortgesetzt in probeweise im voraus ausersehenen gegenwärtigen Situationen. Wir versuchen, im Erleben weniger zu fühlen; der erfolglose Versuch ist, nachträglich bedacht, dienlich. Später kann versucht werden, die gefühlten Gefühle ganz abzuschaffen mit der Gebärde des Nicht-Gewahrwerdens, durch sie hindurch auf *das gedankliche* Thema schauend. Wir bemerken: *Alles* wird gedankliches Thema, wenn das gefühlte Gefühl abfällt.

Das »Ersparen« der Gefühle geschieht in derselben Zeit, in der die erkennenden Gefühle erstarkt werden; die Übungen sind nicht unabhängig voneinander; was erspart wird, mündet in zunehmendes, differenziertes, fühlendes Erkennen ein, das in der Richtung des Wahren, des Guten, der Lüge, der Illogizität, des Bösen sich entfaltet. Das geht Hand in Hand mit dem Erwerben der Autonomie in der Gefühlswelt. Unverkennbar ist hier die Welt der *erkennenden* Gefühle gemeint: Die gefühlten Gefühle kommen gerade aus dem Verlieren oder Nicht-Zustandekommen der Autonomie her.

Das Wesen des Menschen besteht darin, daß er auch in seiner empfindenden Wesenheit in seinem Fühlen formlos offen bleibe: oberhalb der Formen. Geformtes Gefühl bedeutet tierische Form, da das Ich nicht in ihr anwesend ist. Das nicht-geformte Gefühl ist erkennend; das geformte Sich-Selbst-Fühlen ist gefühltes Gefühl. Beim Tier gibt es nichts »*Gefühltes*«, das Tier selbst ist Gefühlsform: Form des Reagierens, Form des Verhaltens. Der im Gefühl autonome Mensch kann fühlen wie er denken kann; er wird nicht von den Gefühlen überflutet.

Die Zurückwendung der gefühlten Gefühle:
Fünfter Übungstyp

Das Ersparen oder völlige Abschaffen der Gefühle ist verbunden – setzt sich darin fort – mit dem Zurückwenden des Fühlens in die Richtung seines Objekts, auf das es »weckende« Phänomen. Das gefühlte Gefühl wurde beobachtet, eingeschränkt, sogar abgeschafft; nun versuchen wir es *früher* zu fühlen, als es

44

zur Empfindung wird, *bevor* es sein Objekt in der gewohnten Weise erreicht. Wie in der Erfahrung des lebendigen Denkens das Denken nicht »aus«-gedacht oder zu Ende gedacht wird, so wird das Fühlen nun nicht »aus«-gefühlt bis zum bekannten und Wiederholung wünschenden Gefühl; wir verhindern sein Hingleiten auf der im voraus fertigen Bahn der Gewohnheitsgefühle in die Zone des Sich-Selbst-Fühlens. In dieser nicht zu Ende gefühlten Form wird das Fühlen zurückgedreht auf sein Thema hin, – es kehrt von sich selbst zu ihm zurück, weil es zu ihm gehört. Seine ursprüngliche Funktion wird hergestellt: Die Seele der Dinge ist das aus ihnen strömende Fühlen und Wollen. So wird das Fühlen fühlend.

Die Gefühle werden ebenso vom Objekt zurückgezogen wie das Denken. Dadurch, daß die Kraft losgelöst wird vom Objekt, wird sie frei: erkennend. Nicht Unempfindlichkeit oder Blasiertheit – selbstgefühltes Gefühl –, sondern Anheben des Fühlens und es in seinem gewöhnlichen Ablauf anhalten: so wie die wahrnehmende Gebärde der Sinnesorgane auch ein Anheben und Anhalten eines nachahmenden Vorganges ist. Wir werden nicht ärmer durch die Einschränkung der gefühlten Gefühle, sondern reicher: Jetzt stellt es sich heraus, mit was für Ersatzgefühlen wir befriedigt waren, als wir gegenüber den Gefühlen, die die Welt durchweben und aus der Welt strömen, taub wurden, als wir sie mit den gefühlten Gefühlen vertauschten.

Die gefühlten Gefühle werden *übungsweise* abgeschafft. So wie die Denkübungen, wirken die Gefühlsübungen auf die Ganzheit des Seelenlebens, unabhängig von den Absichten des nicht-übenden Bewußtseins.

Nach dem Abschaffen oder Erlöschen der gefühlten Gefühle muß das fühlende Fühlen gewollt werden wie das Denken: nicht durch ein Wollen, das von außen bewegt, sondern von innen her. Es ist objektlos und *identisch* mit dem Denken bzw. Fühlen: improvisierend.

Für den, der in der Schulung der Gefühle schon fortgeschritten ist, kann es nützlich sein, die Welt der Gefühle mit der Welt der Gedanken zu vergleichen, entlang der folgenden Meditation.

1. Das gewöhnliche Gefühl, das gewöhnliche Wollen, sie sehen sich nicht, sind keine Selbst-Bewußtseinselemente. Das Fühlen sagt nicht: »Fühlen«, sondern das Denken sagt es. Wenn das Gefühl nicht in die Gespiegeltheit des Denkens gezwungen wäre, wäre es ein Traum.

2. Das Erleben der Gefühle ist immer Gegenwärtigkeit, Gegenwärtigkeit am Objekt der gefühlten Gefühle. Es gibt keine Erinnerung an ein Gefühl, nur die Vorstellung, welche das Gefühl eventuell wieder zurückruft.

3. Denken ist auch nur für ein gegenwärtiges Bewußtsein möglich, das Denken aber schaut auf die eigene Vergangenheit: Deshalb ist es ein nicht sich selbst, sondern nur seine Vergangenheit erlebendes Licht.

4. Das gewöhnliche Gefühl kann nicht seine Vergangenheit erleben, nur seine Gegenwart. Es ist von vornherein der kontemplative Charakter in ihm da und wird nie im gewöhnlichen Bewußtsein verwirklicht. Der Mensch lebt im Fühlen, selbst in seiner niedrigen Form, im Licht: Er ist im Fühlen *ungetrennt*. Deswegen kann die Kontemplation nur im Denken beginnen. Das fühlende Fühlen ist von Anfang an kontemplativ: Träger des spirituellen Erinnerns.

Himmlisches Wissen

5. In das Bewußtsein tritt nun Licht herein: Licht in das Licht: Denken, Fühlen, Wollen, nichts anderes. Alles andere ist Ergebnis von dem zum Stillstandkommen des Erkennens – des Lichtes – und tritt nicht ein in das Bewußtsein: *Das* ist der Ursprung von der Idee des Stoffes, von der Idee des Ding an sich, von der Idee des Unbewußten etc.

Wenn in das Bewußtsein auch das Gefühl und der Wille in ihrer ursprünglichen Gestalt hereintreten könnten, so wären äußere Zusammenhänge zwischen den Dingen der Welt nicht notwendig, da wir die *Funktion* der Dinge der Natur kennen würden – jetzt kennen wir sie nicht. Es wäre auch nicht notwendig, daß der Mensch in seinem nicht-erkennenden Wesen in *Empfindungen* Ersatz sucht für das, was er im gewöhnlichen Erkennen verliert: für jenen lebensvollen Gefühls- und Willensstrom, der zugleich Licht ist und den Sinn des Lebens geben könnte. Das »sucht« der Mensch in den Empfindungen.

6. Der Mensch sucht in den Empfindungen sich zu fühlen, nicht um des Erkennens oder des Dinges willen: Im vollständigen, auch Fühlen und Wollen tragenden Wahrnehmen ist all das »Gute« darinnen, das der Mensch entlang der eine Wiederholung heischenden Empfindungs-Wünsche immer wieder und wieder »erfahren«, in Wahrheit: erleiden will. Das vollständige Wahrnehmen gibt alles her, was der Mensch umsonst in den Empfindungen, in den intensivsten Formen des Sich-Fühlens sucht.

7. Was für das irdische Bewußtsein Schmerz, oder sogar Tragödie, ist und eben deshalb vielleicht haßerregend – das alles ist sich auf dem Gebiet des Fühlens und Wollens ausdrückendes Nicht-Verstehen, von dem das Denken sagen würde: Ich verstehe es nicht.

Der Mensch ist nur in seinem Körper erlebend, und dementsprechend erfährt er die Umgebung des Körpers nicht, erfährt er auch den anderen Menschen nicht, nicht seine Schmerzen, noch sein Leid, auch wenn er sie selbst – vielleicht unwillkürlich – verursacht hat. Wenn er aus dem Körper heraustritt, im Erkennen, im Schlaf oder im Tod, kommt er zu dieser Erfahrung. Zugleich aber kommt er zum Verstehen, das jetzt auch schon im Gefühl und im Willen vorhanden ist – und die überflutende, die Realität des irdischen Bewußtseins auslöschende Realitätskraft dieses Verstehens macht klein, löst die Harmonie und Sinnerfülltheit auf, was für das irdische Bewußtsein widersprüchliches, schmerzhaftes Nicht-Verstehen war.

Die Meditation im Fühlen

Im gewöhnlichen Bewußtsein nimmt der Mensch passiv wahr, fühlt passiv, und das Denken ist größtenteils ein Nach-Denken der Wahrnehmungen. Der Grund des Denkens ist allerdings unabhängig von den übrigen Erkenntnisquellen: Gerade das macht die Entwicklung des Erkennens möglich. Insofern er »intuitiv« denkt, ist der Mensch allein im Denken wirkend: Er *läßt* das Denken wirken und ist in ihm anwesend. Es ist dies die Erfahrung des lebendigen Denkens. Dieselbe Ebene kann im Wahrnehmen und Vorstellen als reines Wahrnehmen und als Imagination verwirklicht werden: Der Mensch nimmt nicht »nachher« ein sowieso Daseiendes wahr oder stellt dementsprechend vor, anhand von etwas, was durch ein Wahrnehmen ohne eigene Initiative geboten wird. Sondern mit der improvisierenden Gebärde des reinen Denkens nimmt er wahr, bildet er, stellt er vor etwas, was seinem Wesen nach nicht aus der Sinneswahrnehmung stammt. Es wird Erfahrung, daß die Imagination zur Empfindung und Vorstellung zerfällt, ihre Lebendigkeit oder dauernde Gegenwärtigkeit dabei verlierend. Wahrhaftig ist sie ein Vorstellen ohne Vorbild, ohne Muster, wie auch das ursprüngliche Denken sich nicht nach Muster, sondern nur nach sich selbst bewegt. Das fühlende Fühlen, durch die Schulung der Gefühle gebildet, fühlt *anfangend:* Es gibt noch kein Objekt, das es fühlt, es bringt sein Objekt selbst *hervor,* wie die Imagination. Mit dieser verbunden entspricht dieses Fühlen dem *Lesen* der freien Vorstellungen oder Bilder: Das Lesen beruht nicht auf Sehen, sondern hat Hörcharakter, ist ein innerliches Wahrnehmen. Die erste Gebärde der Meditationsarten gilt dem Erreichen des lebendigen Sinnes im Thema. Die Schulung der Gefühlswelt bereitet durch die Ausbildung des fühlenden Fühlens die Möglichkeit der zweiten Stufe der Meditation vor.

Auf der zweiten Stufe der Meditation wird versucht, das Ideen-Element nun nicht zu »denken«, nicht zu »sehen«, nicht »vorzustellen«, sondern zu *fühlen.* Das Wahrnehmen, Denken, Vorstellen, wird fortgesetzt im *Fühlen;* das Fühlen kommt nicht von woanders her, nicht aus einer anderen Quelle. Denken, Wahrnehmen und Vorstellen verschwinden: sie verschmelzen mit dem fühlenden Fühlen, das sie von vornherein enthalten hat, aus dem sie herausgefallen sind, als es zur Imagination und zum gefühlten Gefühl zerbrach. Das Thema der Meditation ging bisher aus dem lebendigen Wahrnehmen, Denken, Vorstellen hervor: Jetzt bildet sich die »Vorstellung« unmittelbar aus dem Fühlen. Deshalb hat sie nicht Bild-, Sichtbarkeits-Charakter, sondern ist – nach andeutendem Gleichnis – klangartig. Wenn wir uns vorstellen, daß die Welt außen und innen immer leiser wird, immer geringere Lautstärke hat, dann können wir eine vollkommene Stille erreichen: Weder äußere Töne, noch deren Nachklänge sind in der Seele. Ist dieser Nullpunkt erreicht, kann es noch leiser werden: Es erscheinen dann die negativen Werte der gewöhnlichen Klänge – ein leiseres Klingen als die vollkommene Stille. Dieses »Klingen« ist das Verstehen der Bewegungen lebendiger Bilder und Gedanken. Tonloses, wortloses Flüstern, ein Text ohne Text, ein Erfahren von Absichten und von Willen. Gewöhnlich entsteht Klingen immer aus Bewegung, entlang der Bewegung: Die Musik der Sphären ist nicht der Klang der stillstehenden, sondern sich in der Beziehung zu einander bewegenden Sternenwelt. In der wahren Wirklichkeit ist es umgekehrt: Aus dem Klingen entsteht die Bewegung der Bildelemente, das Klingen aber stammt aus dem ursprünglichen Zeitwort, aus dem Logos.

Über das reine Wahrnehmen

Der Mensch erlebt sich nicht im Wahrnehmen, er weiß im Wahrnehmen nicht, daß er wahrnimmt, er weiß auch nicht durch das Wahrnehmen, daß es mittels der Sinnesorgane geschieht: über dies alles klärt ihn das Denken auf. Dieses allein kann *aussagen* über die Welt, über das Wahrnehmen, über sich selbst.

Das Wahrgenommene *wird* im und durch das Denken das, was es dann *ist*. Wir nehmen Gedachtes wahr, und ohne Denken nehmen wir nichts wahr. Dieses Denken ist das gewöhnliche Denken, meist unbemerkt. Oder es ist die Intuition, die sich an dem Wahrnehmen entzündet: auch dann *Denk*-Intuition.

Aus den obigen Beobachtungen geht klar hervor, daß der Vorgang des Wahrnehmens zunächst nicht Erfahrung ist. Dieser Vorgang ist nicht der physikalisch- chemisch- elektrisch nachweisbare Prozeß in den Sinnesorganen, Nerven, im Gehirn, sondern der Bewußtseinsvorgang des Wahrnehmens selbst. Die begleitenden physischen Vorgänge sind gerade das, was nicht Wahrnehmen ist: wir erfahren sie nur durch eine andere Wahrnehmung, die auf sie gerichtet ist. Dabei aber gehen auch weitere, nicht erfahrene Vorgänge, im Organismus des Beobachters vor. Niemals erleben wir die physischen Prozesse gleichzeitig *während* des Wahrnehmens. Das Wahrnehmen ist auf kein Wahrgenommenes zurückzuführen.

Bewußt wird allein der gedankliche Inhalt. Das Wahrnehmen selbst hat – abgesehen vom Gedankenelement – einen etwa traumhaften Bewußtseinsgrad, der Ebene der Empfindungen entsprechend. Der Mensch nimmt also nicht mit seinen Sinnesorganen wahr: weder der Gedankeninhalt, noch das Fühlen entsteht durch diese. Das Wahrnehmen gibt die Ganzheit unmittelbar, aber wir verschlafen dieses Gegebenwerden. Eigentlich gibt es für uns kein Wahrnehmen, wir erfahren es nicht, wir wissen bloß davon.

Das Wahrnehmen besteht gerade in dem, was nicht physischer Prozeß wird. Der physische Prozeß fällt aus dem Wahrnehmen heraus; wir nehmen ihn beim Wahrnehmen selbst nicht wahr. Die Sinnesorgane dienen nicht zum Wahrnehmen, sondern zum Bewußtwerden des Wahrnehmens. Wir sind zunächst so organisiert, daß zum Bewußtwerden ein minimaler physischer Vorgang notwendig ist. Dieser bewirkt nicht das Wahrnehmen, ist auch nicht das Wahrnehmen, sondern fällt geradezu aus dem Wahrnehmen heraus: ein Zeichen für das Ich, welches teilweise in nicht-erkennender Art mit dem Organismus identisch ist. Das Ich ist sonst in der Welt, *ist* die Welt in – zunächst – schlafender Identität. Im Wahrnehmen – im damit gekoppelten Denken – wird es wach: wo die Identität durch den physischen Vorgang unterbrochen wird, wo ein Teil des Lichtes in eine Wirkung übergeht, wo eben dadurch ein Kontrast zum Licht entsteht: da kann das Ich den Unterschied zwischen Licht und Finsternis erleben; es lebt nicht bloß im Licht: es nimmt wahr. Das Licht erscheint in der Finsternis.

Daß das Wahrnehmen eigentlich nicht durch die Wahrnehmungsorgane geschieht, wird klar, wenn wir weiterhin beobachten, daß die Wahrnehmung immer ein Ganzes liefert, zwar vielleicht ohne die Zusammenhänge, wodurch eine Ganzheit mit der Umgebung oder mit anderen Ganzheitselementen verbunden ist, aber keineswegs sehen wir z. B. Punkte oder Teile des Kreises, die wir dann gemäß einer – unbekannten – Norm zu der Ganzheit des Kreises integrieren würden, sondern wir sehen unseren Begriffen gemäß spontan und auf einmal Ganzheiten: wir wissen, wo ein Gegenstand oder ein Phänomen endet, seine Grenzen hat. Das könnte ein physiologisch interpretiertes Wahrnehmen nicht entscheiden, der Blick würde kontinuierlich von Unterschied zu Unterschied wandern.

Ein weiterer Schritt in der Beobachtung zeigt uns, daß wir ohne Begrifflichkeit gar nichts wahrnehmen. Alles Wahrgenommene ist schon »etwas«, d. h. begrifflich durchsetzt. Diese Begriffe *machen* das Wahrgenommene zu dem, was es ist. Es ist wichtig zu bemerken, daß diese Begrifflichkeit keine nominale ist, keine »Benennung«, sondern immer auf die Richtung des Wesens hindeutet, auch dann, wenn der Mensch zunächst keine wirkliche Idee des Wahrgenommenen hat, wie z. B. im Fall von Naturphänomenen. Es ist immer die Idee, die zum Wesen des jeweils Wahrgenommenen gehört, denn sie macht ja das Wahrgenommene zu »Dem«.

Wenn der Begriff sich durch das Erkennen ändert, so wird auch das Wahrgenommene ein anderes. Das Wahrgenommene hat keinen Bestand, außer der jeweiligen Begrifflichkeit, die sein »Was?« ist.

Auch bei den Naturgegenständen, nach deren Funktion wir gar nicht fragen können, wie es in bezug auf Menschengeschaffenes der Fall ist, deutet ihr Name – Rose, Hirsch, Granit – durch die überbewußte Intuition der Sprache auf ihre Wesenheit hin.

Da die Begrifflichkeit zum Ding gehört, ja es erst zu *dem* macht, muß das Wahrnehmen und der Begriff des Dinges aus *einer* und derselben Quelle herstammen. Das ist das – zur Zeit noch – überbewußte, lebendige Erkenntnislicht, noch nicht durch die Organisation des Menschen in gespiegeltes Denken und ideenloses Wahrnehmen gebrochen. Es enthält noch beide Elemente – in der Einheit sind sie noch nicht der tote Begriff und die ideenlose Wahrnehmungsempfindung, zu denen sie durch das Zerbrechen der lebendigen Einheit werden: es ist Licht und Leben, die wahrhaftige Realität, deren lebenloses, vergangenes Schattenbild vom Menschen aus ihren Zerfallsprodukten synthetisiert wird.

Das reine Denken erfaßt die Verhältnisse zwischen den gedachten Wahrnehmungselementen. Diese Verhältnisbegriffe sind teilweise identisch mit den Kategorien, teilweise zwar nicht identisch, aber von gleichem Charakter. Die Kategorien, als Grundelemente der Denksprache, stammen aus der Ur-Intuition der – individuellen und menschheitlichen – Kindheit; sie sind auch eine Art reines Denken: bar von Wahrnehmungselementen, nur intuitiv, Begriffe bildend. Diese Kategorien-Begriffe gehen den Elementen, zwischen denen sie »Verhältnisse« abbilden, voraus; die Elemente, die Dinge, sind auch nach der Geschichte des Denken-Lernens sekundär. Sie sind Zerfallsprodukte der unmittelbaren Erfahrung von den Zusammenhängen, welche primäre Realitäten sind. Es kann Verhältnis-Begriffe über die Anzahl der Kategorien hinaus geben.

Es gibt keine Wahrnehmung – im heutigen Sinn – ohne die vorausgehende Intuition der Kategorien, denn *DAS* bedeutet schon die dritte Person und setzt damit die erste und die zweite voraus – den Unterschied und den, der ihn bemerkt, das gespiegelte Wort. Das Urwort – Zeitwort – hat noch alles in sich enthalten, Objekt und Subjekt und Verhältnis zugleich: das ist heute noch die Natur des Zeitwortes. Dies alles weist klar auf die gemeinsame Quelle des Denkens und des Wahrnehmens hin, und wie das eigentliche Denken in der Intuition – von neuen Begriffen – besteht, so ist auch das Wahrnehmen eine andauernde Intuition, für deren bewußtes, unmittelbares Auffassen der Mensch zunächst schwach ist. Die Intuition ist die Identität des Ich mit der wahren, lebendigen Licht-Wirklichkeit. Das freie Ich, das sich nicht mit dem Organismus sich-empfindend identifiziert hat, ist in der Weltwirklichkeit, ist die Weltwirklichkeit. Im getrennten Denken – Wahrnehmen wird der Mensch bewußt. Lebendiges Denken – Denkmeditation – reines Wahrnehmen ist die Form der Rückkehr in das noch nicht zerfallene, nicht leblose Lichtelement.

Der wesentliche Zug des reinen Wahrnehmens besteht demnach darin, daß das Denken, welches das Selbstbewußtsein trägt, in das Vor-dem-Gedachten, in das lebendige Element zurückgezogen wird, – dann wird das Wahrnehmen schon von selbst vereint mit diesem lebendigen Denken; das Wahrnehmen ist immer nur durch die Notwendigkeit des gedachten Denkens abstrakt, unlebendig.

Man kann mit dem Wahrnehmen zunächst nicht so vorgehen wie mit dem Denken in der Übung, weil das Wahrnehmen im Gegensatz zum Denken nicht selbstdurchleuchtend ist. Alles, was man mit dem Wahrnehmen unternehmen kann, muß durch das Denken bestimmt werden. Die gedankliche Bestimmung kann aber nur über den Teil des Wahrnehmens etwas ausmachen, der innerhalb des Willentlichen liegt. Die überbewußte, traumhaft erfahrene Wesenheit des Wahrnehmens kann nicht durch gedankliche Bestimmung beeinflußt werden, wie auch das gewöhnliche Denken über das lebendige nichts bestimmen kann. Das gespiegelte Denken kann in bezug auf beide überbewußten Vorgänge nur eines tun: sich selber zum Stillstand bringen. Dann treten die höheren Vorgänge in Erscheinung, in ihr Recht.

Was man in bezug auf das Wahrnehmen tun kann, ist, daß man absolut gewissenhaft wahrnimmt, den Naturgegenstand sehr genau beobachtet, möglichst ohne theoretische Überlegungen in der Auswahl des zu Beobachtenden und auch möglichst ohne im Hintergrund wirkende Theorie. Alles soll nur mit dem unumgänglich notwendigen Denken geschehen. Was wir sonst unbedacht und oberflächlich tun, versuchen wir jetzt bewußt, gründlich und – so weit das möglich ist – ohne festgesetzte

Gesichtspunkte zu tun. Eine Übung, die etwa »das richtige Wahrnehmen« genannt werden könnte.

Dann beginnt die zweite Stufe der Übung: das Denken wird in das Nicht-Denken zurückgezogen, in das Fließende, das in der Denkübung der Konzentration und Meditation als lebendiges Denken erkannt wurde. Dazu gehört das Geübtsein in dieser Kunst des Denkens. Deswegen muß der Übungsweg beim Denken anfangen. Das gewöhnliche Denken kann beim modernen Menschen nicht wie einst beim östlichen Menschen direkt zum Stillschweigen gebracht werden. Es muß der Weg der Konzentrationsübung und der Denkmeditation gegangen werden, auf dem das Denken, durch Konzentration erstarkt, zum improvisierenden und ohne Blick auf ein Vorbild sich selbst erfahrendes Licht wird, so seine wahre Wesenheit, die intuitive, erreichend. Die intuitive Wesenheit nicht zu verlassen, nicht in eine Bestimmung zu fallen, bedeutet in Bereitschaft zu sein, zurückgezogen zu sein in das mehrdimensionale, lebendige Lichtnetz, als dessen Knotenpunkte für uns die Begriffe erscheinen.

Die Wahrnehmungsübungen sind anfänglich nur in ihrer ersten Stufe, als Beobachtungsübungen, möglich, bis der Übende die Gebärde erlernt, das Denken nur in Bereitschaft haben zu können, es nicht im Gedachten verlaufen zu lassen. Diese Gebärde wird in den Denkübungen erlernt, ohne dabei das Wahrnehmen zu praktizieren. Nun folgt der weitere Schritt, zugleich das Wahrnehmen auszuüben – das bringt neue Schwierigkeiten in der nun zusammengesetzten Übung.

Man läßt nach aufmerksamer Beobachtung, als Vorbereitung des reinen Wahrnehmens, das Denken in die fließende Bereitschaftssphäre zurückgehen und läßt das befreite Wahrnehmen nun den Teil des lebendigen Lichtgewebes bestimmen, der dem wahrgenommenen Gegenstand entspricht. Dieser Teil des Lichtnetzes ist das Ideengebilde, die »Funktion« der Naturerscheinung; nicht *ein* Knotenpunkt, sondern übergeordnete Ideenhaftigkeit.

Die Erfahrung ist dabei vor allem, daß die beobachtete Erscheinung existiert, daß sie »ist«. Man gibt sich keine Rechenschaft darüber, daß man gewöhnlich nur das eigene Dasein als Realität erlebt, und zwar infolge des Verankertseins im Körper nicht erkennend, sondern unmittelbar. Das Sein jedes anderen Seienden wird nicht auf diese Weise erlebt, es ist Bild, Erkenntnis, ohne die gleiche Seinskraft, Evidenz des Daseins wie das eigene Dasein. Im reinen Wahrnehmen erlebt der Mensch seine Identität mit dem Wahrzunehmenden: er *wird* »Das«. Nun erfährt er das Dasein dieses »Das« auch unmittelbar, in erkennender Identität. Und er erfährt dadurch ein noch stärkeres Dasein als das eigene: eine erschütternde Erfahrung, denn gewöhnlich nimmt niemand das Sein des anderen so ernst wie das eigene. Dieses Dasein wirkt nun noch stärker als das eigene, weil man auch erfährt: es ist nicht ein Sein für sich wie das des Menschen im gewöhnlichen Bewußtsein, es ist selbstlos, ja dienend. In der Natur ist das natürliche Sein Dienen, allein durch den Menschen wird hie und da Selbstzweck hineingetragen. Der eine dient dem anderen und der andere dem einen: ein unbewußtes Bild dessen, was der Mensch auf anderer Ebene bewußt verwirklicht. Das Dem-anderen-Dienen leuchtet vor dem rein wahrnehmenden Blick auf als allgemeine, unindividuelle Funktion – und dieses Dienen der Natur im Geistesschlaf ist schlummernde Glückseligkeit, ist Frieden. Die Natur spricht: Frieden. Ihr Sein ist – zunächst schlafende – dienende Glückseligkeit.

Über das geisteswissenschaftliche Studium

Die Schwelle der geistigen Welt

Die Schwelle der geistigen Welt – ihre erste Schwelle – ist genau dort, wo im menschlichen Bewußtsein aus dem Denken Gedachtes, aus dem Wahrnehmen Wahrgenommenes, aus dem Vorstellen Vorstellung wird; wo aus den überbewußten Vorgängen bewußter Inhalt – Ergebnis wird. Die geistige Welt ist das überbewußte Vorausgehende der gedachten, wahrgenommenen, vorgestellten Welt; das gewöhnliche Bewußtsein schläft in ihr. Einst wurde diese Welt die göttliche genannt, im Zeitalter der Philosophie die transzendente oder metaphysische Welt: eben weil einst das träumende menschliche Bewußtsein seinen eigenen Ursprung empfunden hat, und dieser war außerhalb der »Eigenheit«; auch die Philosophen haben erfaßt, daß das philosophierende Bewußtsein nicht auf sich selbst, sondern auf ein außerhalb seiner liegendes Vorausgehendes gegründet ist.

Jede gewöhnliche Erkenntnis ist geistige Erkenntnis, es gibt keine andere; das Erkennen selbst ist geistig, ist nicht physische Wirkung, ist nicht identisch mit den begleitenden physischen Prozessen, die gerade *nicht* zu Erkenntnissen werden, ja bei dem Erkennen sogar nicht einmal bemerkt werden. Das gewöhnliche Erkennen kommt eben dadurch zustande, daß das *Ergebnis* des Vorgangs bewußt wird, nicht der Vorgang selber. Das Bewußtwerden geschieht mit Hilfe der begleitenden physischen Prozesse. Das gewöhnliche Erkennen ist das zum Stillstand-Kommen des vollständigen – geistigen – Erkenntnisvorganges, das Brechen seiner Wellen an der Küste, sein Tod. Nur ein Lebendes kann sterben: das abstrakte, tote Erkennen ist das zerbrochene Produkt der Intuition, Inspiration, Imagination.

Die geistige Welt ist die Welt des lebenden Erkennens, nicht eine Welt feinerer – gedachter – Substanzen. Zum Erkennen gehören immer erkennende Subjekte, Wesen, die die Fähigkeit der *Worte* besitzen. Nicht der Wörter, sondern des Wortes. Wenn aus dem Wort Wörter werden, steht schon das Erkennen still, ist tot. Durch Worte kann die Aufmerksamkeit nur indirekt zum Erkennen hin gelenkt werden. Jenseits der Schwelle der geistigen Welt ist es nicht mehr möglich in Worten zu denken, zu erkennen.

Jenseits der Worte

Jenseits der Worte ist das Verstehen. Worte deuten darauf, daß Verstehen stattgefunden hat, es selbst ist vor-wörtlich, über-wörtlich. Aus Worten versteht der Mensch, indem er sie nacheinander überwindet, sich *zwischen* ihnen zum Verstehen erhebt, nicht bei den Worten bleibt. Die geistige Welt ist die des gegenwärtigen Verstehens, in der das Gedachte, das Wahrgenommene, das durch Worte zum Ausdruck zu Bringende entsteht: daher gibt es keine Worte jenseits seiner Schwelle. Hier ist das wortlose Denken das entsprechende. Der Mensch ist für einen Augenblick dazu fähig; jedes Verstehen ist zunächst wortlos. Aber dieses Verstehen ist für das gewöhnliche Bewußtsein nicht erfahrbar. Es wird zur Erfahrung, wenn der Mensch die Schwelle im Bewußtsein übertritt. Über die Welt jenseits der Schwelle ist keine Information möglich.

Die Grundformel der Information heißt: *dieses* ist *das;* oder *dieses* ist *so.* Daher ist Information nur möglich, wenn die Elemente *dieses* und *das* oder *so* schon bestimmt sind; wenn man gleichsam nur auswählen muß – und kann –, in welches *das* man *dieses* einreihen muß. Anders gesagt, die Information setzt – realistischerweise – eine von der Information unabhängige Welt voraus, mit gegebenen Elementen, wo nur die Verknüpfung, das Verhältnis, der Zusammenhang der Elemente ungewiß ist. Diese Welt, diese Elemente sind an sich bekannt. Wie aber, wenn die Elemente selbst – *Dieses, Das* – unbekannt sind? Jenseits der Schwelle der geistigen Welt *können sie nicht* bekannt sein, weil es nicht die Welt des Erkannten – Vergangenheit –, sondern die Welt des gegenwärtigen Erkennens ist. Über diese Welt kommt man nur zu Erkenntnissen, wenn man gleichsam dauernd neue Begriffe bildet, und zwar solche, die in das Gebiet des reinen Denkens fallen, Begriffe, die ähnlich den Kategorien grundbegriff-artig, nicht ein für allemal bestimmbar, nicht definierbar, nicht erinnerbar: d. h. lebendig sind. Diese Welt ist nicht unabhängig vom Erkennen, sondern sie ist gerade die Welt des Erkennens. Wer sich die geistige Welt aus etwas anderem bestehend vorstellt als aus *Verstehen,* aus Licht, aus Logos, der denkt nicht an sie, sondern an eine zweite vorgestellte, »feinere« stoffliche Welt. Zugleich beweist er, daß er auch die gewöhnliche, »materielle« Welt nicht erkannt hat. Da in der Welt des Lebendigen das Erkennen zur Realität gehört, wird diese Welt durch jegliches Erkennen verändert. Deshalb gibt es weder Wissen noch Information über sie, es gibt kein »noch einmal auf dieselbe Weise«, weil das »Einmal« sie schon verändert hat.

Ohne intuitives, begriffbildendes Denken ist das Verstehen der geistigen Welt nicht möglich.

Der transzendentale Mitteilungsstil

Der transzendentale Mitteilungsstil war in früheren Epochen vor allem die Sprache des Berichtes über die Tatsachen und Ergebnisse der vollständigeren Erfahrung. Man hat einfach beschreibend berichtet, z. B. in der Sprache der Mythologie oder der Märchen. Diese Mitteilungsart hatte für den Menschen alter Zeiten einen ganz anderen Sinn als für den heutigen, für den sie keine unmittelbare Bedeutung hat; er kann mit ihr nichts anfangen, sie ist für ihn entweder unglaubhaft oder eine Fiktion: Sie berichtet über eine Welt, die dem Bewußtsein unzugänglich zu sein scheint. Was versteht er dann unter solcher Mitteilung? Was kann der Mensch heute überhaupt wirklich denken, und was ist bloß Empfindung, Bild, Wort ohne begriffliche Klarheit im Bewußtsein?

Der frühe Mensch war nach zwei Seiten hin vom heutigen verschieden veranlagt. Zum einen waren Wort (die Sprache) und Begriff (der Inhalt) für ihn eines, wie sie heute für das kleine Kind eines sind, wenn es sprechen »lernt«. Wenn jemand sprach, haben die Worte – wie mythologische Namen und Bilder – im Zuhörer unmittelbar jenes Verstehen erzeugt, das die Erfahrung des Sprechenden dem Zuhörer übermittelte: da Wort und Begriff nicht getrennt waren, konnte der Zuhörer nichts anderes *denken,* als was gesagt wurde. Das Wort hatte in der Tat magische Kraft: es rief sein Verstandenwerden unmittelbar hervor, wurde Wort auch im anderen Menschen, wie es heute beim Kinde geschieht. Daher konnte überhaupt früher eine Lehre sein; und da heute das Wort nicht mehr diese Wirksamkeit hat: sein Verstehen unmittelbar hervorzurufen, kann es heute auch keine Lehre im alten Sinn mehr geben.

Obwohl der heutige Mensch in Worten denkt, oder es wenigstens vermeint, bezeichnen die Worte nicht unbedingt Begriffe. Diese sind, obwohl sie aus ihr stammen, von der Sprache auf gewissen Gebieten weitgehend unabhängig geworden, und zwar gerade da, wo der Mensch vollwertige Begriffe besitzt. Oft muß eine Vereinbarung darüber stattfinden, was überhaupt ein Wort »bedeutet«, welchen Begriff es meint: damit wird klar, daß die »Bedeutung« vom Wort unabhängig ist.

Die andere Seite der Verschiedenheit ist die, daß der frühe Mensch das Gegebenwerden der Welt, der Dinge, zur Welt oder zum Ding »rechnete«, ohne daß dies bewußt geworden wäre. Eben weil er das Ding nicht von seinem *Gegebenwerden* getrennt erfuhr, – das man *heute* Erkennen nennt –, war für ihn das Ding etwas ganz anderes als für das heutige Bewußtsein, und aus demselben Grund hat er das Erkennen nicht *gekannt*. Dadurch entstand kein scharfer Unterschied zwischen außen und innen, zwischen Welt und Bewußtsein: genauer ausgedrückt, rechnete er das Bewußtsein zur Welt, und der heutige Begriff des Bewußtseins existierte gar nicht. Ein Beispiel für solche Auffassung ist das aramäische Buchstabensystem. Da sind die Buchstaben einerseits nicht bedeutungslose Zeichen, wie in den heutigen europäischen Sprachen; sie haben einen Sinn »an sich«, aber dieser ist für das heutige Bewußtsein kaum zugänglich. *Bes* ist nicht einfach das Haus, wie man es übersetzt, sondern *Haus und Mensch, der Mensch im Hause* oder *das Haus im Menschen* – in der heutigen Sprache erklärt: das *Haus* und zugleich sein *Verstehen,* das dazu gehört, damit es Haus sei. Wer den Begriff des Hauses nicht kennt, sieht es nicht, für ihn existiert das Haus nicht. So war es mit allen Substantiven, mit allen Worten. Das heutige Bewußtsein rechnet das Erkennen, das Verstehen nicht zur Realität – z. B. des Hauses; das frühere Bewußtsein hat das Haus mit ihm zusammen empfunden. Für dieses Bewußtsein ist der Gegenstand, das Ding, das Phänomen eins mit seiner Erfahrung, es ist eben diese Erfahrung. Dementsprechend war eine, vom heutigen Bewußtsein aus gesehen, transzendentale Beschreibung für das alte Bewußtsein verständlich, weil sie zugleich – mit heutigem Ausdruck – denjenigen Bewußtseinsvorgang hervorrief, der eben das Verstehen bedeutete. So war für den damaligen Menschen diese Mitteilungsart entsprechend und kaum mißverständlich.

Für den heutigen Menschen sind schon die gewöhnlich gebrauchten grundlegenden Worte nicht eindeutig, und es lohnt sich gar nicht nach ihrer Bedeutung zu fragen, weil derjenige, der die Kunst des Aufsteigens in die Welt der Lebendigkeit, die Meditation nicht kennt, keine Möglichkeit hat, auf solche Frage Antwort zu suchen oder entgegenzunehmen. So wissen wir nicht, was »ist«, »hier«, »anderes«, »Sinn«, »Wahrheit« etc. bedeutet. Alle Kategorien, Qualitäten sind von dieser Art. Wir »verstehen« sie gemäß irgendeiner Verwendung und haben uns abgewöhnt, in die Tiefe der Worte, zum ursprünglichen Sinn vorzudringen. Damit wir aber diese Worte im relativen Sinn doch irgendwie verwenden können, müssen sie einen absoluten und funktionellen Sinn haben, der ihre relative und den Umständen gemäße Verwendung ermöglicht: damit wir erkennen, welches Wort für welche Situation geeignet ist. Aber die Funktion, die Grundbedeutung ist für das Alltagsbewußtsein unzugänglich und nur mit einem durch Worte nicht erklärbaren und beschreibbaren Urverstehen faßbar.

Die Mitteilungen aus einem vollständigeren Erkennen beziehen sich gerade auf diejenige Welt, aus der der funktionelle Sinn der Urworte, der Urbegriffe, stammt. Deswegen muß man den Sinn solcher Texte bis zur ursprünglichen Funktion verfolgen. Das nicht-bewußte Appellieren an diese Funktion, wie wir es im Alltagsleben ausüben, reicht nicht aus, weil eine Mitteilung, die sich auf die Welt der Funktionen bezieht, in *heutigen* Worten kein adäquater Ausdruck für die Erfahrung ist: sie erwartet ein Gelesenwerden. Begnügen wir uns mit einem gewöhnlichen »Verstehen« dieser Beschreibung, so lösen die Worte auf der Ebene der gewöhnlichen Sprache bekannte Vorstellungen und Assoziationen aus; es kommt nicht zur Bildung neuer Begriffe. Es entsteht die Vorstellung einer zweiten, zeiträumlichen, substantiellen Welt, oder (und) es wird durch Assoziation – die das gedankliche Zerrbild des tierischen Reflexes ist und sich gemäß der egoistischen Gefühlswelt bewegt – trotz ihrer gedanklichen Form eine Wirkung – von vielen gerade gesucht! –: ein Symptom der Bewußtseinserkrankung. Es ist ersichtlich: zum Verstehen der Mitteilungen in der transzendentalen, traditionellen oder religiösen Sprache ist es notwendig, daß der Mensch sich vom Text bis zum lebendigen Sinn hinter dem Text erhebe, d. h. die Gebärde der Meditation kenne und mit ihr den Text verfolge.

Die Sprache der Bewußtseinsvorgänge ist die andere Art geisteswissenschaftlicher Mitteilungen. Sie beruht auf der Identität der »geistigen Welt« mit den vorbewußten Vorgängen des Erkennens. Die Mitteilungsweise ist derart, daß die Aufmerksamkeit genötigt ist, sich auf die Vorgänge des Bewußtseins – des Erkennens – zu richten. Erst gewöhnt sich die Aufmerksamkeit, das Bewußtsein und seine Vorgänge zu sehen, und in diesem Sehen wird das Sehen selbst stärker. Der Bewußtseins-, Erkenntnis-Vorgang durchleuchtet sich selbst und kann immer mehr über sich aussagen. Wenn das Erkennen über sich selber spricht – nicht über die begleitenden leiblichen und seelischen Prozesse –, so ist das entgegen allen anderen Aussagen monistisches Erkennen und Behaupten, d. h. zugleich ein sich selbst tragendes Behaupten. In allen anderen Fällen nämlich fehlen Erkennen und Aussagen selbst im Inhalt des Behauptens – daher ist die Behauptung sonst immer die eines erkennenden Subjektes, das dem erkannten Objekt gegenübersteht. In Beobachtungen, die sich auf das Erkennen beziehen, kommt die solare Natur unseres heutigen Erkenntnisvermögens zum Ausdruck, es verstärkt sich dabei so, daß es nicht nur sein Objekt, sondern auch sich selbst erfahren kann. Schon das gewöhnliche Denken weiß immer – wenigstens nachträglich – was gedacht wurde, weil das Denken vorher – in seiner Gegenwärtigkeitsphase – mit dem Gedachten identisch gewesen ist. Die zunehmende Solarität führt zum Erfahren in der Gegenwärtigkeit.

Damit der Mensch überhaupt auf dem Gebiet des Bewußtseins Beobachtungen machen kann, sind wie zu allen anderen Wahrnehmungen entsprechende und nunmehr neue Begriffe notwendig. Gewöhnlich kommt das Bewußtsein des Erwachsenen selten dazu, neue Begriffe zu bilden; denn das ist immer Intuition: Erblicken, es geschieht nicht durch schließendes Denken. Zwar nimmt die Philosophie es im allgemeinen für sich in Anspruch: aber der Schluß schafft keinen neuen Begriff; für jeden Schluß sind – bekannte – Begriffe nötig. Deshalb verlangt »Die Philosophie der Freiheit« kein schließendes Denken, sondern hauptsächlich Beobachtungen. Eine Beobachtung auf dem Gebiet des Bewußtseins ist mit einer gedanklichen Intuition gleichbedeutend; man »nimmt wahr«, wenn die entsprechende Intuition aufblitzt. Die Fähigkeit zu dieser Beobachtung ist nicht gegeben; gewöhnlich schaut der Mensch auf den *Inhalt* des Bewußtseins. Das gewöhnliche Bewußtsein verwechselt die Vorstellung mit der Realität, weil es sie nicht als Bewußtseins*gegebenheit* – eben als Vorstellung – erlebt.

Die erfahrende Beobachtung innerhalb der Bewußtseinsvorgänge führt bald zu der grundlegenden Intuition: die Dinge der Wahrnehmungswelt und ihre Begriffe zusammen machen die Realität aus; der Begriff gehört zum Ding, genau so wie das Gewicht. Ja, das Ding wäre ohne den Begriff gar nicht da; bei menschengeschaffenen Dingen wird das besonders klar. So verhält es sich auch mit den zu beobachtenden Bewußtseinsphänomenen: man muß die entsprechenden Begriffe bilden, um sie zu erblicken, deswegen ist »Die Philosophie der Freiheit« eine schwere Lektüre. Da es sich hier nicht um Dinge handelt, sind die entsprechenden Begriffe neu und den aus der Sinneswelt bekannten nicht ähnlich: sie beziehen sich auf eine gegenwärtig lebendige Welt, nicht auf Vergangenes.

Dieser Weg der geisteswissenschaftlichen Mitteilungen ist nicht »mystisch« in dem Sinne, daß er in individuelle Bewußtseinstiefen führte. Er führt durch die Erkenntnisvorgänge des Individuums in das überindividuelle Licht, das im Erkennen des Individuums, in mehr oder weniger getrübter Form erscheint; daher die nicht-subjektive, überindividuelle Gültigkeit des Erkennens. Für den heutigen Menschen ist dies der direkte Weg in die »geistige Welt«, in die Welt der Gegenwärtigkeit des Erkennens.

Die Frage der »zwei Wege« im Werk Rudolf Steiners

Die Gefahr der transzendentalen Mitteilungsart besteht darin, daß der mitgeteilte »Inhalt« dem immer naiven Realismus des heutigen Menschen zum Opfer fällt, daß aus ihm mit Hilfe von Vorstellungen, Halbbegriffen, die in der Sinneswelt auch halbbewußt gebildet worden sind, das Bild einer zweiten substantiellen Welt wird. Die Gefahr der anderen Mitteilungsart besteht darin, daß sie intellektuelle Abstraktion wird, weil sie nicht durch ein neue Begriffe bildendes Denken, das die Bewußtseinsvorgänge beobachtet, erfaßt wird, sondern durch ein schließendes Denken. Je radikaler der Stil dieser Art ist, um so »schwieriger verständlich« ist er, aber auch um so weniger mißverständlich.

In Rudolf Steiners Werk sind beide Mitteilungsarten zu finden. Die Reihe der Mitteilungen wird durch die sogenannten erkenntnistheoretischen Werke eröffnet, deren Gedankenstruktur am reinsten in »Wahrheit und Wissenschaft« und in »Die Philosophie der Freiheit« erscheint. Diese Werke sind in der Sprache der Bewußtseinsvorgänge selbst geschrieben und beanspruchen die Ausbildung der Fähigkeit, das Bewußtsein beim Lesen zu beobachten. »Die Philosophie der Freiheit« führt bis zur Ebene des Gegenwartsbewußtseins, bis zum intuitiven Wahrnehmen des gegenwärtigen Denkvorganges, zum geistigen Grunderlebnis. Sie kann als das Lehrbuch der »Durchgeistigung« oder »Durchchristlichung« des Denkens[3] angesehen werden.

Dieser Mitteilungsstil wird fortgesetzt in »Die Mystik im Aufgange des neuzeitlichen Geisteslebens«, »Das Christentum als mystische Tatsache«, »Die Stufen der höheren Erkenntnis«, »Ein Weg zur Selbsterkenntnis des Menschen«, »Die Schwelle der geistigen Welt«, »Vom Menschenrätsel«, »Von Seelenrätseln«, »Anthroposophische Leitsätze«, »Achtzehn Briefe an die Mitglieder«. Es gehören in ihrem Stil auch – teilweise oder ganz – zahlreiche Vortragstexte dazu.

Zu den in der transzendentalen Sprache mitgeteilten Werken gehören insbesondere »Theosophie«, »Wie erlangt man Erkenntnisse der höheren Welten?«, »Die Geheimwissenschaft im Umriß« und ein großer Teil der Vorträge. Es soll aber angemerkt werden: Wer die Sprache der »Philosophie der Freiheit« oder eines anderen Werkes derselben Mitteilungsart zu lesen gelernt hat, ist in der besonderen Lage, auch die Mitteilungen in transzendentaler Sprache, in der Sprache der Bewußtseinsvorgänge lesen und verstehen zu können. *Nur so* sind sie zu verstehen, nur so können sie nicht mißverstanden werden. Wenn man bedenkt, daß die großen kosmologischen Stufen – Planeten-Inkarnationen – Bewußtseinsstufen genannt werden, muß man danach trachten, das beim Lesen zu realisieren: dann erst wird man verstehen, was sie ihrem Wesen nach sind.

Rudolf Steiner spricht an mehreren Stellen über zwei Wege zur Geisteswissenschaft, im wesentlichen entsprechend den beiden oben charakterisierten Mitteilungsweisen. Hauptsächlich aus der Zeit von 1904 bis 1918 stammen die Hinweise auf die »zwei Wege«. Das Jahr 1918 zeigt in bezug darauf und auch in anderen Punkten eine Wendung, zunächst »didaktischen« Charakters. Über die »zwei Wege« äußert er sich in anderer Weise, und zwar scheint es, als habe er bis dahin gemeint, für viele Menschen sei die Durchleuchtung der Bewußtseinsvorgänge *nicht* unvermeidlich, für sie sei die transzendentale Mitteilungsart unmittelbar verständlich, aber im Nachwort von 1918 zu »Wie erlangt man Erkenntnisse der höheren Welten« schreibt er über den Inhalt dieses Werkes: »Für die hier gemeinte, übersinnliche Seelenbetätigung ist es außerordentlich bedeutsam, in voller Klarheit das Erleben des reinen Denkens zu durchschauen. Denn im Grund ist dieses Erleben selbst schon eine übersinnliche Seelenbetätigung. Nur eine solche, durch die man noch nichts Übersinnliches schaut. Man lebt mit dem reinen Denken im Übersinnlichen; aber man erlebt nur *dieses* auf eine übersinnliche Art; man erlebt noch nichts anderes Übersinnliches. Und das übersinnliche Erleben muß sein eine Fortsetzung desjenigen Seelen-Erlebens, das schon im Vereinigen mit dem reinen Denken erreicht werden kann. Deshalb ist es so bedeutungsvoll, diese Vereinigung richtig erfahren zu können. Denn von dem Verständnisse dieser Vereinigung leuchtet das Licht, das auch rechte Einsicht in das Wesen der übersinnlichen Erkenntnis bringen kann«. Dieses Nachwort wird in der Vorrede begründet. Daraus ein Satz: »Dagegen habe ich dieser Ausgabe ein »Nachwort« hinzugefügt, durch das ich mich bemüht habe, manches deutlicher als früher zu sagen, was die seelischen Grundlagen betrifft, auf welche die Mitteilungen dieses Buches gestellt werden müssen, damit sie ohne Mißverständnis entgegengenommen werden.«

Der heutige Mensch verfügt über die Fähigkeit des reinen Denkens, das von Wahrnehmungselementen frei ist, auf dem Gebiete der Mathematik, Geometrie, Mechanik und Logik. Auf diesen Gebieten kann er ohne Worte denken: er kann neue »Sprachen« schaffen, weil er von Worten unabhängige Begriffe hat. Auf anderen Gebieten hat er das reine Denken noch nicht; »Die Philosophie der Freiheit« und *jegliche* geisteswissenschaftliche »Mitteilung« möchte ihn dazu bewegen, die Fähigkeit zum reinen Denken auf das Gebiet der Bewußtseinsvorgänge und mit diesen auf alle weiteren Gebiete der Weltwirklichkeit auszubreiten. Das *Erfahren* des reinen Denkens bedeutet, daß die Seele oder das Bewußtsein eins wird mit dem Vorgang des reinen Denkens; dies ist die erste übersinnliche Erfahrung, das geistige Grunderlebnis des Menschen[4]. Durch dieses bildet er erfahrend Begriffe über das geistige Sein, und in der Fortsetzung dieser Erfahrung liegt alles, was das Werk »Wie erlangt man Erkenntnisse der höheren Welten« enthält: jeden weiteren Schritt des geistigen Erkennens.

Wenn es geschieht, was in Europa nur noch sehr selten, im Osten noch öfter der Fall ist, daß Menschen in atavistischer Weise, ohne ihr Denken verwandelt zu haben, zu »geistigen« Erfahrungen gelangen, so kommen Auffassung und Beschreibung dieser Erfahrungen unausweichlich in eine materialistische – substanzhafte – Form, weil kein adäquater Begriff, noch weniger eine entsprechende Ausdrucksweise zu Verfügung steht. Das gewöhnliche Denken, unverändert auf der Alltagsebene bleibend, verfälscht das Erkennen und seinen Ausdruck: in dieser Form wird es der Mensch nicht mehr denken können.

Etwas mehr philosophisch könnte es so formuliert werden: ontologisches – die Frage nach dem Sein betreffendes – Philosophieren ist so lange möglich, als das Erkennen nicht infrage gestellt wird. Wird dieses problematisch, so kann es nichts Dringenderes geben, als diese Frage zu klären; denn nur ein naives Bewußtsein, für das eben »Erkennen« nicht als Frage besteht, kann eine ontologische Behauptung aufstellen, ohne zu bemerken, daß sie Ergebnis des Erkennens ist. Trotzdem wird der Anspruch, es sei »Wahrheit«, erhoben.

Der gesunde, unvoreingenommene Verstand

Es wird von Steiner oft betont, daß die Ergebnisse der geistigen Erfahrung, in entsprechender Form mitgeteilt, für einen gesunden und unbefangenen Verstand ohne die Fähigkeit solchen Erfahrens verständlich sind. Das scheint dem bisher Ausgeführten zu widersprechen. Ist aber der Verstand gesund zu nennen? Steiner führt besonders nach 1918 oft aus, daß der menschliche Intellekt erkrankt sei[5]. Die Krankheit des menschlichen Bewußtseins ist das Herausgefallensein aus der Gegenwärtigkeit des Denkens in die Spiegelung des Gedachten, sein Vergangenheitscharakter, sein »Vergessen«. Es ist das Vergessen seiner selbst; daß das Denken sich nicht in seiner Gegenwärtigkeit erfährt – nicht den Geist *erfährt* – und deshalb mit einigem Recht sich und sein Erkennen nicht als Realität betrachtet, das führt zu weiteren Krankheitssymptomen. Vor allem in der dualistischen Philosophie mit der Unterscheidung von Sein und Bewußtsein, wobei es gleich ist, ob der Denker einem Sein ohne Bewußtsein oder einem subjektiven Bewußtsein, das einem nicht-bewußten Sein gegenübersteht, den Vorrang gibt. In jedem Fall fällt das behauptende Bewußtsein aus der Betrachtung heraus. Solange es für das Bewußtsein ein Außen und ein Innen gibt, gelangt es in bezug auf das Erkennen nie zur Ruhe. Wenn nun die geisteswissenschaftlichen Mitteilungen in das dualistische Bewußtsein fallen, werden sie selber zu »Inhalten« mit diesem Charakter und verlieren die Geistigkeit, der sie dienen[6]. Wie man früher solche Mitteilungen als »geheimes Wissen« behandelte, so werden sie durch die Erkrankung des Bewußtseins heute zum »Geheimwissen«, mit dem Unterschied, daß das erkrankte Bewußtsein weder das Nichtverstehen oder Mißverstehen, noch das eigene Erkranktsein bemerkt: das Organ ist krank, das die Krankheit wahrnehmen könnte. So ist es begreiflich, wenn Steiner den gesunden Verstand folgenderweise beschreibt: »Solange Sie den Glauben hegen, daß dasjenige, was da draußen ist, ein Äußeres ist, und was da drinnen ist, ein Inneres ist, solange können Sie gar nicht zu dem kommen, was ich immer nenne: durch den gesunden Menschenverstand die geisteswissenschaftlichen Tatsachen einsehen; denn die geisteswissenschaftlichen Tatsachen kann man nur einsehen, wenn man zugrunde legt ein unbefangenes Anschauen«[7].

Es ist kein unbefangenes Anschauen, das die Welt dualistisch anschaut. Das gespiegelte Denken stützt sich stets auf den physischen Apparat; im Extremfall »diktiert« sein Mechanismus die »Gedanken«, »das Gehirn denkt«. Im begriffsbildenden Denken – in der Intuition – ist das Erkennen autonom, unabhängig vom Nerven- und Gehirn-Mechanismus, und gewinnt zeitweilig seinen ursprünglichen Ablauf und seine Eigenart zurück. Das ist das Denken, das geeignet ist, die geisteswissenschaftlichen Mitteilungen zu verstehen: »Aber, was heißt es, sie verstehen es nicht? Es heißt nichts anderes als: Ich will mich nur des physischen Gehirns zum Verstehen bedienen, ich will nicht lernen ein anderes Denken als das, welches sich faul an das physische Gehirn anlehnen kann. Mit dem ist natürlich anthroposophische Weltanschauung nicht zu verstehen. Nicht als ob man hellsichtig sein müßte, um sie zu verstehen, aber man muß sich üben in einem solchen Denken, das nicht an das physische Gehirn gebunden ist. Und was in der anthroposophischen Literatur vorhanden ist, was mit dem gesunden Menschenverstand – und der ist nicht an das Gehirn gebunden, nur der kranke, materialistische Verstand ist an das Gehirn gebunden –, was mit dem gesunden Menschenverstand erlernt werden kann, das trainiert allmählich ein solches Denken, ein solches Empfinden, ein solches Wollen, daß dieses Denken und Empfinden und Wollen den entsprechenden Ereignissen der Gegenwart gewachsen ist.«[8]

Ohne neue Begriffe können nur Mißverständnisse zustandekommen. »Denn versuchen wir uns einmal zum Verständnis zu bringen, wie das Verhältnis eines heutigen, von der Geisteswissenschaft nicht weiter berührten Weltbürgers, wie er eben aus den Anschauungen der Gegenwart herausgeboren wird, zur Geisteswissenschaft ist. Er hört dieses oder jenes, er hört, daß da über die geistigen Welten dieses oder jenes behauptet wird. Was muß er notwendigerweise tun? Nun, der Mensch kann ja nicht anders, als daß er das, was ihm gegenüber gesagt wird, mit seinen Vorstellungen zu begreifen sucht, daß er es selbst mit den Vorstellungen, die er hat, zu begreifen sucht. Nun hat aber der heutige gewöhnliche Weltbürger keine Vorstellungen, die ihm begreiflich machen können, was über die geistige Welt in der wirklichen Geisteswissenschaft gesprochen wird. Ihm fehlen zunächst die Vorstellungen, Begriffe und Ideen dazu. Er sucht das, was ihm gesagt wird, mit Ideen zu durchdringen, die er hat, die aber von ganz anderen Seiten hergenommen sind. Wie soll er also die Sachen nicht mißverstehen? Wie soll man überhaupt voraussetzen, daß er irgendwelches Verständnis der Sache entgegenbringen wird?«[9] Als Lösung wird die Notwendigkeit neuer Begriffe angeführt.

Das Studium

Aus dem Vorangehenden scheint es klar zu sein, daß die Bewußtseinsübungen, welche die Geisteswissenschaft empfiehlt, für den heutigen Menschen zwei Bedeutungen haben: er kann durch sie zu den geistigen Erfahrungen hinstreben; er kann aber vor allem durch sie jenen gesunden und unbefangenen Verstand zurückgewinnen, der die Voraussetzung ist zum Verstehen von geisteswissenschaftlichen Mitteilungen. Es führen dieselben Übungen zu diesen nur scheinbar zwei Zielen.

Der heutige Mensch hat vielerlei Gründe, sich gegen die *Praxis* der Geisteswissenschaft zu sträuben. Ein Argument derjenigen, die sich sonst mit der Geisteswissenschaft beschäftigen, ist, daß Steiner als die erste der sieben Stufen des modernen Erkenntnisweges das *Studium,* das Studieren von geisteswissenschaftlichen Werken und Mitteilungen angegeben hat. Da diese aber durch einen gesunden Verstand zu begreifen sind – »und den sollte ich nicht haben?« –, wird das Studium von vielen als ein Lesen und Lernen im gewöhnlichen Sinn angesehen und das Üben zugleich unbestimmt hinausgeschoben. Ohne Zweifel ist auch das Lesen dieser Werke in gewissem Maß von verwandelnder Wirkung auf das Denken, wie das Studieren der Physik, der Mathematik oder der Theorie des Schachspiels. Ohne Bewußtseinsübungen gelangt aber der heutige Mensch ebensowenig zur nächsten Stufe des Geisteslebens wie zum intuitiven, leibfreien Denken, das die notwendigen Begriffe bilden kann. Ohne solche ist das Verstehen dieser »Inhalte« nicht möglich. Es gibt faktisch nicht geisteswissenschaftliche Inhalte, Kenntnisse, Wissensgut. Was als Dargestelltes so ausschaut, ist Partitur, die man nicht einfach liest, sondern spielt, damit aus ihm Musik entstehe. Gewiß würde niemand Noten lesen, könnte er daraus nicht irgendwie Musik machen. Die Realität der Musik ist aber nicht *festzusetzen,* ist kein Inhalt, kein Wissen: gerade so – und noch viel mehr – ist auch das zu vermittelnde Geistige kein Inhalt, sondern reines »Wie«.

Es kann untersucht werden, was Steiner unter Studium verstanden hat.

Das Ziel des Studiums ist, Fähigkeiten zu entwickeln, oder ihre Entwicklung vorzubereiten und zu fördern, sonst könnte es nicht die erste Stufe eines solchen *Weges* sein, der in der Veränderung der Fähigkeiten besteht. Nicht das Erwerben von Kenntnissen, von Wissen, von Informationen – in bezug auf die geistige Welt gibt es dies alles nicht – ist der Zweck des Studiums: Sie würden das gewöhnliche Bewußtsein nur in sich bereichern und verstärken und eben dadurch die Weiterentwicklung hindern; denn die gewöhnlichen Vorstellungen hindern die Intuition des entsprechenden Ideen-Bildes durch »Erwartungen«, die das gespiegelte Bewußtsein sich vorstellt.

Der Stoff des Studiums dient dazu, daß der Studierende daran die Notwendigkeit der Bildung neuer Begriffe fühlen und üben kann; daß sein Begriffsleben sich im Verhältnis zum Alltäglichen unbegrenzt differenziere und verfeinere, lebendig werde; daß er das Evidenz-Erleben, das er bisher nur in der Mathematik kennt, auf neue Gebiete ausdehne, d. h. auf die Fähigkeit des reinen Denkens. Durch all dies wird er auch dasjenige »wissen«, was der – zwischenwörtliche, überwörtliche – Inhalt der geisteswissenschaftlichen Mitteilung ist.

All dies geht heute wegen der Erkrankung des Bewußtseins nicht mehr ohne Hindernisse vor sich. Zum Überwinden der Hindernisse ist Üben erforderlich, vor allem die Konzentration, um das Denken zu seinem gesunden Wesen zurückzuführen.

Wo Steiner über das Studium spricht, gibt er als dessen Wesen immer die Erwerbung der Fähigkeit des reinen Denkens und dessen Üben an[10]. Eben deshalb werden als Stoff für das Studium vor allem »Wahrheit und Wissenschaft« und »Die Philosophie der Freiheit« von ihm empfohlen. Aber er geht noch wesentlich weiter; denn er betrachtet als zum Studium gehörend die konzentrierte und vertiefte Art des reinen Denkens, die er *Meditation* nennt: das Aufsuchen der intuitiven Sphäre, aus der die »Worte« – Formulierungen der Inhalte – stammen, das vor den Worten bestehende Wachsein in der überwortlichen Bewußtseinszone.

»Das Studium ist nicht das Lernen, wie es gewöhnlich geschieht, sondern man muß darauf kommen, daß es für den Menschen ein Denken gibt, welches noch ein flüssiges, wirkliches Denken ist, wobei der Mensch alle sinnlichen Wahrnehmungen um sich herum ausschließt... Der Mensch muß lernen, alles zu vergessen, von allem abzusehen, was äußerlich auf die Sinne wirkt, ohne jedoch leeres Gefäß zu bleiben. Das ist möglich, wenn man sich in einen reinen, sinnlichkeitsfreien Gedankeninhalt vertieft, wie er in den Mitteilungen des Geistesforschers enthalten ist, und über das, was sich fortspinnt, sinnt. Ich habe in meinen Schriften diesen Weg verfolgt, ich habe sie so niedergeschrieben, daß, wie bei einem lebendigen Wesen ein Glied aus dem anderen herauswächst, ein Gedanke aus dem anderen organisch herauskommt... Wer höher hinauf will, muß geisteswissenschaftliche Mitteilungen so lesen. Wer nicht höher hinauf will, der kann sie wie ein gewöhnliches Buch lesen.«[11]

Im letzten Fall handelt es sich natürlich nicht um ein »Studium« als ersten Schritt des Erkenntnisweges.

Daß das Studium die Praxis des Meditierens einbeziehen muß, folgt auch aus dem Wesen der nächsten Schulungsstufe. Diese besteht im Erwerben der Imagination oder des imaginativen Denkens - und setzt Kenntnis und Übung der Meditation in der vorangehenden Stufe voraus. Nur ihre Anwendung wird in bezug auf die zweite Stufe erwähnt.

Die Unterscheidung zwischen »höher Strebenden« und nur

»aus Interessiertheit Lesenden« wird oft gemacht. Über das Mißverstehen der nur aus Neugierde Lesenden wird im zitierten Vortrag über den »Weltbürger« gesprochen. Steiner äußerte mehrmals, sie würden besser tun, ein Kochbuch zu lesen.

Zusammenfassung

Der ursprünglichen Intention nach ist das Studium dazu bestimmt, der Wiederherstellung des erkrankten Bewußtseins zu dienen. Es besteht im Üben des reinen Denkens auf einem neuen Gebiet: im Beobachten und Verstehen der Bewußtseinsvorgänge, mit anderen Worten, in dem Verstehen der Beschreibungen von Erfahrungen in der geistigen Welt. Das ist das Üben des intuitiven Denkens, das neue, reine und lebendige Ideen schafft. Das sind nicht »Ideen« im gewöhnlichen Sinne, sondern mit der wortschöpfenden Genialität der Sprache gleichsam verwandte lebende Ideen von »großem Umfang«; wie z. B. das Wort »unten« eine ganze Reihe von Bedeutungen »metaphorisch« darstellt – der sich selbst nicht verstehenden Sprachwissenschaft entsprechend –, in Wirklichkeit von vornherein alle Bedeutungen in sich tragend. Diese Art Denken wird ohne besondere Bewußtseinsübungen heute kaum, höchstens ausnahmsweise verwirklicht. In einem Zeitalter, das den Begriff und die Praxis der Meditation – des konzentrierten, wortlosen Denkens, der Wahrnehmung, der Vorstellung – nicht kennt, in einem Zeitalter, das Denken und Assoziieren verwechselt und sie sogar für identisch hält, während es sie doch verbal unterscheidet, in dieser Zeit, in der das reine Denken zwar auf einem engen Gebiet ausgeübt, aber nicht erkannt wird und man seine Existenz leugnet – während es doch im Leugnen selbst getätigt wird – in diesem Zeitalter begegnet der geisteswissenschaftliche Text dem menschlichen Bewußtsein unter anderen Umständen als zur Anfangszeit Steiners. Zu jener Zeit, etwa von 1904 bis 1914, hat er mit mehr oder weniger Recht vorausgesetzt, daß die Zuhörerschaft der nicht öffentlichen Vorträge und Kurse die Meditation kannte und ausübte, also *übte*. Daher setzt z. B. das Buch »Wie erlangt man Erkenntnisse der höheren Welten«, das von vielen als erste Einführung in die Praxis der Geisteswissenschaft angesehen wird, auch die Kenntnis und Übung der Meditation voraus: Im Buch ist keine Rede davon, worin das Meditieren besteht, es wird nur seine

Ausübung empfohlen. In Klammern steht zur Erklärung: beschauliches Nachdenken.

In unserer Zeit ist der allgemeine Zustand des Bewußtseins weiter verdorben; das Üben muß dem Lesen beistehen, sogar dem Lesen vorausgehen, um zur Vertiefung in den Text zu verhelfen, sonst verfehlt das Studium sein Ziel. Dem Üben muß die Orientierung vorausgehen in bezug auf die Topologie und Dynamik des Bewußtseins, damit der Übende weiß, was geschieht und warum, wozu es dient und was daraus folgen kann. Zu dieser Orientierung dienen eigene Beobachtungen auf dem Feld des Bewußtseins, die nicht von anderen zu übernehmen sind. Jeder muß sie selbst machen und sich den Blick dafür erwerben. Am besten geeignet sind die erkenntnistheoretischen Werke Steiners. Das soll nicht bedeuten, daß nicht etwa »Theosophie« oder »Die Geheimwissenschaft« zu dem gleichen Zweck geeignet sind, nur setzt das Studium dieser Bücher schon das Regewerden der erwähnten Fähigkeiten voraus, während die erkenntniswissenschaftlichen Schriften – oder auch »Vom Menschenrätsel« usw. – jedoch ohne Voraussetzung »denkbar« und daher wesentlich weniger mißverständlich sind. Das Studium ist *heute* seinem ursprünglichen Sinn nach: Lesen *und* Üben.

In einem Vortrag, der an den Zyklus »Grenzen der Naturerkenntnis« anknüpft[12], beschreibt Steiner den Weg der »Philosophie der Freiheit« eingehend und macht die Bemerkung: dieser Weg ist besonders den wissenschaftlich Gebildeten zu empfehlen, der Weg von »Wie erlangt man Erkenntnisse der höheren Welten« dagegen ist für jeden geeignet: im Sinn der obigen Ausführungen: für *jeden,* der

1. den Inhalt des Werkes als die Fortsetzung der Erfahrung des reinen Denkens erleben kann,
2. der fähig ist, die Meditation zu üben und das auch tut.

In demselben Vortrag stellt Steiner fest: die »Philosophie der Freiheit« ist zunächst ein rein philosophisches Werk. Das könnte diejenigen nachdenklich stimmen, die es nicht fertig bringen, dieses Werk im Sinne des Autors so zu lesen, daß es bei ihnen eine erfahrbare Bewußtseinswandlung bewirkt, wie viel mehr die, die es gar nicht verstehen, während sie die Mitteilungen über geistige Erfahrungen begriffen zu haben meinen.

Ganz besonders groß ist die Verantwortlichkeit derjenigen, die die Geisteswissenschaft in Vorträgen usw. vertreten. Es ist durchaus möglich, daß sie beim westlichen Publikum, das jede vom Gewohnten abweichende, noch so trübe Lehre durstig aufnimmt, vorübergehende Erfolge haben in der Popularisierung der von ihnen selber mißverstandenen oder auch nur mißverständlich explizierten Form der Geisteswissenschaft. Aber kann dann die vulgarisierte und mit gewöhnlichen Vorstellungen aufgefaßte Gestalt der Geisteswissenschaft als etwas Positives angesehen werden? Ist diese Erscheinung nicht vielmehr eher die gefährlichste Form ihrer Zurückweisung – eine bejahende, zustimmende und dabei die Lehre auf die Ebene des kranken Bewußtseins herabziehende Akzeptierung? – ein Bild nach dem eigenen Bilde? Ist es nicht ein Verrat von denjenigen, die – wenn vielleicht auch in naiver und gutgläubiger Weise – die Geisteswissenschaft in dieser Form verbreiten, ohne zu merken, daß *einer* ihrer Beweggründe das Streben nach Erfolg, nach Anerkennung ist auf diesem Wege im Interesse einer guten Sache? Eben das ist der wahre Verrat.

Daß die »höheren« Welten für ein niedrigeres Bewußtsein verständlich und erfaßbar sind, beruht auf dem naiven Mißverständnis dessen, was eigentlich eine *Welt* ist. Aufgrund dieses Mißverstehens, das bereits hinsichtlich der Sinneswelt einen Irrtum darstellt, *ist* – existiert – eine von unserem Erkennen unabhängige Welt und ist *so,* wie sie ohne Beachtung des Erkenntnisprozesses gesehen wird: das Erkennen gehört nicht zu ihr. Dabei macht doch das Sinneswahrnehmen die Sinneswelt aus und das höhere Erkennen die höheren Welten. Wenn es zudem auch wahr ist, daß der gesunde Verstand – der nicht so leicht zu finden ist –, die entsprechende Beschreibung der geistigen Welt versteht, so liegt zwischen dieser Art des Verstehens und der tatsächlichen Erfahrung ein Unterschied wie zwischen dem Landkartenbild und der Landschaft, wenn sie gesehen wird: es ist qualitativ etwas vollständig anderes. Darauf muß auch das höchst intuitive Denken vorbereitet sein.

In früheren Zeitaltern hat der Eingeweihte gewußt, daß in der Sonnen-, Mond- oder Sternenreligion, die aus Einweihungserfahrungen entstanden waren, nicht von den für die Augen sichtbaren, sondern von den innerlich erfahrenen Himmelskörpern die Rede ist; die sichtbaren sind nur ihre Zeichen.[13] Das konnte den Nicht-Eingeweihten im allgemeinen nicht mitgeteilt werden und war auch *damals* meistens nicht nötig. Anders bei den Juden, für die Moses' Verbot jeglicher sichtbaren Abbildung der Gottheit – das geschnitzte Bild – der

Ausdruck seines Eingeweihten-Wissens war: kein sichtbares Bild, kein Inhalt des gewöhnlichen gespiegelten Bewußtseins ist göttlich-geistige Welt. Heute besteht das »geschnitzte Bild« in der Vorstellung des toten gespiegelten Bewußtseins über die geistigen Welten: es ist das Mißverständnis ihrer Beschreibung, nicht unschuldig, aus Zufall geschehen, sondern durch die in der Seele wirkenden Gegnerkräfte des Lichtes. Mit einem Wort: es ist Götzendienst, und jeder Götze ist böse.

Die solare Natur des Denkens

Ob etwas Denken ist oder Traum, Eingebung, Halluzination, ist nicht durch den Inhalt zu entscheiden: nur das Denken selbst kann es bestimmen. Denken ist es, wenn es von sich selbst erfährt, daß es denkt. Es gehört zum Wesen des Denkens, daß es zugleich Erfahrung des Denkens seiner selbst ist – damit ist die Tatsache eines Erfahrenden gegeben. Inhalt in Gedankenform ist noch nicht: Denken. In früheren Zeiten gab es höchst gedankenreiche Inhalte ohne »Denken«, ohne den bewußt Denkenden. Zum Denken gehört es, daß es von sich sagen kann: ich denke. Kann so das Denken nur aus der Erfahrung seines Ablaufes identifiziert werden, so ist klar: meistens »denken« wir nicht, sondern erleben Denkinhalte in einer Art Medialität, als Assoziationen, Automatismen, Reaktionen. Denn die Erfahrung des Denkvorganges ist heute selten und kümmerlich, und wenn sie nachträglich geschieht, eine abgeschwächte Form des wahren Denkens, der Kontemplation. Das Denken trägt jedoch in sich die volle Möglichkeit der Gegenwärtigkeit, der inneren Erfahrung seiner selbst, der Kontemplation.

Daher ist bei der Erfahrung des Denkens kein Gegenüberstehen nötig noch möglich, kein außerhalb des gegenwärtigen Denkens stehendes zweites beobachtendes Denken; das einfache Denken muß nur *ganz* verwirklicht werden: in ihm wacht der Erfahrende, wacht die Erfahrung auf: die Kontemplation. Es muß durchaus nichts anderes getan werden als: zu denken.

Durch niemanden, durch nichts muß noch kann mir erklärt werden, *was* ich denke, oder was ich gedacht habe: es ist keine Vermittelung nötig: ich war schon Anwesender im Hervorquellen, in überbewußter Kontemplation. Ich brauche keinen Dolmetscher, im Gegenteil, das Denken vermittelt alles.

Sehen, Denken, Erfahren: so nenne ich es, weil ich darüber weiß. Wenn ich nichts darüber wüßte, so wäre kein Sehen, kein Denken, kein Erfahren: so wie es einst war.

Kontemplation bedeutet, *DAS* als Denken, als Wahrnehmen zu erleben. Konzentration ist im denkenden Vollzug der völlige Ausschluß von Anderem. Dem entspricht im Moralischen die

Aufrichtigkeit, oder die zweite – die erworbene – Einfachheit: ich tue, was ich tue, nichts anderes. Neben- oder Hintergedanken sind feine Ablenkungen vom vollen Menschentum; sie stammen aus der Egoität, die noch etwas für sich behalten will. Aufrichtigkeit ist ein hoher geistiger Rang.

Man muß das Denken in der Konzentration vollkommen erlernen, um ihm entsagen zu können. Man kann ihm nur entsagen, wenn man es vollkommen meistert.

Das Ego lebt, lebt sich aus und erlebt sich im Denken, Fühlen und Wollen: es ist identisch mit ihnen und verfügt deshalb nicht über die Kraft, die in ihnen waltet. Ihnen entsagend, kommt das Ich in ihren Besitz: es kann sie kontemplieren, es wird Herr ihrer Regungen. In dem Evidenzerlebnis z. B. in der Mathematik erlebt das Bewußtsein die lichtvolle Sicherheit: es ist so. Genauer achtgebend, bemerkt man ein zweifaches Berühren – von innen – des Sachverhaltes: es ist so – ja es ist so. Es ist nicht nacheinander: Es ist die überbewußte Kontemplation. Diese Sicherheit wird in jeder Kontemplation erlebt. Das Wesen des Menschen zeigt sich darin: Jeder Mensch ist ein Zweimalgeborener, wenn er wahrhaft Mensch ist; einmal natürlicherweise geboren, das zweitemal zu Weihnachten geboren: zu *seinem* ständigen Weihnachten.

Dazu führt die Konzentration, dazu das Christusbild, wenn es kontemplierend geschaut wird. – Kontemplieren führt zur Kontemplation –: Der Schauende gehört zum Bild; denn ohne ihn gäbe es

> kein Bild für ihn
> kein Kontemplieren
> kein Weihnachten
> keinen Logos
> keinen Geist

Lichtmeditation I: Wo entzündet sich das Licht?

Wir sind geneigt zu denken, der Begriff des Lichtes stamme von außen. Und wenn wir in bezug auf ein Verstehen sagen: es ist klar, so geschehe das in übertragenem Sinne, sei Gleichnis.

Ich bemerke das Licht draußen so: wenn die Sonne aufgeht, sehe ich die Dinge *besser* oder ich sehe sie überhaupt erst dann. Ich sage: es ist nun hell. Das ist aber das Bemerken der Tatsache, daß ich die Dinge nun gut oder überhaupt sehe. *Diese* Erfahrung ist keine sinnliche Wahrnehmung, sondern das Aufmerken des Bewußtseins auf die Qualität seines Erlebens: das Licht ist auch in diesem Fall inneres Licht.

Würde ich statt dessen sagen: die Dinge sind nun stärker, intensiver, da es hell ist, so wäre das trotz der Ausdrucksweise auch die Beschreibung eines inneren Erlebnisses: »stärker« – das ist nicht sinnliche Wahr'ehmung, sondern begriffliche Feststellung. Vergleich von mehreren sinnlichen Wahrnehmungen. Jeder Begriff ist Bewußtseinserfahrung.

Die Welt wird im Bewußtsein hell.

In der Seele erlebt sich *die Welt,* weil die Licht-Kräfte der Seele der Welt gehören, nicht dem menschlichen Subjekt. Denken und Wahrnehmen gehören der Welt, nicht dem Menschen, er gibt nur den Erscheinungsort dafür ab.

Das Licht gehört der Welt; die Seele, das Bewußtsein, der Mensch auch.

Damit ich etwas sehe, muß sein Begriff schon da sein, oder er entsteht jetzt. Das, wovon ich weiß, daß es *ist,* daß es existiert, erkenne ich entweder jetzt, oder ich habe es erkannt und erinnere mich daran, oder ein anderer hat es erkannt und berichtet, und ich habe seine Erzählung erkannt:

> es gibt kein Seiendes, das ich anders als durch
> Erkennen kenne.

Lichtmeditation II: Ich-bin

Das *Licht ist* ursprüngliche *Intuition, die* ursprüngliche Intuition; die Dinge, die im Lichte »besser« gesehen werden, stammen und bestehen aus dem Lichte selbst.

Der Begriff, der die Dinge zu Dingen, zu *dem* macht und als Fundament zu ihnen gehört, ist der Körper des Lichtes, das zum Fleisch gewordene Licht. In den Dingen ist Licht eingeschlossen, es schläft in ihnen. Der Mensch sieht die Dinge: das Licht beginnt, im Menschen aufzuwachen.

Das Ego oder Ich sieht nicht das Licht, nur das Beleuchtete: die Dinge, die Begriffe, und es erkennt sie nicht als die Körperlichkeit des Lichtes. Die Begrifflichkeit, das zur Welt gehörende Licht ist unerkannt, weil derjenige, der es sehen könnte, nicht gegenwärtig ist. Wo das Licht als Licht erscheinen kann, da ist das Ich-bin. Das Ich-bin ist das Licht der Welt.

Wenn das Bewußtsein aus der Vergangenheit seines Träumens erwacht, so ist seine erste Intuition dies:

Licht
und zugleich:
Ich-bin.

Lichtmeditation III: Licht und Finsternis

Das Licht muß erfahrenes Licht sein: sonst ist es kein Licht.

Wem das Licht keine Erfahrung wird, dem gibt sich alles als Finsternis: selbst das Licht.

Die Finsternis ist Finsternis, weil sie das Licht als Finsternis sieht und nicht das Licht. Würde sie es als Licht sehen, dann würde sie es begreifen und würde selbst zum Licht werden. Die Finsternis selbst ist auch nur für das Licht; daß sie doch Finsternis zu sein *scheint,* das eben ist die Finsternis.

Wir leben in der Finsternis: wir sehen nicht das Licht, sondern nur, wo es zurückgespiegelt wird, wo es nicht durchdringt; und auch das noch sehen wir im Lichte der Ideen: *dies* und *das.* Unsere Welt ist gar nicht Licht-Welt. Nicht Welt des Lebens, nicht Licht des Lebens. Das Nicht-Erkennbare, welches *doch* ist, das Unbewußte, die Materie, die »natürliche« Entwicklung von unten nach oben, das aus dem Bewußtlosen hergeleitete Bewußtsein und alle »Fundamente«, die nicht aus Licht sind: sie sind Aufruhr gegen das Licht. Zugleich jedoch Anfang seines Wahrnehmens: die Wahrnehmung der Finsternis. Trotz allem: *Wahrnehmung* und *Anfang.*

Aus der Finsternis wird kein Licht. Daß die Finsternis Fundament ist, *das* Fundament, das ist auch nur für und durch das Licht denkbar. Das Licht leuchtet auf in der Finsternis: aber die Finsternis erscheint schon in dem Licht.

Wo jemand *sieht,* dort ist kein Sinnesorgan, weder ein Nerv, noch Physikalisches. Dort ist nichts, nur Sehen, das heißt: Licht.

Das Licht ist unabhängig von allem, was es beleuchtet, von seiner eigenen Vergangenheit, von sich selbst. Je mehr wir vom Sinnlichen glauben, daß es so sei, desto mehr vertrauen wir dem gänzlich übersinnlichen, unabhängigen Leuchten des Lichtes.

Es wird zum wahrhaftigen Licht durch die Erfahrung dieser Unabhängigkeit: ein unmittelbares und unvermitteltes Licht, das von sich selbst zeugt:

das einzig wahre
Zeugnis.

Das Vergeben

»Vergib uns unsere Schulden, wie wir vergeben
unseren Schuldigern«

Schuld ist alles, was wir nach unseren Möglichkeiten, Veranlagungen, Fähigkeiten anderen Menschen geben könnten, was wir aber zurückhalten, weil wir durch unsere Natur auf diese Zurückhaltung angewiesen, dazu genötigt sind. Dieses Verweigern reicht vom Nicht-Tun – Unterlassen – bis zum Nehmen – unrechtmäßig –, reicht von der passiven Form der Teilnahmslosigkeit bis zur agressiven Form der Feindseligkeit, des Hasses.

Das Zurückhalten gehört in die Zone des Lebens: als Gegensatz zu ihm, das keine Geschlossenheit kennt: keine Zugehörigkeit zu Rasse oder Volk, Temperament, Gewohnheiten, zu irgendwelcher Vergangenheit – in ihm ist kein gespiegeltes Denken. Die lebendige Form muß geschlossen sein, um Bewußtseinsträger sein zu können; das Verstehen selbst, das Leben dagegen sollte im Menschen ganz geöffnet sein: wie die Pflanze, wie das Urbild der Pflanze. Das bedeutet: Denken als Leben zu erfahren.

Mit lebendigem Denken, oder momentaner Intuition, intuitiver Erkenntnis vermag ich zu erkennen, womit und was ich in dem anderen verursacht habe: besonders dann, wenn er sich gegen mich gewendet hat; es ist in diesem Sinne ein deutliches Zeichen für mein Selbsterkennen, was ich mit Dankbarkeit entgegennehmen sollte. Ich komme dazu zu verstehen, warum es notwendig war, gegen mich aufzutreten, warum ich es nötig hatte, den anderen in diese Situation zu bringen. Alle Verantwortlichkeit liegt objektiv bei mir. Das Erkennen der »Ursachen« dient allein dem Verständnis dafür, wo die eigene Schwäche lag. Diese Schwäche – wie hat sie in dem anderen gewirkt, daß er sich gegen mich wenden mußte? Ich brauche ihm nicht zu »vergeben« – es ist nichts da, was zu vergeben wäre. Allein dies zu verstehen und ihn um Vergebung zu bitten: das ist, wie ich ihm vergebe; das ist, daß mir meine Schuld vergeben wird. Dem Sinne nach lautet diese Bitte: »Gib uns die notwendige Selbsterkenntnis, damit wir unsere Schuld am anderen entdecken, sonst dauert sie fort, bis zum Zeitpunkt, an dem sie entdeckt wird.« Wenn wir sie wirklich in uns sehen, so ist unsere Schuld vergeben: wir haben kein Schuldgefühl mehr. Daß der andere Schuld hat, ist nicht wahr; solange wir das noch annehmen, sind wir in unserer Schuld befangen.

Auf solche Weise wird uns die Schuld vergeben; und von der Schuld des anderen wird klar: es war unsere eigene.

Wenn die Suche nach der Schuld in uns tief genug geht, so kommen wir nicht nur zu der unmittelbaren aktuellen Ursache, sondern wir kommen an die grundlegende Schuld heran: an das Wesen des Getrenntseins, an den Herd des Eigenseins; an den Nicht-Wollenden, Nicht-Gebenden und Nicht-Nachgebenden, Nicht-Vergebenden in uns, – an denjenigen, der bleiben will, wie er ist, und uns damit den Eintritt in die geistige Welt verbietet.

Die Schwelle existiert aber seit der Urschuld. So kann eine Forschung nach der Genealogie einer Schuld bis zu den Anfängen zurückführen. Das ist der Sinn der Schuld: dazu und deshalb ist sie. Es handelt sich nicht um ein Wissen von Schuld und Schuldigkeit jedes Menschenwesens, sondern um eine Erfahrung: die konkrete Erfahrung der aktuellen Schuldigkeit, die weiterführen kann zum Erblicken der Gestalt unserer Unvollkommenheiten.

Die Gebärde

Die geistige Schulung, die Konzentration, die Meditation, die Übungen bleiben manövrierende Bewegungen des Ego, im Interesse seines Bestehens und Sich-Stärkens, solange der Mensch die grundlegende Gebärde nicht kennt: die der Demut. Bis dahin ist das Üben die Vorbereitung des Ego auf die Gebärde des Sich-Demütigens. Aber wenn diese, die das Üben rechtfertigt und heiligt, nicht geschieht, so bleibt es egoistisch.

Die Gebärde der Demut ist die des Sich-Selbst-Loslassens, des Sich-Fallenlassens: eine paradoxe Gebärde, deren Kraft im Aufgeben der Kraft des Ich besteht, darin, daß das Sein des Ich getilgt wird im Interesse des wahrhaften Seins, das unvorstellbar ist, nicht zu ahnen und nicht auszudenken.

Solange ich »recht habe«, solange ich hasse, solange ich Furcht habe, solange ich in Angst bin, solange ich auf den anderen warte, daß er beginne: solange kann keine Liebe in mir sein. Die Liebe – sei sie auch nur einem einzigen gegenüber – treibt allen Haß, jede Aversion, jede Furcht aus. Wenn Haß, Aversion in mir ist, oder andauernder, gepflegter Zorn, so ist auch meine Liebe aus derselben Substanz, ist auf der gleichen Ebene.

So auch meine Meditation: obwohl das Licht die Pflanze im Leben hält, bringt diese die Unreinigkeiten des Bodens mit.

Wenn ich entdecke: *Ich* habe *nie* recht, Wahrheit kann nie angeeignet werden und ist deshalb kein Verdienst, so kann ich keine Aversion hegen gegen den, der einen Fehler beging, der »Unrecht« hat, – da es nicht sein Mangel ist.

Wenn ich aber meine, ich habe recht – so sollte ich wenigstens die einzige logische Konsequenz daraus ziehen: Wenn der andere im Irrtum ist, einen Fehler begeht, so ist er unbedingt der Schwächere, der mehr Angegriffene, der Versuchte, ich aber bin der Stärkere, Gesundere, also liegt bei mir die Möglichkeit, ihm zu helfen, ich muß als erster einen Schritt unternehmen. Wenn ich auf seinen Schritt warte, erkläre ich ihn als den Stärkeren, erkenne an, daß er es ist, der recht hat. Ich aber bin in der Lüge.

Wer die Gründe, den Fehler bei dem anderen sucht oder findet, der suche sie gleich in sich selber: denn, daß er sie im anderen gesucht hat, war sicherlich Sünde. Sünde des Erkennens, Schuld durch den Tatsachen-Glauben, nach dem es Tatsachen gibt, die unabhängig von uns, von unserem Erkennen seien. Eine solche Tatsache sei der Fehler des anderen, und dieser Fehler gehe uns nichts an, wir hätten gar keinen Anteil an ihm. Wir hätten dem anderen nichts entzogen, was ihn vor seinem Irrtum oder Fehler hätte beschützen können. Der Grund ist »draußen«, im anderen, seine Verfahrensweise war eine »solche«. Entdecken wir doch in dieser Attitüde, in der Attitüde des moralischen naiven Realismus den Anfang des Verfolgungswahnes! Sehen wir es endlich ein: Nicht die Tatsachen sind es, die Furcht, Aversion, Verlangen oder Haß erzeugen, sondern es gibt Tatsachen – für mich –, die – in mir – Furcht, Aversion, Verlangen und Haß sind. Die Tatsachen sind so, wie ich sie zu sehen, zu empfinden vermag.

Verlangen, Aversion, Furcht, Angst, Traditionalismus, Haften an der Vergangenheit oder – vor ihr Fliehen: alles sind Erscheinungen des Eros, des Mich-Selbst-Empfindens und Empfinden-Wollens. Das Opfer, das wir so ungern konkret auf uns nehmen, ist, dem zu entsagen, was in diese Zone gehört: dem Beleidigtsein, der Aversion, der Eitelkeit. Das Annehmen des Sich-Demütigens, das *dann* keines mehr ist, sondern nur Aufrichtigkeit aufgrund der erkannten Realität: ich bin die Ursache, ich bin schuldig, es ist nicht auf den anderen zu warten bis . . . Es gibt kein »bis«, es ist nicht zu warten. Dieses Entsagen ist federleicht, sobald es vollzogen ist. Es ist auch nicht Entsagung, sondern Vollendung.

Das alles gilt dem, der glaubt, es gelte dem anderen: und auch dem, der fühlt, es gelte ihm.

Wem wurde seine Schuld nicht vergeben?

Wem habe ich seine Schuld nicht vergeben?

Die Gebärde ist: Sich-Demütigen. Die Irrealität meiner Gründe durchschauen, dem Selbstgefühl entsagen, vom Sich-Berufen auf den Tatsachenbereich des anderen Menschen absehen, alles fallen lassen – auch mich selbst – und auch das Aufgeben des Stolzes über diese Tat: das ist die weiße Magie, welche mit dem Entzaubern, mit dem Verwandeln des eigenen Wesens beginnt und endet. Anderes ist nicht nötig: die Welt und der andere müssen nur in ihrer Realität *gesehen* werden: *das* ist der Zauber gegenüber der Welt. Die weiße Magie besteht darin, daß der Mensch vor dem, was geschehen muß, den Weg frei macht, nicht protestiert, nicht widersteht. Dann geschieht es auch. Das Geschehen ist nicht des Menschen Tun.

Man darf nicht die Folgen der Gebärde in Erwägung ziehen. Du kannst sie ohnehin nicht erwägen, weil, was folgt, kein menschliches Geschehen ist. Wenn du betrachtest und wägst, tust du sowieso nichts.

Der ist groß, der sich zu demütigen vermag und auch auf diese seine Größe nicht stolz ist. Der nicht aus Hochmut demütig wird.

Wer nicht siegen will, ist unbesiegbar.

Sich fallen lassen.

Krankheit ist nicht Mangel an Kraft, sondern Zeichen der Sensitivität. Aus dieser werden Kräfte geboren. Wer nicht erkennt, daß er krank ist, ist deshalb noch nicht gesund. Wer nicht erkennt, daß *er* den Fehler begangen hat, hat ihn sicherlich begangen und verdoppelt ihn noch.

Liebe deinen Feind. Er gibt Anlaß zur Demütigung deiner selbst, zur Erkenntnis deiner Realität. Er bietet die Gelegenheit, nicht feindselig zu sein, den Feind zu lieben; er hat die Rolle des Schwächeren auf sich genommen, damit du dein

Rechthaben loslassen könntest, dein Selbstgefühl, dich selbst. Damit einer da sei, den du nicht besiegen willst, über den du nicht König sein willst, da du das einsame Königtum ohne jeglichen Untertan als das Wahre erkannt hast. Liebe deinen Feind, denn er ist nicht dein Feind: er ist es nur, wenn du ihn dafür hältst.

Nicht Gutsein und Vergeben sollen die Ziele deines Bestrebens sein: das alles ist Hochmut; nur zu erkennen, sei bestrebt, das genügt. Es genügt, wenn du erkennst: was du als dein heiligstes Selbst empfindest, ist eine Störung im Weltensein. Bitte um Verzeihung, daß du bist.

Die Liebe ist nur Liebe, wenn in ihr Verleugnung, Mißverständnis, Zurückweisung, Widerstand im voraus mit einbegriffen ist. Das neue Gebot heißt: liebet einander, wie ich euch geliebt habe. Es ist die Vergebung des Verrates, der Untreue, noch bevor sie begangen ist. Solche Umarmung schafft dich und hält dich auch jetzt.

Die Verwirklichung

Wer das Vorangehende als Regel oder Rat ansieht und somit bestrebt ist, es zu verwirklichen, hat es mißverstanden. Das so Beschriebene kann nur verwirklichen, wer es erkennt. Erkennen ist kein Zur-Kenntnis-Nehmen, kein Annehmen des Mitgeteilten, auch keine Einsicht, sondern vertiefte Meditation. Es handelt sich nicht um Normen, sondern um Formulierung von Meditationen, denen nur eine weitere Meditation nachkommen kann. Zur Verwirklichung ist immer aktuelles Erkennen erforderlich, nicht ein einstiges, wenn auch in vertieftem Erkennen erworbenes Erschauen: zur Verwirklichung genügt nicht die Erinnerung.

Wer das Mitgeteilte in seiner eigenen aktuellen Situation wahrhaftig erkennt, bekommt im Erkennen die Kräfte und die Möglichkeit zur Verwirklichung: die Intuition zu der konkreten Begebenheit und die Kraft, womit diese aus den Tiefen des eigenen Seins handelnd auf die Erde gebracht werden kann. Er tut damit einen Schritt zur Verwirklichung des wahren Selbstbewußtseins, der Synthese der längst auseinandergefallenen Kräfte von Erkennen und Wollen.

Wer an das Vorangehende *erkennend* herangeht, bekommt die Kräfte des Verwirklichens. Solange sie an die Egoität gebunden waren, waren es diese Kräfte, die das Erkennen verhindert haben. Erkennen ist Hingabe. Die Kräfte der Hingabe werden von der Seele in ihrem Ego-Sein dem Körper zugewendet gebraucht. Von eben denselben Kräften wird das Erkennen und die Moralität gespeist: sie strömen in der Richtung der Hingabe – an den Körper oder an die Welt. So sind alle Anstrengungen des gespiegelten Bewußtseins umsonst: aus ihm wird keine Moralität geboren; denn seine schöpferischen Kräfte sind an den Körper hingegeben – eben deshalb ist es gespiegeltes Bewußtsein.

Im meditativen Bewußtsein müssen wir das Einswerden, die Verwandlung in das, was erkannt wird, erleben: eine andere Art gibt es nicht. Es ist ein Sich-Aufgeben, Sich-Auslöschen – Schmerz. Es ist Freude: das Entstehen in dem »Anderen« – die Verwirklichung. Die Metamorphose ist: Erkennen. Erkennen ist Metamorphose. Nur das Erkennen, das sich auf der gespiegelten Oberfläche vollzieht, hat sich vom Sein getrennt, um vom Sein und von sich selber zu wissen. Das größte Hindernis der Verwirklichung ist die *Tatsache*. Tatsache ist aber immer die erkannte Tatsache. So wie das Gesehene nicht die Ursache des Sehens ist, so verursacht die Tatsache auch nicht, daß ich sie erkenne. So wie das Gesehene das Ergebnis des Sehens ist, so ist auch die Tatsache Ergebnis meines Erkennens, ist meine Erfahrung. Und diese Erfahrung ist selbstverständlich nicht abgeschlossen, solange ich lebe. Darum kann sich das Gesicht der Tatsache ändern, und es ändert sich auch meistens während des Lebens: das heutige Unglück kann sich als Segen, die heutige Freude als tragischer Fehltritt erweisen. Der, bei dem die Tatsachen sich nicht ändern, sich nicht entwickeln, der kann mit Recht den Argwohn hegen, daß er nicht auf dem Wege ist. Die Tatsachen werden nachträglich, was sie in Wahrheit sind. Sie haben für uns kein endgültiges Gesicht, sie leben mit uns; solange wir leben, beginnen sie nur. Die Tatsachen sind nicht geschehen: sie geschehen immer.

Die Tatsachen sagen uns immer etwas, meistens in umgekehrter Sprache; denn ihre wahre Sprache verstehen wir nicht. Verstünden wir sie, so würde vielleicht manches anders verlaufen. Aber so, wie wir sie verstehen, überlagert sie sich mit unserem Gefühlsleben. Die wahre Sprache der Tatsachen ist die ursprüngliche, höhere Sprache unseres Gefühlswesens, der wir uns aber mit jeder Nervenfaser entgegensetzen. Die

Tatsachen werden von unserem wahren Selbst geplant und ausgeführt: Deshalb sind wir mit unserer ganzen Kraft dagegen.

Wer glaubt, die Tatsachen seien äußere Geschehnisse, stellt die Welt genau so auf den Kopf wie jener, der zu wissen meinte, es gebe eine von seinem Erkennen unabhängige Welt. Einst war das Erkennen Änderung, Umgestaltung, Verwandlung. Lehre bedeutete Verwandeln, weil die Kräfte des Erkennens Weltenkräfte, Seinskräfte waren. Im Beginn der Ausbildung des gespiegelten Bewußtseins konnten noch moralische Gebote wirksam sein. Es war noch eine aus äußeren Quellen entwickelte Moralität möglich. Vorher noch waren die Sinnesorgane und die Erkenntnisorgane zugleich Gestaltungsorgane; Auffassen und Sich-Gestalten war ein und derselbe Vorgang. Es war kein Außen, kein Innen, es war nur der Weltprozeß. Noch früher war kein Weib, kein Mann, nur der Mensch. Der MENSCH.

Das Selbstbewußtsein, das Bewußtsein des wahren Ich ist die Synthese der Erkenntniskräfte und der Willenskräfte, worin es kein Innen und Außen, nicht Mann und Weib gibt. Die Kraft der Synthese kommt in Bewegung in der Liebe – der höchsten, über Mann und Frau stehenden Kraft des Weltbewußtseins –, die einem neuen Ich-Träger zum irdischen Dasein verhilft. Das zu bewirken, vermag nur das wahre Ich: seine Kraft regt sich zugleich in Mann und Weib, im *Menschen*. Diese Kraft des Selbstbewußtseins ist heute noch schlafend, träumend. Sie muß sich auch regen in der Verwirklichung des Vergebens, der Demut. Weil sie träumend und schlafend ist, kann sie unmittelbar nur in dem vertieften Erkennen bewegt werden. Der Weltenprozeß ist ein einziger, außen wie innen. WELT ist die Welt, Erkennen und Mensch in eins, ein einziger Vorgang: Erkennen. Die Welt ist: ERKENNEN. Deshalb ist Staunen der wahre Ausgangspunkt des Erkennens: ich entdecke das, was ich noch nicht verstehe – und ich erschaue es doch. Das Staunen stammt aus dem Weltprozeß, ihm gilt es, nicht den Tatsachen; es führt dorthin, woher es stammt.

Es ist ratsam, das, was die Tatsachen – und gerade die feindlichen Tatsachen – mir anbieten, mit Wundern oder Staunen, mit Hingabe und Ergebung entgegenzunehmen – wie alles, was die Welt mir anbietet. So – nicht durch Widerstand, sondern mit Positivität, d. i. durch Intuition, ihre Belehrung aufnehmend, kann ich unvoreingenommen, d. h. in nicht nachbildender, blankneuer, vorbildloser Erkenntnis mir von den Tatsachen verraten lassen, was sie mich lehren wollen. Was sie lehren, ist das Entgegenkommen. Annehmen aber bedeutet: ich muß verstehen, was ich annehmen soll, sonst nehme ich nicht DAS entgegen. DAS wird durch mein Erkennen. Die Erlösung ist geschehen, sonst könnten wir ihr nicht widerstehen. Um sie zu erlangen, stehen dem Menschen die Fähigkeiten und die Methoden zur Verfügung: Die Welt in ihrem Licht.

Die Verwirklichung ist Annehmen; das Annehmen Erkennen; das Erkennen Verwandlung. »Meine Lieben, wir sind nun Gottes Kinder, und es ist noch nicht erschienen, was wir sein werden. Wir wissen es aber, wenn es erscheinen wird, daß wir ihm gleich sein werden; denn wir werden ihn sehen, wie er ist.« (1. Joh. 3, 2)

Ostern[14]

Der Spiegel

Das Sehen geht allem voraus: dem Gesehenen, dem Spiegel, sogar dem Sehenden. Deshalb vermag der Sehende das Gesehene zu sehen und auch den Spiegel. Den Sehenden braucht er nicht zu sehen.

Da das Sehen den Spiegel sieht, können die im Spiegel gesehenen Bilder nicht aus dem Spiegel stammen, sie kommen aus dem Sehen. Das Gesehene ist Ergebnis des Sehens, nicht seine Ursache. Auch das Bild des Spiegels stammt aus dem Sehen. Den Spiegel braucht zunächst der Sehende, er kann im Sehen noch nicht das unmittelbare Licht des Sehens ertragen.

Die Bilderwelt des Spiegels ist tot; nicht in ihr, sondern im Sehen ist die Lebendigkeit, das Leben.

Die gespiegelte Bilderwelt ist Vergangenheit, Gesehenes; die Gegenwärtigkeit ist allein im Sehen.

Die gespiegelte Welt ist geschlossen, Urbeginn ist aber nur aus dem Sehen möglich, für einen Sehenden, außerhalb des Spiegels. Der Urbeginn kann gespiegelt werden, aber er beginnt außerhalb des Spiegels, d. h. im Offenen.

Die geschlossene Welt ist die der Erhaltungsgesetze, der Erhaltung der Energie, des Stoffes. In Wirklichkeit bleibt nichts durch sich selbst erhalten. In der geschlossenen Welt wird nur die Energie erhalten, die ihre Form eingebüßt, nur der Stoff, der seine Form verloren hat, zum toten Punkt gekommen ist: zur Schlacke. Was Form hat, strebt von sich aus zur Formlosigkeit, zum Chaos hin. Etwas in seiner Form zu erhalten, erfordert Aktivität: ein Urbeginn ist nötig, nicht nur zu seinem Entstehen, sondern auch damit es erhalten bleibe.

Da es in der geschlossenen Welt keinen Urbeginn gibt, ist in ihr auch keine Hoffnung. Daher ist sie das Bild der Hölle, wo jegliche Hoffnung aufzuhören hat: eben *das* macht sie zur Hölle. Hoffnung kann nur sein, wo Neues, wo Anfang möglich ist.

Die ehrliche Weltanschauung der geschlossenen Welt ist der Pessimismus. Das ehrliche Gefühl der geschlossenen Welt ist das Gefühl des Leidens, daß das Sein ein Leiden ist. Das ehrliche Streben der geschlossenen Welt ist die Vernichtung des Leidens, die Auslöschung des Seins, damit die Erde, die Menschen nicht mehr seien. Hinter jeder Karneval-Stimmung sitzt die Verzweiflung.

Die erste Gebärde der Schöpferwesenheiten ist immer das Auf-sich-nehmen des Leidens: damit – die Welt – *werde*. Die erste Schöpfung der ersten Liebe ist: »Es werde Licht.« Im Urbeginn war das Wort: »Gott *sprach:* Es werde Licht.«

Der Leib

Der Sündenfall ist der Irrtum des Sehenden: er hält das Spiegelbild für die Realität, nicht das Sehen; und zugleich hält er sein Spiegelbild für sich selbst. Infolge des Irrtums wird der Mensch zwischen Leib und außerleiblicher Welt geteilt. Er könnte sich der Welt nicht ganz übergeben: Er würde in ihr verloren gehen und sie nicht erfahren. Aus diesem Grund hat er kein Bewußtsein im Schlaf, wo das Geteiltsein in bezug auf den Leib aufhört. Und aus demselben Grund hat er kein Bewußtsein im Augenblick des Erkennens, nur im Erkannten, im Erlöschen des Erkennens. Mit einem Stück der Welt – mit dem spiegelnden Leib – ist er identifiziert, nicht im erkennenden Sehen, sondern im Sich-Selbst-Fühlen. Das körperliche Selbstbewußtsein ist nicht erkennend; das Sehen kommt aus dem Außerleiblichen, aus dem Sehenden, das mit der Welt außerhalb des Körpers identisch ist: als verbliebener Rest der Identität. Ohne diesen würde das Bewußtsein ganz in die Egoität untertauchen: in das abgeschlossene Bewußtsein des Spiegelbildes, wofür das Bild der geschlossenen Welt gilt.

Der Spiegel sollte eigentlich dazu dienen, daß der Sehende das Sehen erblicke, nicht bloß das Gesehene. Zum Erkennen ist auf jeder Ebene ein »Leib« notwendig: eine Unbeweglichkeit des Sehenden, woran er sein eigenes Mitbewegen abmessen und seine Identität mit dem, was er sieht, erfahren kann. Anders wäre es kein Sehen, sondern nur blinde Identität.

Im Spiegel sollte sich das Licht erfahren können; dazu könnte der undurchsichtige, leblose Spiegel, der physische Körper, dienen. Infolge des Urirrtums ist das Sehen verloren gegangen, nur das Spiegelbild blieb, das Gesehene – vorläufig, denn auch dies ist schon im Verblassen, weil das Anfangen fehlt. Zugleich verdarb der Spiegel durch die gestörte Verwendung.

Die Vorgänge der Seele spielen sich eigentlich in der Empfindlichkeit und im Lebendigen ab. Damit sie für das Ich seien, müssen sie am Leib gespiegelt werden. Dieser Leib ist physisch: es ist kein Erkennen in ihm, er selbst ist Erkanntes; nur Wirkung kann in ihm sein. Durch jedes Erkennen wird in ihm die Mineralität ein wenig bewegt, meßbar verändert: dadurch wird die ursprüngliche Form des physischen Leibes geschädigt. Im Erkennen sollte der physische Körper nicht in Bewegung geraten, nur spiegeln – so würde der Sehende sehen, ohne sich selbst dabei zu empfinden. Die Bewegung im Körper kommt im Erkennen nicht zum Bewußtsein: der körperlich-physische Vorgang, die Schwingung, die Chemie; sie werden bewußt höchstens für ein zweites, äußeres Erkennen, das auf sie gerichtet ist. Beim Sehen z. B. des Grünen werden Physik und Chemie des Auges oder des Nervensystems nicht bewußt: gerade *dies* wird nicht bewußt.

Die Sinnesorgane spielen eine negative Rolle. Das Ich, der Sehende ist immer völlig im Licht, ungetrennt, ist ganz Licht, ganz *Das* – das indische TAT. Es ist darin aber nicht bewußt. Bewußt wird das Ich in dem Teil der Welt, der auch durch die Sinnesorgane »vermittelt« wird. Hier wird aus dem Licht, das aus einem kleinen *Teil* der Welt kommt, *Wirkung:* der Spiegel wird bewegt. Das fehlt nun aus dem, was Licht bleibt, und wir nehmen bewußt diese *Lücke* wahr. Wir sehen also negativerweise und umgekehrt, so wie es die physiologische Optik lehrt.

Deshalb sehen wir durch einen Spiegel und gleichsam in Rätseln, durch einen schadhaften Spiegel, darum wie »in einem dunklen Wort«, und »stückweise«: entsprechend den geteilten Sinnesorganen, nicht dem einzigen zentralen Sinnesorgan gemäß.

Wir erleben die erste Begegnung mit dem Licht wie im Schlaf. Unser Sehen ist ein Nach-Sehen, unser Denken ein Nach-Denken. Wir können auch vor-sehen, vor-denken. Im Denken ist die produzierende und empfangende Tätigkeit fast dieselbe: Ich verstehe kein Denken, wenn ich es nicht selber denke. Das Vor-Sehen ist die Imagination, die aktive – produzierende – Form des Sehens. Das Vor-Hören ist die Inspiration, das Erfahren des Entstehens des Tones, nicht des fertigen Tones; es ist das Hören der Töne, die leiser als die leisesten, als die völlig tonlosen sind, negativer Töne, ein Hören ohne physisches Sinnesorgan, ohne mineralische Bewegung.

Erkennen ist: *Das* – TAT – wird zum Ich. Das Ich-Bin ist das Licht der Welt: die Urerfahrung, die himmlische, überbewußte Quelle jeglicher Erkenntnis.

Eine Unbeweglichkeit, ein Hintergrund ist bei jeder Erfahrung notwendig. Das Ich – das erfahrende Subjekt – »folgt« allem, wird zu *Dem,* wird *Das;* darum braucht es einen Hintergrund, der nicht »folgt«, nicht identisch wird; an dem das Ich die eigene Wandlung erfahre. Je höherer Ordnung das Erkennen ist, desto subtiler wird der Spiegel.

Für das Erkennen ist der Leib eine Wahrnehmung. Aber er ist der am wenigsten erkannte Teil der Welt; denn das Sehen wird durch das Haften am Leib, durch die sich empfindende, nicht-erkennende Identifizierung gestört. Der Mensch nennt allzu früh seinen Leib »Ich«. *Dies* ist eben das Haften, das ist der Sündenfall. In Wirklichkeit könnte der Leib nur viel später der wahre, unverdorbene Spiegel des Ich werden, durch die verfrühte Rolle als Ich-Träger wird aus ihm nie ein wahrhafter Spiegel, noch entsteht an ihm ein wahrhaftiges Selbstbewußtsein. Das Haften gilt nicht dem Leib, den der Mensch nicht kennt, sondern der Empfindung des Leibes, dem sinnlichen Bild. Das äußere, z. B. physiologische Erkennen des Leibes geschieht in der Aktivität eines Erkenntnisorganes, das durch seine Abhängigkeit vom Leib – den es erkennen möchte – schon entfremdet und gestört ist.

Die Qualitäten und Kategorien sind draußen, im Licht: in der Imagination – Geruch, Geschmack, Gesicht, Wärme –; in der Inspiration – Ton, Sprache –; in der Intuition – Gedanke, Ich –. In uns eindringend, gespiegelt, wird aus ihnen die Sinneswelt. Vor der Spiegelung sind sie die »geistige« Welt, das Licht.

Das Bild des Leibes

Der Mensch hat sich – durch den verfrühten Irrtum – mit dem Leib identifiziert. Wo der freie Geist in einen Leib zieht, in eine fertige Form, wird diese durch ihn zerbrochen. Das Zerbrechen ist ein Herausfallen aus dem Leben: die Mineralität. Sie füllt nun die Leibesform aus. In diesem mit Mineralität ausgefüllten Leib kämpft das Leben gegen die Gesetze der Mineralität: gegen das Verbrennen. Durch das Verbrennen wird der Leib nicht aufgebaut, sondern zerstört. Wären in ihm nicht auch verborgene Aufbauprozesse, die im Säuglings- und Kindesalter dominieren, so würde sich der Leib von Anfang bis zum Ende, seit dem Augenblick der Geburt, nur in der Richtung der Verbrennungsprodukte entwickeln. Der Mensch kennt die Aufbauprozesse nicht, weil er sie mit seinem an dem Leib gespiegelten Denken nicht einmal denken *kann*. Er vermag nur das Abklingen zu denken, das Zerfallen der Form, nicht ihr Entstehen. Obwohl das Denken in sich Licht ist, denkt der Mensch dem Leib entsprechend gespiegelt. Der Gedanke des Körpers ist der Tod, das mineralische Zerfallen.

Das Bewußtsein oder Selbstbewußtsein, das an den zerfallenden Leib gebunden ist, kennt kein anderes Dasein und kann nur nach dem Muster des leibgebundenen Daseins vorstellen. Deshalb ist für das leibgebundene Bewußtsein die allergrößte und sein Dasein bestimmende Frage: Wird das Ichbewußtsein mit dem Leib zerstört? So kommt es zu dem Zweifel, ob und wie das Ich existiert. Die Existenz des Menschen wird zweifelhaft. Wenn der Mensch auf dieses Zweifeln aufmerksam würde, hätte er bereits die Lösung: Wer den Spiegel sehen kann, ist nicht identisch mit ihm, sieht sich unabhängig vom Spiegel. Wer überhaupt sieht – dunkel durch den Spiegel, oder von Angesicht zu Angesicht – ist vom Spiegel und auch vom Spiegelbild unabhängig, ist auf Unsterblichkeit angelegt. Verwirklicht er sich im leib-unabhängigen Bewußtsein, so reißt die Kontinuität des Bewußtseins mit dem Zerstörtwerden des Leibes nicht ab. Darum sprechen die antiken Quellen von dem andersartigen Tod derer, die in die Mysterien eingeweiht sind.

Das leibunabhängige Bewußtsein ist kein dialektisches, kein vergangenes, besteht nicht aus Gedachtem, Wahrgenommenem, Vorgestelltem: es ist ein lebendiges Bewußtsein, ein flüssiges Element, aus dem die Vergangenheitswelt herausfällt, auskristallisiert. Es ist das lebendige Bewußtsein der Meditation, das den spiegelnden physischen Apparat nicht oder nur eben berührt, nicht in ihm untertaucht. Dieses Bewußtsein wurde von dem Christentum durch das Auslöschen des leiblichen Bewußtseins verwirklicht. Es bestand keine Kontinuität zwischen den zwei Arten des Bewußtseins. – Im Menschen ist ein göttliches Element verborgen, lautet die vorchristliche Lehre. Dieses Element macht das menschliche Bewußtsein in jeder Form aus. Das leibgebundene Bewußtsein reicht zu diesem Element ebensowenig hinauf wie hinunter zu den Vorgängen des Leibes. Die Göttlichkeit des Menschen konnte außerhalb des Leibes »erfahren« werden. Das war kein Erfahren im heutigen Sinne, denn unser Erfahren im leibgebundenen Bewußtsein weiß zugleich über sich selbst, erkennt sein Erkennen, auch wenn der Mensch es als solches infrage stellt.

Wenn das Bewußtsein sich nicht auf den Leib stützt, wird dieser frei von den zerstörenden Einflüssen des Bewußtseins, und in dieser Zeit gehen in ihm aufbauende Vorgänge vor sich wie im Schlaf.

Gerade in dem Bewußtsein, das sich nicht auf den Leib stützt, kann das Erkennen des Leibes beginnen: des unbekanntesten Teiles der Welt. Dies bedeutet, daß das erkennende Subjekt bewußt tiefer in den Leib hinuntersteigt – aber erkennend –, den es heute für gewöhnlich nur an der Oberfläche – nicht erkennend – berührt, kaum Spuren des Erkennens im Gehirn und Nervensystem hinterlassend.

»Und der Logos ward Fleisch . . .«

Die verborgene Gottheit im Menschen ist sein erkennendes Wesen; es ist der Himmelsbewohner, der im Menschen lebende Sehende, der noch nicht im Leib wohnt, der Himmlische, der sich mit dem Leib identifiziert, in dem er schläft. Der Schlafende ist es, schlafend im Erkennen, im Schlaf, im Tod. Diese sind die obere Dreiheit des Menschen, seine Möglichkeit »Ich« zu werden in der Empfindlichkeit – seinem Sich-Empfinden –, in der Lebendigkeit – seinen Lebensvorgängen – und in der physischen Natur des Leibes: wo er heute nicht »Ich« ist, wo er noch schläft. Heute kann der Mensch nur in der gespiegelten Gedankenwelt »ich« sagen; er hat keine Macht über seine Empfindlichkeit, sein Leben, sein Physisches.

Der Gott im Menschen ist das Himmelelement: diesen Gott hat niemand je gesehen, weil er bisher nie in leiblicher Form erschienen ist. Der eingeborene Sohn hat ihn uns vorgelebt (1. Joh. 1, 18). Der eingeborene Sohn, der Logos, das Licht, das für den Menschen alles erleuchtet: er ist der Gott des Erkennens, Urbild der im Menschen verborgenen erkennenden Gottheit; das Licht der Welt, das Ich-Bin. Nicht aus dem menschlichen Bewußtsein stammt die Möglichkeit des Lichtes, des Ich-Bin: die Quelle dieser Möglichkeiten ist der Logos.

Die Lehre des Evangelisten Johannes bezeugt das vollständige Hinuntersteigen dieses göttlichen Elementes in einen menschlichen Körper: »Und der Logos ward Fleisch.« Damit hat er in uns sein Zelt aufgeschlagen, und wir haben seine Offenbarung erblickt. Jede neue menschliche Fähigkeit bildet sich im Menschen dadurch aus, daß sich eine Gottheit im Menschen verkörpert.

Heute geht es um die Fähigkeit des Lichtes, es geht darum, daß das Licht sich im Menschen erkenne, sein gebrochener Kreis im Menschen sich schließe und damit im Menschen die Fähigkeit des Anfanges geboren werde, die Seinsart des Logos: Im Urbeginn zu sein.

Es geschieht etwas mit dem menschlichen Leib im Sinne des »Fleisch-Werdens«. Die »Kinder Gottes« waren diejenigen, die unabhängig vom körperlichen Bewußtsein die im Menschen verborgene Gottheit erfahren haben: Aus ihr stammten sie, in ihr wurzelten sie, nicht im Geblüt, nicht im Wollen des Leibes, noch im Wollen des Mannes im Menschen, sondern in Gott. Der Logos wurde gerade zu dem »Fleisch«, in welchem für die Kinder Gottes keine Möglichkeit gegeben war, dies zu sein. Johannes schreibt über ihn: »Den wir mit unseren Augen gesehen – nicht im Schauen –, den wir betrachtet haben – im Schauen –, er bleibt derselbe, den wir mit unseren Händen berührt haben...« (1. Joh. 1, 1). Das ist der wesentliche, allerwichtigste Teil der Lehre: »Wer ist Lügner, wenn nicht der, der leugnet, daß Jesus der Christus ist?« (1. Joh. 2, 2). »Daran erkennt ihr den Geist Gottes: Der Geist, der bekennt, daß Jesus der im Körper erscheinende Christus ist, ist von Gott; und jeder Geist, der nicht bekennt, daß Jesus der im Körper erscheinende Christus ist, ist nicht von Gott: der ist vom Anti-Christ...« (1. Joh. 4, 2).

Daß die Gottheit in einen menschlichen Leib zieht; daß diese Verkörperung in einem unbedeutenden Dörfchen, fern von der vermeintlichen Bühne der Weltgeschichte geschieht; daß die im Körper lebende Gottheit die Schriftgelehrten, Priester, die Vornehmen meidet und mit den Armen, Kranken und Sündern in Gemeinschaft ist; und endlich, daß sie durch die schmachvollste Todesart den schwierigsten und bittersten Augenblick des Menschenschicksals auf sich nimmt: diese »Lehre« konnte nicht der damaligen menschlichen Phantasie entspringen; sie widersprach sogar völlig den menschlichen Vorstellungen, der allgemeinen Meinung, insbesondere der Meinung der Gebildeten. Sie war »ein Ärgernis« und »eine Torheit«. Sie widersprach gerade auch am meisten den Vorstellungen derer, die das Herabsteigen des Logos auf die Erde erwartet und vorhergewußt haben wie Saulus, wie die Pharisäer, die Schriftgelehrten. Auch die vielen sich christlich nennenden gnostischen Sekten haben gerade diese Lehre des Johannes zurückgewiesen.

Das Ich-Bin ist das Licht der Welt

Die Welt wird, wenn der Mensch sie erkennt, immer mehr inneres Leben, Vorstellung, Denken, ohne daß der Mensch dies bemerkt. Er glaubt, es mit Realitäten zu tun zu haben; obwohl er Realitäten doch nur mit geistigem Sehen begegnen könnte. So kommt es zu der irrtümlichen Vorstellung eines vom Erkennen unabhängigen Erkannten – eben der sogenannten »Realität«. Diese irrige Vorstellung beherrscht den Menschen, wie jeder Gedanke, den er annimmt, ohne ihn denken zu können. Auch der Gedanke einer äußeren Welt ist – wenn das Denken wahrhaftig ist, das heißt, sich selbst einbezieht – undenkbar. Darin besteht die Zauberkraft der »äußeren Welt«: sie zieht die Begierde, das Wollen an; es entsteht das Haften.

Aber eben das, was inneres Leben wird, was Gedanken, Bewußtseinsinhalt wird, das *wird* zugleich zur äußeren Welt.

Das Ich gestaltet sich im Wahrnehmen, im Erkennen der Welt gemäß, in nachahmender Bewegung. Aber wem gemäß? Diese Welt ist gerade das Ergebnis des Erkennens durch das Ich. Das Ich wird das Andere, die Welt: beide sind eins, sie werden zugleich.

Die Schritte der Urerfahrung sind: das Bemerken des Seins und das Wahrnehmen des Bemerkens – des Lichtes –, also daß das Sein Licht ist. Sein und Licht werden nur dem Ich-Bin gegeben. Hier ist die Welt, und ich bin – seiend –, das ist *die* Erfahrung: Licht – Ich-bin.

Das Sich-Wundern darüber ist der Anfang eines Weges, der autonomen Rückkehr zur ursprünglichen Nahrung, zum ungetrennten Sein, in welchem neben dem Licht kein anderes Sich-Nähern notwendig ist. Die Autonomie besteht in dem kontemplativen Charakter der Erfahrung.

Das Wahrgenommene ist für das Ich, die wahrgenommene Welt ist das Ergebnis des Wahrnehmens, und dieses Ergebnis ist für das Ich da. Im Ich ist die Wahrnehmungswelt, in die es sich gewandelt hat. Das Ich ist die Wahrnehmungswelt.

Diese Welt ist eine Ich-Welt.

Im Ich ist das Bild des anderen Menschen anwesend. Der Träger meines Ich ist der andere Mensch: er ist es, in den sich das Ich vollständig wandeln kann. Das Ich selbst ist unsichtbar, denn es ist das Sehende. Die Grundlage für das Sehen ist die Identität, nicht das Gegenüberstehen, nicht die Dualität, nicht die Unterschiedlichkeit; aber zunächst wird es nur auf solche Weise bewußt. Das Ich ist mit der Welt *zugleich* erfahrbar: im Sich-Aufschließen, Sich-Hingeben – im Überwinden der Hindernisse, die vor diesen Gebärden stehen. Das Ich ist erfahrbar in dem, was der Mensch *tut,* darin nimmt es teil, es geht mit. Die Willenstätigkeit ist auch Wahrnehmen, vielleicht vorausgehendes Wahrnehmen: Urbeginn. Das Ich lebt im Wahrnehmen, im Wollen. Für das Ich ist der Körper Welt, Wahrnehmung. Damit dies bewußt werde, ist der Leib notwendig.

Die Welt und das Ich: das ist *eine* Erfahrung.

Das Denken und sein Inhalt: das ist *eine* Erfahrung.

Das Fühlen des Anderen, die Liebe: das ist *eine* Erfahrung. Daß ich es *erlebe,* darin liegt das Ich.

Das Ich-Bin ist das Licht der Welt: Das ist die grundlegende Lehre gewesen und war zu jeder Zeit die Wurzel des menschlichen Daseins – mit unserer heutigen Sprache allerdings nur indirekt, annähernd ausgedrückt. Diese Lehre war in vorchristlicher Zeit nur im Schauen, durch Hintersichlassen der Erde, des Leibes, entgegenzunehmen, in der *einen* Erfahrung: Das Sehen war selbst die Lehre, das Sehen dessen, der das Ich-Bin ist, der das Licht ist. Sein Sehen war das Licht: daß sie ihn sahen, daß er sie sah, und daß beides Sehen eins war, ein Sehen von Angesicht zu Angesicht, ein Erkennen, »wie ich erkannt werde«. In dualistischer Form ist diese Lehre nicht möglich, weil sie dadurch verwirkt wird, ihre Schneide verliert. Daß sie heute in innerer Schau – Meditation – möglich ist, ist gerade das Ergebnis der ursprünglichen Lehre, die im Sehen gelebt hat. Ihr letztes Kapitel, ihre letzte Form ist das »Er ward Fleisch«. Als für die Menschheit die Möglichkeit des Sich-in-das-Licht-Hebens eingeengt wurde und dann verloren ging, war diese Lehre in der Form des Sehens nur mehr auf der *Erde,* in der Sinneswelt möglich: der Mensch mußte sie sehen. Daher: »Er ward Fleisch«, daher dessen Wichtigkeit. Die Kontinuität der grundlegenden Lehre mußte bewahrt werden.

Die Verkörperung des Logos hat für den Menschen die Möglichkeit gebracht, das Licht wahrzunehmen: Insofern der Mensch Wort wird, kann er in sich und dadurch überall das Licht sehen. Deshalb ist heute die grundlegende Lehre in Form der inneren Licht-Erfahrung möglich. Sie ist *eine* Erfahrung.

Wer alles im Spiegel sieht, auch sich selbst, der kann nicht und nichts vom Sehenden wissen. Er wird das Spiegelbild des Sehenden für sich selbst halten. Solange der Spiegel vollkommen und heil ist, kann er ihn nicht bemerken. Er kann den Spiegel bemerken, wenn dieser beschädigt ist. Dann kann er merken: das Sehen hat sich verändert. Daraus sind zwei Folgerungen möglich: Einmal: daß der Spiegel das Sehen hervorbringe, daß er dafür verantwortlich, der Ursprung des Sehenden und des Sehens sei; oder zum anderen, daß die durch den beschädigten Spiegel bedingte Veränderung des Sehens und auch die Beschädigung selbst von jemand gesehen, von jemand bemerkt werde. *Dieser* ist der Sehende, *dieses* Sehen ist vom Spiegel unabhängig, sonst würde er all dies nicht sehen, nicht bemerken.

Gerade dann, wenn der Mensch die Abhängigkeit seines Erkennens vom Leib bemerkt, könnte er durch das vom Leib unabhängige Licht aufwachen: er könnte die wahre Rolle des Körpers erkennen. Das kann zum Wendepunkt werden in der Geschichte des Ich-Bewußtseins: daß es nun wirklich Ich-Bewußtsein wird, nicht mehr vermeintliches Bewußtsein am Leibe. Diese Verwirklichung ist der wesentliche Schritt in der Arbeit des Ich-Bewußtseins zur Menschwerdung hin.

Wer die Welt im Spiegel sieht, dort wo er auch sich selbst sieht, kann das Licht nicht wahrnehmen, weil es *vor* dem Spiegel ist, dort, wo der Sehende ist, dort, wo die Welt ist: vor dem Spiegel und vor dem Spiegelbild. Wer den Spiegel bemerkt, nimmt auch den Sehenden wahr. Wer den Spiegel und den Sehenden entdeckt, hat auch das Licht gefunden, außerhalb des Spiegels. Auch den Spiegel vermag er nur durch dieses Licht zu sehen.

Ihm wird Erfahrung: die Welt ist Licht.

Wer das Licht sieht, lebt in ihm. Es gibt kein totes Licht, keine stehengebliebenen Strahlen. Wer im Licht lebt, lebt im Leben. Er ist nicht: er *wird* immer. Er lebt im wahren Sein, das *wird*: Er bringt die Menschenwirklichkeit hervor – im Licht. Der Mensch realisiert sich: er wird anwesend. Wer anwesend ist, sieht ohne Spiegel, nicht stückweise, sondern den Zusammenhang. Am Anfang ist der Zusammenhang, dann zerfällt er in konturierte Stücke – sowie erst Musik ist, dann Töne und Noten. Die Stücke können zusammengelesen werden, den Zusammenhang ergeben. Der lebendige Zusammenhang – das

Leben – offenbart den Lebenden: ein Zug im Gesicht. Die Züge hören im Sehen auf, Linien zu sein, sie gestalten sich zum Gesicht; der Mensch sieht nun von Angesicht zu Angesicht. Im Wiedererkennen des Angesichts – daß es Angesicht ist – die Vollkommenheit der Freude: das Lächeln des Wiedererkennens erscheint im Angesicht.

Der unverwesliche Leib

Der Irrtum war die nicht-erkennende Identifizierung mit dem Leib. Sie war notwendig, damit das Ich einen unbeweglichen Anker habe. Nur in der nicht-erkennenden Identifizierung mit dem Leib konnte der Mensch in der Welt Erkennender werden. Die Identifizierung hat den Leib sichtbar gemacht: seine bisher unsichtbare Form zerbrach, und die Stücke der zerbrochenen Form, die von der lebendigen Form noch so viel bewahrten, daß sie Qualitäten blieben, lagerten sich in die gebliebene Form hinein: so wurde der Leib mineralisch und sterblich.

Im Erkennen ohne Spiegel stützt sich der Mensch nicht auf den Körper, er berührt ihn höchstens. Die nicht-erkennende, auf den Körper eine Wirkung ausübende Identifizierung ist nicht mehr notwendig, der Mensch hat im Leib die Lektion der Unbeweglichkeit gelernt; er kann sich nunmehr unbeweglich verhalten, auch ohne die Trägheit der Mineralität. Jetzt kann die wahrhaftige Identifizierung mit dem Leib beginnen, seine erkennende Durchdringung und seine Herauslösung aus der Bindung an die Mineralität, die Wiederherstellung der reinen durchsichtigen oder unsichtbaren Form. Dazu dient der Tod im Menschendasein: immer wieder wird der Mensch durch ihn aus dem mineralischen Leib herausgelöst, bis er selbst dazu fähig wird.

Er wird dazu fähig, wenn das Ich in sich selbst beweglich wird: jeder Verwandlung fähig. Durch den mineralischen Leib wird das weitgehend gehindert.

Wer sich im Erkennen nicht auf das Leblose stützt, der braucht das Leblose nicht. Er vermag im Leben zu leben, nicht bloß auf Kosten des Leblosen. Wer im Leben lebt, nicht bloß als Parasit am Grab des Leblosen, der stirbt nicht, er wird nur verwandelt. Wer nicht stirbt, braucht das Leblose nicht, nur die wiederhergestellte wahrhafte Form des Leibes: einen lebenden und empfindlichen Leib, der zum Erkennen notwendig ist.

Auch im Mineralischen ist die Form des Leibes dort, wo die Mineralität endet. Die Form des Leibes wird durch die Ausgefülltheit beeinflußt, sie wäre anders ohne das Mineralische in ihr. Der Leib gewinnt seine reine und – da frei vom Mineralischen – unverwesliche Form zurück, wenn die Mineralität aus ihm herausfällt: wenn der Mensch sie losläßt.

Ist der Leib schon mineralisch geworden, so kann sich das nur durch den Tod verwirklichen. Im Tod läßt der Mensch die Mineralität los, gewöhnlich nicht bewußt und oft widerstrebend. Gewöhnlich bewahrt er nichts von dem Leib, nur das Erinnerungsbild seiner Struktur. Wenn das erkennende Bewußtsein den Irrtumsweg durchwandert hat, durchdringt es den Leib erkennend bis zu den Knochen, löst im Tod die reine durchsichtige Form des Leibes heraus und »aufersteht«.

Der Spiegel erlitt Schaden infolge seiner irrtümlichen Verwendung. Der Mensch vermag zunächst die Unversehrtheit des Spiegels wieder herzustellen; dann vermag er ohne Spiegel zu sehen, von Angesicht zu Angesicht, endlich vermag er den Spiegel zu erkennen und seinen undurchsichtigen Teil, den dunklen, spiegelnden Belag, überflüssig zu machen.

»Nicht alles Fleisch ist einerlei Fleisch, sondern ein anderes Fleisch ist der Menschen, ein anderes des Viehs, ein anderes der Fische, ein anderes der Vögel. Und es sind himmlische Körper und irdische Körper; aber eine andere Herrlichkeit, Ausstrahlung haben die himmlischen und eine andere die irdischen . . . Also auch die Auferstehung der Toten. Es wird gesät verweslich und wird auferstehen unverweslich« (1. Kor. 15, 39).

Das Ende des siebenten Tages

Die geschlossene Welt

Aus nichts wird nichts: das war der Gruß des alternden Robert
Mayer. Das Grundgesetz der Sinneswelt ist die Erhaltung des
Stoffes und der Energie: die Welt ist dadurch eingeschlossen,
alles ist gegeben, nichts Neues kommt hinzu. Das Gegebene
kann sich in neuen *Formen* wandeln. Diese Verwandlung wird
aber von dem zweiten Gesetz, dem der Entropie, wiederum
eingeschränkt: Einerseits: »Es wird aus etwas Gegebenem nur
immer etwas vermindert«. Energie geht bei der Umwandlung
immer verloren, wird zur Wärme, die die Tendenz hat, sich
gleichmäßig im Raum zu verteilen. Andererseits wird die Richtung der Vorgänge damit gegeben: sie geschehen – die ganze
Welt in Betracht gezogen – gerade in dieser Richtung, einer
gleichmäßigen Verteilung der Energie über die ganze Welt hin.
Das zweite Gesetz sagt mehr aus als das erste und macht dieses
dadurch fragwürdig. Nach dem ersten ist ein unendlicher Kreislauf möglich: Die Frage nach dem *Anfang* wird nicht berührt.
Das zweite Gesetz legt einen eindeutigen Ablauf fest, lenkt dadurch das Denken stark auf den Anfang hin. Die in der Zeit
abnehmende Konzentration der Energie weist in der anderen
Richtung auf eine maximale Konzentration im Anfang, auf ein
Stoff- und Energie-Konzentrat, das »explodiert« ist. Dieser
»Urknall« ist der Schöpfungsakt der Thermodynamik.

Die Sinneswelt klingt nicht nur inbezug auf die Energiever-
teilung ab, sondern auch inbezug auf das Leben. Es entstehen
keine neuen Arten – die vom Menschen ausgezüchteten können nicht als solche angesehen werden –: die alten aber entarten
und sterben aus. Es ist belanglos, daß das vielleicht zum Teil
durch die menschliche Tätigkeit verursacht wird; denn diese gehört zur geschlossenen Welt und stammt aus demselben Bewußtsein, aus dem auch dieses Weltbild hervorgeht, wobei
»Bild« und Welt nicht zu unterscheiden sind. Der Begriff der
geschlossenen Welt schließt den Begriff des Anfanges aus, weil
in der geschlossenen Welt bloß Fortsetzung möglich ist. Damit

ist auch das Bewußtsein ausgeschlossen, das denkende oder das Selbstbewußtsein. Ein sich fortsetzendes Bewußtsein kann nicht zum Stillstand gebracht werden, entwickelt kein Ich-Bewußtsein, kein sich selbst erfahrendes Licht.

Daher definiert die geschlossene Welt sich als die erkannte Welt mit Ausschluß des Erkennens, das sie erkannt hat, da Erkennen nur für ein Ich möglich und keine Fortsetzung sein kann, sondern einen Anfang haben muß.

Das Brennen

Die Biologie hält, treu den thermodynamischen Vorstellungen, die menschlichen und tierischen Lebensprozesse im Grunde genommen für eine Art Oxydation. Die anderen Vorgänge werden durch die ersteren möglich gemacht. Darüber hinaus ist das menschliche Sein als Verbrennungsprozeß anzusehen: der menschliche Ernergiebedarf wird fast ausschließlich aus Verbrennungsprozessen gedeckt. Der Mensch verheizt das Brennbare der Erde. Die Reduktionsvorgänge werden durch parallel laufende Oxydationsprozesse möglich gemacht, wie im Hochofen.

Der einzige irdische Reduktionsvorgang ohne kompensierende Oxydation ist die Assimilation der Pflanzen. Durch die Einwirkung des Sonnenstrahls werden dadurch aus Kohlensäure und Wasser – sonst Produkte von Oxydationsvorgängen im tierischen Körper und in der menschlichen Industrie – reduzierte Kohlenverbindungen und Sauerstoff produziert. Diese Fähigkeit der Pflanze schafft die Grundlage für alle Art »höheren« Lebens, in dem die Ergebnisstoffe der Assimilation verbrannt werden. Das Licht-Atmen der Pflanze ist ein Bild – Symbol – der ursprünglichen einheitlichen Nahrungs-Atmungs-Wahrnehmungsprozesse, der Urkommunion.

Die Pflanze hat kein empfindendes Bewußtsein, es geht kein fortdauernder Todesprozeß in ihr vor. Nur in der Dunkelheit »brennt« die Pflanze, atmet, wie das Tier.

Der Aufbau des Organismus findet durch Reduktionsvorgänge statt, die bei der Pflanze dominieren, beim Tiere größtenteils durch Verbrennungsprozesse zugedeckt sind. Der Aufbau ist in jedem Organismus eine *Formbildung*. Das Leben als Erhaltungsprinzip aufgefaßt, bedeutet *Erhaltung der Form* durch den Wechsel der sie ausfüllenden Stoffe, unabhängig von der Form der Nahrung und auch – wie an der Pflanze klar zu sehen ist – Erhaltung der Form über Werden und Vergehen des Individuums hinaus: Die Form *bleibt* gegenüber allen Variationen, Einwirkungen, Umständen: Form ist Idee. Ohne Form gibt es kein Leben. Die Form aber geht in das energetisch-kalorische Weltbild nicht ein; durch die Verbrennungswärme wird sie nicht ausgedrückt, und die Wahrscheinlichkeit »Entropie« erfaßt die Form eines einfachen Pflanzenblattes nicht, sie ist vielmehr völlig unwahrscheinlich.

Die Form ist Idee. Idee bedeutet: Anfang. Eine Idee kann nicht aus anderen Ideen abgeleitet noch erklärt werden: auch ihr Verstehen fordert einen Anfang.

Das Brennen zerstört die Form: im Tode die Form der Leiche, im Lebenden die wirkende, das Materielle organisierende und bewegende Idee.

Der Mensch brennt und verbrennt um sich herum die Welt. Er zerstört das Leben durch sein Bewußtsein, das auf das Brennen gegründet ist.

Das Ende des Sonntags

Der Mensch konsumiert verbrennend die Geschenke der Erde. Er schafft nichts hinzu, er kombiniert nur die gegebenen Stoffe, und das macht auch Verbrennungskosten. Andererseits hinterläßt diese Tätigkeit Schlacke, wofür die Erde jetzt schon zu eng zu werden scheint. Ihre Fruchtbarkeit, ihre Vorräte an Heizstoffen, an Metallen, an Wasser, Luft, ja, die ganze Erdenoberfläche sind im Erschöpftwerden. Die gefährlichste Schlacke ist die Atomenergie, von der man die Lösung der Energieprobleme erhofft.

Obwohl der Mensch arbeitet – anscheinend immer weniger – lebt er von den Geschenken der Erde: ein Sonntagsdasein. Er möchte immer weniger arbeiten und immer bequemer leben. Diese Arbeit geschieht für das Wohlsein und für die Bequemlichkeit des Körpers, für nichts anderes; sie ist kein Anfang, sondern Konsequenz und gehört in die geschlossene Welt. Der Mensch »beginnt« nur in der Kunst, und in den reinen Wissenschaften; er hat aus der Tatsache, daß er weiß: ich habe ein Sehen, ein Denken, ein Erfahren, noch nicht die Folgerungen gezogen. All dies ist ihm nicht nur eigen, sondern er weiß darum: deshalb wird es Denken, Erfahren, Sehen genannt. Der

Ort des Anfangs wäre dort, wo er innerhalb dieser Gegebenheiten etwas *beginnt*, weil mit ihnen alles andere begonnen werden kann.

Die Gaben werden bald verbraucht sein, die Erde wird in jeder Hinsicht eng, das Sonntagsdasein neigt sich dem Ende zu. Es wird alles verbraucht. Letztlich hilft keine Geschicklichkeit, Aufarbeiten der Abfälle, kein technischer Trick: die Gesetze der geschlossenen Welt werden gültig. Es gibt keinen Ausweg aus dieser Welt durch ein Denken, das selbst den Stempel der Geschlossenheit trägt: durch das dialektische Denken, mit seinen ausgehenden Intuitionen, mit seinen zunehmenden Anwendungstechniken. Der Ausweg liegt im Anfang. Zunächst sucht der Mensch ihn in der bisherigen Richtung: er bemerkt es nur nicht – dazu ist er nicht genügend logisch –, daß er sich innerhalb der geschlossenen Welt weiterbewegt.

Der siebente Tag

Die Schöpfungsgeschichte beginnt mit der Erwähnung des Anfanges. Die Gottheit schafft durch Sprechen, *fängt* immer wieder *an*. Sprechen ist Anfang. »Und also vollendete Gott am siebenten Tag seine Werke, die er machte, und ruhte am siebenten Tage von allen seinen Werken, die er machte. Und Gott segnete den siebenten Tag und heiligte ihn, darum, daß er an demselben geruht hatte von allen seinen Werken, die Gott zu schaffen begonnen hat.« (Text der Septuaginta).

Da in der Welt von nun an kein Anfang, kein Schöpfer mehr ist, ist alles – wenigstens prinzipiell – berechenbar. Die Welt wurde von der schaffenden Gottheit verlassen, sie ist daher eine vergangene Welt, die ihr entsprechende Erkenntnisart ist die des gespiegelten Bewußtsein. Damit ist nur die Vergangenheit erkennbar: das Berechenbare. Was im voraus zu berechnen ist, gehört zur Vergangenheit. Die geschlossene Welt ist der siebente Schöpfungstag, wo nichts mehr geschaffen wird, wo – von der Gottheit her – kein Beginn geschieht.

Was berechenbar ist, soll berechnet werden, dazu ist es da. Die Berechnung, insofern sie genau ist, d. h. alles in Betracht zieht, wird das Ergebnis der berechenbaren Welt zeigen: »die Pleite«, das Eingeständnis, daß es so nicht weiter geht. Alles geht aus, die materiellen wie die ethischen Güter. Die Familie z. B. ist zerfallen, man versucht sie durch Institutionen zu ersetzen. Aber bei deren Zustandekommen wirkt dieselbe Mentalität, die zum Zerfall der Familie geführt hat. So lange sind sie möglich, als es opferwillige Menschen gibt – der Mentalität entgegen; doch die Mentalität wird auch sie eingehen lassen.

Die Schlange hat gelogen: der Mensch wurde nicht wie ein Gott; er wurde nicht einer, der im voraus von Gut und Böse weiß – was allein sinnvoll gewesen wäre –, sondern erst nachträglich im Erleiden des Bösen. Und vor allem bekam er nicht die Fähigkeit zum Anfang, die eigentliche Tugend der Gottheit. Darauf wurde er nur vorbereitet. Erst viel später bekam er den Keim dieser Fähigkeit, samt der Möglichkeit, geheilt zu werden: die Charis, die Fähigkeit zum »umsonst« Tun, ohne Zielsetzung und Ursache, d. h. aus Liebe. Die Gabe selbst dieses Tuns kann keine »Gabe« sein: sie muß selbst Beginnen sein: sie ist der Anfang selber. Die Arbeit »im Schweiße deines Angesichts« gehört zum siebenten Tag, sie ist kein Anfang, weil sie für den Körper, für das Geschaffene getan werden muß.

Anfang des Anfangs

Das Bewußtsein ist noch kein Anfang, der Mensch erhält es wie sein Atmen. Erkennen ist kein Anfang, der Mensch hat es bekommen wie sein Verdauen. Bewußtsein in sich ist: Welt, Bild, dies, das; noch nicht: Welt *ist*. Bild *ist*. Das Bildbewußtsein *weiß* noch nicht von den Bildern – nur wir sprechen von ihnen. Das Bildbewußtsein schaut sich nicht an, es ist kein »Erkennen« in ihm. Erkennen gibt es, wenn wir wissen, daß es ist. Deshalb *ist* heute Erkennen da; der Mensch weiß es. Das ist auch noch kein Anfang, nur die Möglichkeit dazu. Der Mensch aber lebt so, als wüßte er nicht, daß es Sehen, Denken, Erfahren gibt. Er lebt wie im alten Bildbewußtsein, als ob es kein Selbstbewußtsein gäbe.

Wenn der Mensch das Erfahren ernst nehmen würde, es überhaupt als eine selbständige Entität bemerkte und es nicht als einen Mechanismus, d. h. als Teil des Erkannten ansähe, so gelangte er sogleich zur Geisteswissenschaft. Er würde das Erkennen zum Objekt des Forschens machen, und dazu müßte er das gespiegelte Denken überschreiten. *Das* wäre Anfang, denn es folgt aus nichts: es ist ein Schöpfen aus dem Nichts. Nichts zwingt dazu. Das Erkennen oder das Selbstbewußtsein trägt diese Möglichkeit in sich, einfach dadurch, daß es *ist:* der

Mensch erreicht für einen Augenblick die Kontemplation seiner Bilderwelt – alles ist Bild; zwar weiß er, daß es ein Erkennen gibt: er unterscheidet sich von den gegebenen Bildern, aber er schaut ihr Gegebenwerden nicht. Ihr Gegebenwerden ist also übersinnlich. Das Ichbewußtsein entzündet sich am Erkannten, am Sich-von-ihm-Unterscheiden. Wenn das Ich etwas nicht verfolgt, in ihm nicht bewußt anwesend ist, so erscheint dieses als objektive äußere Tatsache, als äußere Realität. Weil der Vorgang des Wahrnehmens vom Ich nicht verfolgt wird, mißt der Mensch der Wahrnehmungswelt Realität, Sein bei. Da es aber erscheint, erscheint es dem Ich: das Ich ist immer darin anwesend, aber überbewußt, nicht bewußt. Und daher erscheint es als eine vergangene Tatsache für das Ich, dessen Bewußtsein – als Ichbewußtsein – sich am *Erkannten* entzündet.

Weil er das Erkennen nicht erlebt – nur das Erkannte – und ihm daher kein Sein zugesteht, bemerkt der Mensch nicht, daß das Sein – das der Welt wie sein eigenes – im Erkennen beginnt. Oder eher: es *endet* im Erkennen, im Erkannten. Was wir heute das Sein nennen, ist die erkannte Welt. Wir halten sie für das Sein, aber nicht für ein Erkanntes, nicht für Begriff, Vorstellung, Wahrnehmung, sondern darüber hinaus, gerade für das in ihr, was nicht erkannt wird, was in der Gegenwart des Erkennens liegt, nicht in seiner Vergangenheit: in dem, worin wir mit der Welt zusammen *schlafen*. Die Gegenwart des Erkennens, ihr Prozeß – das nie erfahrene Gegebenwerden des Erkannten – das ist wahrhaftig das Sein. Die erkannte Welt ist der letzte gebrochene Wellenschlag des Seins. Bis dahin ist der Mensch ganz eins mit dem Sein, ein Stück von ihm: im Erkennen trennt er sich von der Welt, im Erkennen stellt er sich ihr entgegen: sie wird Objekt, er Subjekt; Objekt und Subjekt des Weltenprozesses, des Erkennens. Hinter oder über der erkannten Welt, der Welt des gespiegelten Bewußtseins ist der Mensch identisch mit dem Sein, und dieses Sein ist der Prozeß des Erkennens. Das Sein ist nicht die Vergangenheit – das Erkannte –, sondern das Sein *wird*. Aus diesem Sein wurde der Mensch ausgeschlossen, als das Bild der geschlossenen Welt auftauchte und er sich seitdem zur geschlossenen Welt zählte, weil er keine Erfahrung vom Gegebenwerden – vom Bilde – der geschlossenen Welt hat. Daher wird das Erkennen – der Keim des Menschseins – nicht zum Seins-Begriff des gespiegelten Bewußtseins gerechnet –, es steht außerhalb: die Realität scheint vollständig zu sein ohne das Erkennen – das doch z. B. diese Behauptung aussagt –, und es scheint nichts zu ihr beizutragen. Jenes Erkennen, das der Mensch heute kennt, ist tatsächlich so beschaffen. Aber das Gewicht des Seins – der Realität – kennt der Mensch nicht aus dem gespiegelten Erkennen, sondern aus dem Rest des unmittelbaren Erkennens – wie das unzurückführbare Erfahren des Ich, der Evidenz, oder des Nicht-Ich. In jedem Erkennen blitzt, ohne bemerkt zu werden, der Anfang auf und erlischt. Der Mensch kann ihn bemerken und, indem er ihn bemerkt, erfahren.

Was gehört dem Menschen?

Der Mensch ist nicht Herr seiner Lebensprozesse, noch seiner Gefühle und nicht seines Körpers. Er kann nur »Ich« sagen im gedachten – vergangenen – Denken. Er kann an seinem Wahrnehmen nichts ändern: er ist auch im Wahrnehmen kein Ich. In alledem ist er ein empfangendes Wesen, nicht er schafft seine Wahrnehmungen. Er ist an einem einzigen Punkt in Berührung mit dem Sein: da wo er »Ich« sagt. Das ist seine einzige Seinserfahrung. Alles andere Erfahren mißt er an dieser: das des Anderen, das der Evidenz. Auch diese punktmäßige Berührung mit dem Sein ist kein Anfang, nur seine Möglichkeit, der Grund alles Erkennens.

Erkennen ist nur für ein Ich möglich. Das »Erkennen« der Tiere wird nur vom Menschen so genannt: es ist ein Naturgeschehen. Das Verhalten des Tieres vor dem Sturm ist *eins* mit dem Sturm; die Geschichte des Löwen und seiner Beute ist *ein* Geschehen. Als der Mensch den Begriff des Erkennens noch nicht kannte, war auch sein Bild-Erkennen – ein Naturgeschehen. Es gibt nur Bild: ohne einen Sehenden, ohne Sehen, ohne Gesehenes und ohne das, von dessen Bild die Rede ist. – Aber es lag darin auch das Gegebenwerden der Begrifflichkeit – was wir *heute* Begriff nennen: der Mensch konnte ja immer aussprechen, was er sah. Wort und Bild waren identisch, folglich auch Wort und Begriff. – Heute ist dem Menschen der Anfang am ehesten in den Künsten zugänglich. Diese bilden die Vorgeschichte des Erkennens ab, sie sind Versuche, diese vorangegangenen Prozesse zu vergegenwärtigen, d. h. Versuche, das Sein abzubilden. Sie sind nicht Erkenntnis dieses Vorbewußten, sondern ihr Ausdruck in der Sprache der Wahrnehmung. In der Musik hören wir *vor* das Erklungene hin; besonders beim aktiven Musizieren, sonst könnten wir nicht verwirklichen, was wir nur später hören. Beim Malen sehen wir *vor* das Gesehene, sonst wäre das Bild nichts als dessen Reproduktion, Wiedergabe eines Fertigen. Aber es ist nie Reproduktion, immer Aktion – Aktualität. Das Darstellen des Sehens, Hörens, Tastens oder das Darstellen der Schicksalsbildung, des Charakters. Was wir sonst nicht hören, das hören wir in der Musik; was wir sonst nicht sehen – das Sehen – das malen wir. Daß es dies gibt, bezeugt, daß der Mensch sich mit dem Sehen beschäftigt, es existiert für ihn nicht nur das Gesehene, das Gehörte. Der Büffel, an die Höhlenwand gemalt, ist wahrlich Magie: die Magie der Trennung von Mensch und Bild, Trennung des Menschen von der Welt: Die Geschichte des Menschen und des Büffels hört auf, *ein* Geschehen zu sein. Der Mensch *schaut das Geschehene*.

Das Sein: wird. Es *wird* immer, im Werden ist es Sein, im Anfang. Die ganze Welt ist heute berechenbar, *ohne Anfang,* ausgenommen der Mensch. Gerade, insofern er Mensch ist, ist er unberechenbar; insofern Gattung, berechenbar. Mensch wird genannt, von dem nur *einer* ist, ein einziger: der Mensch als erkennendes, schaffendes, anfangendes Wesen: als liebefähiges Wesen. Liebe, wenn sie Grund oder Ziel hat, d. h. »folgt«, ist keine Liebe. Auch dann nicht, wenn sie »schicksalhaft« ist. Sie hat Sinn nur als *Urbeginn,* als erste Bewegung, sonst ist sie Folge, Reaktion, atmet nicht aus Freiheit.

Im Erkennen, in der Kunst, in der Liebe lebt das Sein weiter, der Keim des Anfangs – der Schöpfung aus dem Nichts – zeigt sich im Menschen. Als die Götter am siebenten Tag das Beginnen beendeten, haben sie den Keim des Urbeginns in den Menschen gesetzt. Die Götterdämmerung ist das Morgenrot der menschlichen Schöpfung. Im Menschen lebt das Sein weiter.

Die Fähigkeit des Urbeginns wird in der christlichen Lehre »Charis« genannt, d. h. Gnade. Sie drückt die Ursachen aus und die Ziellosigkeit, die Wahl, das »umsonst«, gratis – und zugleich das Rückstrahlende, den Dank oder Dankbarkeit. Diese Fähigkeit kann sinngemäß nicht gegeben und nicht empfangen werden; sie zu erreichen muß selbst Anfang sein. Darauf beziehen sich in den Anfangsversen des Johannes-Evangeliums die Worte, die auf das Erfassen, Auffassen, Annehmen hindeuten: lambanein; d. i. wir nehmen und empfangen.

Wenn der Mensch den siebenten Tag, an dem er aus Eden vertrieben wird, fortsetzt, so wird er auch von der sinnlichen Erde vertrieben. Das Verlieren von Eden, d. h. der Erde des lebendigen, gegenwärtigen Erkennens, ist eine Bewußtseinsumwandlung, die im Bewußtwerten ihrer Richtung als *Fall* ausgesprochen wird. Durch weitere Bewußtseinsumwandlung wird der Mensch in eine untersinnliche Welt vertrieben, wenn in ihm die Fähigkeit des Anfangs nicht rechtzeitig reift. Die Symptome der untersinnlichen Welt sind schon da: das nur sinnliche Weltbild, das atomistische Weltbild – aus Teilen wird das Ganze –, die Idee der von unten nach oben gehenden natürlichen Entwicklung, das Ding an sich und sich daran anschließend weitere Arten des Unterbewußtseins, – konzipiert als Fundament, das Identifizieren von Denken und Assoziieren, das Heruntersinken der höheren Erkenntniskräfte zu egoistisch-instinktiven Impulsen, das dialektische oder abergläubische »Auffassen« der Geisteswissenschaften zu legitimieren. Die äußeren Zeichen des Verlierens der Erde sind der Umweltschutz, die Sorgen um die Überbevölkerung, um das Ausgehen der Energie und der Rohstoffe: all das könnte wirklich ein Beschützen der Erde bedeuten, wenn es bewußt wäre, daß ohne eine *Bewußtseinswandlung* die Lösung dieser Probleme ebensowenig möglich ist wie das Anhalten der Kapitalexpansion, das für die Vermeidung der allgemeinen Katastrophe erforderlich ist.

Es ist eine untersinnliche Welt, in der eine Teilerscheinung als Ganzes angesehen und behandelt wird.

Verlieren der Erde ist es, daß der Mensch aufhört Mensch zu sein, daß er eine zwischen Mensch und Tier liegende Daseinsform »wählt«. Eigentlich hat ernsthaft fast noch niemand ausgesprochen, wer der Mensch ist.

Der achte Tag

Der siebente Tag ist zu Ende. Wenn der Mensch nicht in den achten eingeht, verwirklicht sich dessen niederes Spiegelbild: er verliert die Erde, wird von ihr vertrieben. Achter Schöpfungstag ist es, wenn der Mensch *beginnt,* zu schaffen anfängt. Diese Schöpfung liegt in der Richtung der schon erreichten – und noch nicht verlorenen – Anfangsbewegung des Erkennens:

sie ist die Verlängerung des intuitiven Augenblicks und damit sein Erfahren; oder auch: die Erfahrung der Gegenwart anstatt der Vergangenheitswelt. Der Mensch schafft dadurch die Welt der Gegenwart, die Weisheit der Gegenwart. Die Weisheit der Vergangenheit ist die Erkenntnis der Gesetze der geschaffenen Welt; die Weisheit der Gegenwart ist die »geistige« Erkenntnis, die Erkenntnis dessen, was dem gewöhnlichen vergangenen Erkennen vorangeht: sein durchlaufener Prozeß.

Die Weisheit der Zukunft ist die Liebe. Heute ist der Ort des Anfangs das menschliche Ich. In der Welt des schaffenden Ich ist die Weisheit Liebe. Keine Vergangenheits- oder gar Gegenwarts-Weisheit vermag hier die Harmonie zu stiften, weil sie nicht mit der Möglichkeit des Anfangs – mit dem Beginnen des Anderen – rechnet. Die Liebe ist Weisheit, die den Anfang in Betracht zieht, nicht aufgrund einer Gesetzmäßigkeit aus der Vergangenheit her, sondern selbst aufgrund des Anfangs. Sie versteht im voraus, bevor daraus Vergangenheit wird – wie das Verstehen der Liebenden unter sich.

Die verkörperte Weisheit heißt Anpassung. Die Weisheit zu erreichen, sie zu erkennen, bedeutet auch Anpassung: Nachahmung und das Anhalten der nachahmenden Gebärde. Sie strahlt auf einer höheren Bewußtseinsstufe als Erkenntnis auf. Die lebende Pflanze ist lebendiges Wort, Form, die aber nur in ihrer Lebendigkeit bestimmt ist, nicht auf der Ebene der Erscheinung: der Ausfüllung mit Mineralität. Die »Anpassung« des Tieres ist innere Empfindung und Bewegung. Die des Menschen ist Liebe: Anpassung an das, was *nicht ist,* weder als Mineralität, noch als Leben, noch als Empfindlichkeit: es ist noch ganz im Anfang.

Schöpfung ist Liebe. Die Gottheit hat in sich den Platz frei gemacht für die Schöpfung, bevor diese war – dadurch *wurde* sie –: die Gottheit hat nicht sich selbst gedacht. Man kann *sich* nicht denken. Liebe ist das Anhalten des geistigen – gegenwärtigen – Erkennens. Gegenwartserkennen ist Anhalten des gewöhnlichen Erkennens. Liebe ist individualisierte Weisheit: individualisiert im Subjekt, in Zeit und Raum.

Die Liebe bedarf der Seele, der Grenze der Seele, damit sie trotz der Getrenntheit in die sinnliche Welt eintreten kann: als das Übermaß, das die Vergangenheit, alles bisherige, überwindet und das nicht Fortsetzung bedeutet. Sie geht unmittelbar aus dem Ich hervor, läßt alle Berechnungen außer Betracht, überschreitet jedes Gesetz und verwirklicht es *so*, sie schafft neue Gesetze. Nicht nur, daß die Liebe keine Zielsetzung und kein »Warum?« hat, – in der Anpassung an das Nicht-Existente, an das Noch-nicht-Seiende, das auch keine »Aussicht« hat zu sein, ist die Liebe *trotzdem:* trotz allem, was rational, sinnvoll-begründet ist, trotz allem, was aus anderem ist als aus Liebe. *Dies* ist das neue Gesetz: »wie ich euch geliebt habe« – trotz allem.

Diejenigen, die irgendwann etwas »angefangen« haben, haben es alle *trotzdem* getan: trotz allem. Es ist möglich, daß sie seinerzeit so gefühlt und es auch so ausgesprochen haben: »Hier stehe ich, ich kann nicht anders«; diejenigen, die heute etwas aus Liebe für das Licht unternehmen, können jedenfalls sagen: »Hier stehe ich, ich könnte auch anders.«

Liebe ist Bewußtsein des Handelns für den Anderen, nicht für mich selbst. Die Menschheit könnte sich eines Tages dazu entschließen, zum gegenseitigen geschenkten Vertrauen: von allein wird das sicherlich nicht kommen. Wenn man es nüchtern erwägt, hat die Verwirklichung des Liebes-Bewußtseins gegenüber dem Ego-Bewußtsein – dem Bewußtsein des Für-mich-Handelns, Für-mich-Denkens – kein Körnchen Chance. – Jedoch eben das Erwägen kommt aus dem Ego-Bewußtsein, und sein Ergebnis, das »Nein«, ist Ego-Bewußtsein. Gerade das ist zu überschreiten: das Abwägen, die »Gründe«, die zur Vergangenheit gehören und aus denen auch in Zukunft nur Vergangenes kommen kann; mit ihnen *bleibt* die Vergangenheit. Erwägungen müssen schweigen, wenn ich Liebe geben will: man kann sie nur geben wollen, nicht bekommen oder erwarten. Die Erwägungen haben ihre Rolle beim »Wie?«, nicht im Entschluß.

Wahrheit und Liebe

Das Tier benimmt sich weise in seiner natürlichen Umgebung. Diese Weisheit ist instinktiv, sie ist keine *Wahrheit* – das Tier hat keine. Der Mensch ist in seinem Erkennen nicht instinktiv, er kann sich der Weisheit gegenüberstellen; sie ist außer ihm, er sieht sie und erkennt sie als Wahrheit. Wie im Tier die Weisheit instinktiv wirkt, so ist im Menschen die Liebe zur Zeit überwiegend instinktiv, der Mensch *will* nicht, vielmehr fühlt er, wenn er liebt. So verschieden die tierische »Weisheit« von der menschlichen ist, so grundlegend könnte und kann der Charakter der Liebe sich ändern. Wie die Wahrheit des Menschen aus dem Selbstbewußtsein hervorgeht, so könnte die Liebe durch Selbstbewußtsein auf höherer Ebene zu einer vollbewußt-gewollten, durchsichtigen Tätigkeit werden.

Das Suchen nach der Wahrheit – die menschliche Weisheit – ist die Vorschule der Liebe. Nicht nur, weil sie das »Wie« der Liebe ergibt, sondern durch das Zustandekommen des Erkennens verwirklicht sich zum ersten Mal die Fähigkeit zum Anfang. Der Mensch muß sich aufgeben im Erkennen, damit die Welt sei, er muß sich aufgeben um des Anderen willen, das nunmehr und ursprünglich kein Anderes ist.

Er gibt sich auf im Erkennen: damit wird er unberechenbar; er wird es, der berechnet. Er wird unerschöpflich: aus ihm wird geschöpft. In der Liebe gibt er sich im *Willen* auf, damit er dem *Anderen* gemäß wolle – mit erkennendem Willen. Er wird zur Quelle auch im Wollen, unerschöpflich, nicht aus Anderen sich nährend.

Nur das Suchen nach der Wahrheit, der Kultus des Erkennens kann für den Menschen und für die Menschheit Harmonie bringen: nicht meine Wahrheit, mein Erkennen, sondern die Wahrheit und das Erkennen: nicht ich, sondern der Logos im Erkennen. Nur der Dienst des Lichtes ermöglicht den Frieden, indem die Kraft des Ego sich zur Kraft des Erkennens wandelt.

Das Suchen nach der Wahrheit erzieht zum Überwinden der Egoität. Das ist kein Kampf, sondern *Durchschauen*. Dieser Sieg öffnet den Weg zu der menschlichen Schöpfungskraft, zu der Liebe. Dazu ist der Kultus der Wahrheit nötig, damit der Mensch nicht dem Ego gemäß, sondern der Wahrheit gemäß liebe. Diese Wahrheit ist gar nicht erkennbar für das Ego; ihm würde man sie umsonst mitteilen. »Ihr werdet die Wahrheit erkennen, und die Wahrheit wird euch frei machen«, – und die Wahrheit wird euch zur Liebe hinführen. Wo die *Aletheia* verwirklicht wird, kann die *Charis* erscheinen. Die Gebärde des Suchens nach der Wahrheit ist schon die Gebärde der Liebe, das Aufgeben von »ich« und von »mein«. Es geschehe nach deinem Willen. Jede hinnehmende Gebärde – nicht um meinetwillen – ist die Gebärde der Liebe. Die Liebe zur Wahrheit ist daher der Grund aller Liebe.

Menschen, die nicht auf ganz kurze Frist »praktisch« gedacht haben, wurden von denen, die für Minuten denken, in jedem Zeitalter für abstrakte Träumer oder utopistische Schwärmer gehalten; ebenso solche, die nicht in ihrem eigenen oder im Interesse ihrer nächsten Umgebung dachten.

Der Ausdruck »Konsumgesellschaft« hat in dem Sinne, in dem man ihn üblicherweise versteht, keine Berechtigung. Es gibt heute keine Gesellschaft, die das Interesse der Konsumenten vor Augen hat, vor allem auch deshalb, weil ihre Interessen von niemand erkannt, noch erforscht werden.

Was man heute Konsumgesellschaft nennt – der Ausdruck selbst bedeutet eine den Konsumierenden verführende Reklame –, ist in Wirklichkeit eine an Warenüberfluß leidende Gesellschaft. Im Interesse des Profits, nicht des Konsumierenden wird produziert, und die Ansprüche des Konsumierenden werden im Interesse des Profits gelenkt und manipuliert.

Dieser Konsumgesellschaft steht eine an Warenmangel leidende Gesellschaft scheinbar gegenüber, in der das Produzieren – im Prinzip – geplant geschieht. Der Plan wird nicht von den Konsumierenden verfaßt. Er zieht alle Bedürfnisse des Staates in Betracht, unter anderem auch die Konsumierenden, soweit das unter den Umständen möglich und politisch unumgänglich ist. In beiden Systemen haben gerade die Konsumenten am wenigsten das Wort, wenn es sich um das »Wie« des Wirtschaftslebens handelt; auch deshalb, weil sie als Konsumenten unorganisiert sind. Dasselbe kann auch, je nach dem Maße der offenen oder verborgenen Manipulation, in bezug auf andere Gebiete des Lebens gesagt werden.

Konsumierend aber ist heute jede Gesellschaft in dem Sinne, daß sie die Güter der Erde konsumiert, im allgemeinen mit minimaler Rücksicht auf deren Vorräte, ohne zur Erde etwas hinzu zu schaffen. Offensichtlich liegt es im Interesse von Interessenten innerhalb der Gesellschaft des Warenüberflusses, die Ansprüche des Menschen fortwährend zu steigern und immer neue Ansprüche zu züchten. Es ist heute schwierig, den natürlichen und den im Interesse des Konsumierens hochgezüchteten Anspruch zu unterscheiden. Das ständige Steigern der Ansprüche, die immer neuen Grade der Unzufriedenheit und wiederum neuen Ansprüche: das ist der Kreislauf des Ego-Bewußtseins, das Konsumieren um des Konsumierens willen.

Das Ego-Bewußtsein ist die Basis beider Gesellschaften: die Zugänglichkeit der materiellen Güter ist fast das alleinige Maß in der Beurteilung der Systeme; die Einschränkung der »persönlichen Freiheit« geschieht meistens unter dem gleichen Gesichtspunkt: die Freiheit des Menschen im Kerker des Ego-Bewußtseins, wo keine wahrhafte Freiheit möglich ist; wo auf der einen Seite die größere »Freiheit« keineswegs eine kleinere Gefahr für das wahre Wesen des Menschen darstellt als auf der anderen Seite die *eingestandene* Beschränkung der Bewegung, der Orientierung und der Mitteilung. Es gibt nicht mehr freie Menschen im Westen als im Osten.

Freiheit *ist* nicht, Liebe *ist* nicht, wenn ich unter *ist* das verstehe, wie ein Haus oder ein Hundehaus *ist*. Aber Freiheit und Liebe sind Sache des Entschlusses, samt dem Vertrauen: von morgen früh oder von diesem Augenblick an wären sie aus gemeinsamem Entschluß zu verwirklichen. Wenn ein jeder von sich aus für die Befriedigung der Ansprüche von anderen arbeiten würde, warum sollte er deshalb weniger oder weniger effektiv arbeiten? Im Gegenteil, wieviel an Energie und Aktivität könnte erspart, auf Nützlicheres verwendet werden, was gegenwärtig im *eigenen* vermeintlichen oder realen Interesse verfließt.

Die Revolution der Liebe

Die Erde ist *eine Ganzheit*. Erden-Bewußtsein ist Liebe-Bewußtsein. Im Menschen ist heute nicht das Licht des *ganzen* Menschen wirksam, sondern das Licht seiner einzelnen Teile, z. B. des Magens oder sonst irgendeines Gliedes. Er lebt nach einem Teil-Bewußtsein. Teil-Bewußtsein enthält nicht das Licht, sondern immer nur *etwas*. *Etwas* wird im Bewußtsein, wenn das Bewußtsein nicht kontempliert: das Erkennen wird nicht erfahren. Außerhalb der Kontemplation bleibt etwas verborgen, weil ich nicht *sehe,* sondern *etwas* sehe. Das Gegebenwerden und immer weiteres Gegebenwerden bleibt außerhalb: immer mehr entsteht, was *ist,* wofür es kein adäquates Erfahren gibt: Es wächst die Dunkelheit der Welt. Das Teil-Bewußtsein haftet am Teil-Bewußtsein. Der Teil will sich seiner Natur nach erhalten – aus dieser Kraft wurde er Teil –, daher ist notwendigerweise Disharmonie zwischen den Teilen. Teil ist, was sich vom Ich entfremdet hat, was nicht in der Gegenwärtigkeit des Ich steht. Deshalb ist »der Gedanke des Körpers der Tod«. Der Körper ist von vornherein Teil und besteht aus Teilen. Der Teil besteht immer aus Teilen: die Kraft seines Entstehens setzt sich in ihm fort.

Das Sich-Fühlen des Menschen hat teilhaften Charakter, ist Eigen-Tendenz: der Mensch ist herausgerissen aus der Welt, aus dem Sein, mit dem er durch Erkennen, nicht aber durch die Eigenheit verbunden ist. Das Herausgerissenwerden war notwendig für eine Zeit, damit das Erkennen und dann die Liebe zustande komme: heute bedeutet es Krankheit und Anachronismus.

Was nicht Dienst ist, ist Eigenheit, Teil, Einzelheit, die anstatt des Ganzen regieren will. Was Teil-Charakter hat, gehört nicht zur menschlichen Ebene. Was nicht menschlich ist, entspricht nicht der Erde. Was sich nicht aufgibt, ist Erkrankung an der Wirklichkeit der Erde.

Die Welt spricht – das ist der Wille der Offenbarung –, damit der Mensch sie erkenne; damit der Mensch völlig dieses wolle: das vollständige Erkennen. Dein Wille geschehe. Der Mensch vermag die Welt zum Lichte zu wandeln – *terra lucida* der Manichäer – und er kann das Licht, das in der Finsternis aufstrahlt, erkennen. Daß der Mensch das tue, ist der Wille des Seins, Dienst des Menschen, Urbeginn, Anfang der Liebe: der achte Tag.

Was im Menschen wirkliches Erkennen ist, wandelt ihn. Was ihn nicht wandelt, ist kein wahres Erkennen.

Es kann heute nichts anderes als das Erkennen den Menschen umwandeln, weil das Subjekt des Selbstbewußtseins der *erkennende* Mensch ist.

Die Tiefe des Erkennens wird durch seine umwandelnde Kraft angezeigt. Entsprechend den Graden der Tiefe des Erkennens entäußert sich der Mensch der künstlich hochgezüchteten Ansprüche, des gesteigerten Verbrennens – d. h. des Sich-Fühlens –, bis hin zum verminderten Sauerstoff-Verbrauch in seinem Körper und auch in seiner Technik. Das ist der Weg der Heilung.

Daher hat der Kultus des Erkennens zweifachen Sinn: er leitet das Liebe-Bewußtsein ein und wandelt den Menschen zugleich dem Liebe-Bewußtsein gemäß. Naturgemäß stellt für das Ego-Bewußtsein das Liebe-Bewußtsein eine Absurdität dar.

Es ist fast unmöglich, daß die Mehrheit der Menschen dieses

Bewußtsein und diese Einfachheit rechtzeitig erlange. Auch von denen, die darüber wissen, werden es wenige erreichen.

Es können sich jedoch kleine Inseln in der Menschheit bilden, wo dieses Bewußtsein mehr oder weniger Wirklichkeit wird. Wesentlich ist, daß es solche Inseln überhaupt gibt.

Dem Ego-Bewußtsein gilt das und seine Bedeutung auch als Unsinn, das kann nicht anders sein.

Wie das Ego-Bewußtsein vom Sich-selbst-Fühlen, vom »gut für mich, schlecht für mich« geleitet wird, so das Liebe-Bewußtsein von dem Wunsch, *daß Liebe sein soll:* es freut sich, wenn es Liebe schafft und sie zugleich erfährt. Das ist die reine Freude: Sie lenkt das Liebe-Bewußtsein und orientiert es.

Alles andere ist Sache des Erkennens von Stufe zu Stufe, von Tiefe zu Tiefe.

Es fängt damit an, daß das vollkommenere Erkennen gewollt wird: alle anderen Aktivitäten setzen dieses voraus. Das ist das Morgenrot des achten Tages, der aus dem Nichts stammt. Es ist der Tag der wahren Revolution: der Revolution der Liebe, die sich gegen niemand richtet.

Über die Wirklichkeit des Menschen

Die Vergangenheit

Als Geschöpf, als Erschaffener ist der Mensch vergangenheitsbestimmt, selber Vergangenheit. Alles an ihm, was nicht er selbst hervorgebracht hat: sein Körper, sein Leben, sein »angeborenes« Empfinden, Wahrnehmen, Denken, sein Weltbild, das Gedachte, das Wahrgenommene, Vorgestellte, Gefühlte, Gewollte ist Vergangenheit. Die Seelenprozesse selbst, deren Ergebnisse sie sind, erlebt er nur am Rand seines Bewußtseins, wie traumhaft, nur als sich eben andeutende Erlebnisse, weil er selbst im Werden, im Geschehen, im Denken, Wahrnehmen, kurz: in der Gegenwart nicht heimisch ist. Über das »Wie« dieser Vorgänge hat er keine Macht, sie spielen sich wie Naturprozesse ab, ohne sein Zutun. Zu dem Denken, das er mitgebracht hat, mit dem er geboren und zu dem er erzogen wurde, fügt er qualitätsmäßig nichts hinzu; er benützt und verfeinert es; wird darin gewandt, er breitet es auf immer neue Gebiete aus, aber es bleibt dasselbe: das Bewußtgewordensein des Gedachten, nicht das Denken in der Gegenwärtigkeit.

In diesem Sinne ist der Mensch gar nicht Mensch: nicht *er* selber ist wirksam hinter diesen Vorgängen, sie kommen von selbst aus der Vergangenheit. Obwohl er zu sich selbst »ich« sagen kann, bleibt seine Gegenwärtigkeit traumhaft. Er verwechselt seinen Besitz mit dem Ich, das nur als Nichterlebtes »erfahren«, also nicht erfahren wird: als ausgespartes Loch, leerer Raum hinter den Erlebnissen. Was aber ist, wo sie nicht sind, was sie unbemerkt verbindet, *wofür* sie überhaupt Erlebnisse, Erfahrungen sind, das ist das Ich, das sich selber aber nicht erlebt.

Der Mensch wird wach in der Vergangenheit, auch das Kind wacht dort auf, wo die Vergangenheit sich in Form von Erinnerungen in das Bewußtsein hineinlagert. Der Wachende bleibt verborgen, seine Erfahrungen werden ihm deutlich bewußt, er schaut auf sie. Das Gegebenwerden dieser Seelenprozesse wird

»erlebt« wie etwa der Schlaf: man weiß gerade dann von ihm, wenn er nicht mehr da ist.

Indem der Mensch das alles bemerkt, zeigt sich in ihm ein Betrachtender; dieser schaut gewöhnlich auf die Vergangenheit. Daß er sich dieser Situation bewußt werden kann, zeigt, daß er nicht in ihr gefangen ist, nicht ganz in der Vergangenheit untertaucht. Es ist ihm aber nicht gegeben, seine Aufmerksamkeit von der Vergangenheit unmittelbar weg in die Gegenwart zu wenden; denn er verliert zunächst das Bewußtsein in dem Augenblick, in dem kein Gedachtes, Vorgestelltes, Wahrgenommenes – kein Vergangenes – in ihm ist. Der Anwesende ist seiner nur bewußt, wenn er sich auf Vergangenes stützt, Vergangenes sich gegenüber hat.

Die Anwesenheit

Die Gegenwärtigkeit wird nicht dadurch erreicht, daß das gewöhnliche Bewußtsein, während es die gewohnte Richtung seines Ablaufs beibehält, sich nicht-gewohnten, etwa »geistigen« Themen zuwendet. Diese werden so nur in die Vergangenheit einbezogen, also geradezu zu Objekten des Geistes gemacht und gedacht, der im Denken, nicht im Gedachten, wirksam ist. Die Anwesenheit kann dadurch erreicht werden, daß die im gewöhnlichen Denken liegende keimhafte Fähigkeit, sich selbst zu erfahren, zur Wirklichkeit aufblüht. Die Möglichkeit dazu zeigt sich darin, daß das Denken immer weiß, was es gedacht hat, obwohl es, wenn es wirklich Denken – neues Denken – ist, immer improvisiert ist: man braucht das Gedachte nicht nachher noch zu »erkennen«; andererseits zeigt es sich auch im erwähnten traumhaften Randerlebnis des gegenwärtigen Vorganges. Damit die sich selbst durchleuchtende, sich selbst verstehende – solare – Natur des Denkens auch als gegenwärtig erlebt wird, so, daß der Mensch die Gegenwart nicht nur träumend erlebt, muß das gewöhnliche Bewußtsein erst erkraften, sich uneingeschränkt konzentrieren. Das bedeutet, daß auch der Teil der Aufmerksamkeit, der gewöhnlich nicht auf das Objekt, sondern als nicht- oder halb-bewußtes Sich-selbst-Fühlen auf die Eigenheit, auf das Eigenwesen, Ego, gerichtet ist, nach und nach dem Objekt zugewendet wird. Dadurch erstarkt zugleich die sich-durchleuchtende Wesenheit des Denkens, das gegenwärtige Element. Ganz für sich durchsichtig kann nur ein

Denken sein, das keine Sinneswahrnehmungselemente enthält, d. h. ein *reines* Denken, das die gleiche Evidenz in sich erlebt wie das mathematische, jedoch nicht auf dem abstrakten Gebiet der Mathematik. Es muß jetzt eine reine Idee – Idee eines menschengeschaffenen Gegenstandes – zum Thema haben, die nur wortlos, bildlos im lebendigen, nicht gedachten, sondern fließenden Denken entstehen und stehen und da »gesehen« oder im dauernden Werden erfahren werden kann: Es kann nicht in das Gewordene eintreten. So kommt die Selbsterfahrung des Denk*vorganges* zustande, Erfahrung innerhalb des Denkens, andauernde Intuition, erlebt von einem gegenwärtigen Subjekt – gewiß nicht von der Vergangenheit her erfahrbar. Der Erlebende ist durch sich selbst: Er bringt die Erfahrung der Gegenwärtigkeit und damit sich selbst hervor: *Er ist* – »ich bin« – nicht aus Gnade von etwas, was außerhalb von ihm ist. Dieses Subjet *hat* nichts, ist *arm,* es braucht aber auch nichts, um zu sein. Es kann nichts verlieren, weil es nichts hat, selbst sein eigenes Dasein gehört nicht ihm. Es ist das Unsterbliche in uns: unsere Wahrheit, die, weil sie *die* Wahrheit ist, alles in sich enthält. Es gibt nichts außer der Wahrheit. Der Mensch ist auf dieser Stufe ein Licht, das sich selbst erfährt: Ich.

Das Ich kann sich nur in der völligen Selbstlosigkeit erfahren, in der Armut, da es nichts hat. Besitzt es *etwas* – Vergangenes –, so erfährt es nicht sich selbst, sondern das, was es in sich hat: *das*. In der Armut aber, an keinen Besitz, an nichts gebunden, kann es ein Anderes werden, sich hingeben, in ein Anderes sich wandeln und sich in diesem Wandel erleben. Der Grundgedanke jeglichen Übens ist das Außersichgehen: ein Anderes zu werden in der Hingabe, in der Erfahrung dieses Sich-Wandelns *ist* das Ich. Das Andere ist für das Ich (ein Anderes), ist im Ich. Das Ein-Anderes-Werden ist zunächst die einzige Erfahrungsmöglichkeit des Ich. Die Gegenwart bleibt nicht, sie *wird* immer: Deshalb *ist* das Ich nur in seinem Werden und gleichzeitigem Sich-Erfahren.

Die Wirklichkeit des Menschen

Insofern man unter dem Menschen das Ich-Wesen versteht, kann er nichts sein, was ist. Der Mensch *ist* nicht. – Was an ihm *ist,* ist Naturwesen, Vergangenheit, die Fortsetzung oder das Fortleben der Vergangenheit. Der Mensch *wird* nur immer, falls er es will und tut: er muß, um zu sein, seine eigene Wahrheit schaffen. Da er die Natur erkennt, ist er sicherlich kein Naturwesen: Er *wird* entweder, oder er will in dem bleiben, was er *ist,* und entfernt sich damit von seiner menschlichen Wirklichkeit. Diese besteht in der Gegenwärtigkeit oder Anwesenheit, die ihm nicht *gegeben* ist. Es würde keine Anwesenheit sein, wenn er sie geschenkt bekäme, es wäre dann Fortsetzung, nicht *sein* Werden. Das Festhalten am Bestehenden, die Faulheit oder Angst vor dem Sich-Schaffen sind dem Menschen fremde und feindliche Kräfte, die aus ihm etwas anderes machen wollen: das Tier, das über die Fähigkeit der Abstraktion verfügt. Die Frage: was oder wie ist der Mensch, hat nur diagnostischen Wert, nicht normativen in bezug auf sein Werden oder Tun. Diese können nur durch ihn selbst bestimmt werden, durch seine Gegenwärtigkeit, durch sein Ich. Seine wahre Wirklichkeit ist in keinem Bleiben und Bleibenden zu finden: Wo er bleiben will, entsagt er seiner Wirklichkeit.

Alles, was der Mensch mitgebracht hat, alles, was er *ist,* reicht nicht aus, um seine Wirklichkeit zu bewirken. Der wahre Mensch wird zweimal geboren: Das zweitemal gebiert er sich selbst und *wird.*

Er *wird* immer etwas. Tut er seine Wahrheit nicht, beginnt sofort sein Absinken oder Verfall: um nicht zu verfallen, muß er sich schon äußerst bemühen – er kann deshalb nicht unverändert bleiben, schon das Bemühen ist Änderung.

Im Zeitalter, in dem das Erkennen in Frage gestellt wurde, kann der Mensch keine dringendere Frage als die nach dem Wesen des Erkennens haben – zu allen anderen Fragen braucht er das Erkennen schon. Diese erste Frage zu klären, ist gleichbedeutend mit der oben geschilderten Erfahrung der Gegenwart, des Denkens, des Ich. Für den Einzelnen ist es offensichtlich, daß die hergebrachten Erkenntniskräfte nun nicht mehr ausreichen, und auch für die gesamte Menschheit ist das bald klar. Durch die Entwicklung neuer Erkenntnisfähigkeiten erschafft der Mensch seine Wirklichkeit, eine Idee, die er erschaut und verwirklicht: damit seine Wirklichkeit entstehe und nicht ein Zerrbild von ihr, das allerdings von selbst entsteht.

In diesem Zerrbild gehen aber auch seine Erkenntniskräfte unter, dann kann er seine Lage nicht mehr erkennen und hält seine Erkrankung für Gesundheit. Er hat darum auf nichts mehr zu warten, denn von dem Augenblick an, da er fähig ist zu sagen: »Ich denke, ich erkenne«, kommt ihm keine äußere

Hilfe mehr zu – sein Bewußtsein und damit seine Welt kann nur durch *sein* Denken, durch *sein* Erkennen geändert werden. Er hat die Verantwortung für sich und für seine Welt übernommen.

Die Zukunft

Durch das Erkennen löst der Mensch alle Wirkungen und Einwirkungen auf sich in Erkenntnisbilder auf. Er schafft so aus der Realität wirkungslose Bilder – wirkungslos, weil sie vergangen sind. Diese Bilderwelt hätte keine Macht über ihn, er wäre frei von ihr, wenn er nicht an ihr haften würde mit Seelenkräften, die im Erkennen nicht gebraucht werden. Er gerät in Abhängigkeit von der Vergangenheitswelt. Es gibt keine andere Möglichkeit diese Abhängigkeit aufzuheben, als durch das Erfahren der Gegenwärtigkeit, der Vorgänge des Erkennens selbst. Der Mensch wird darin durch das Haften an den Bildern stark gehindert, und es gehört eine Reihe von Übungen dazu, dieses Haften d. h. die seelischen Formen der Bewußtseinsgewohnheiten, aufzulösen. Die Übungen beruhen darauf, daß der Mensch unternimmt, bewußt auszuführen, was er sonst gewohnheitsmäßig und nicht mit Überlegung tut: Vorstellungen bilden, Urteile fällen, Reden, Handeln usw., d. h. daß er »den achtgliedrigen Pfad« zu gehen versucht. – Das Haften geschieht stets mit Seelenkräften, die nicht im Erkennen verwendet werden. Die Seelenbildungen, durch welche das Haften bewirkt wird, sind also auch Vergangenheitselemente, fertige Formen der Empfindlichkeit und müssen aufgelöst werden, wenn der Mensch seine Gegenwärtigkeit verwirklichen will.

Durch seine Anwesenheit erlebt der Mensch das Leben der Welt und des Lichtes – des Bewußtseins –, ein einiges Leben als Erfahrender. Dieses Leben ist immer da, gewöhnlich aber nur als Randerlebnis für den Menschen. Das Leben, eben weil es Leben ist und keine Wiederholung, geht weiter – doch wo? Da der Mensch allein erkennend gegenwärtig ist, ein sich selbst erfahrendes Licht, ist *er* der Ort, wo das Weiterleben geschehen kann, wo durch ihn selbst Neues entsteht. Die ganze Erde wartet auf diesen Augenblick, ohne die menschliche Anwesenheit stockt das Leben, es wiederholt sich nur abklingend. Ist der Mensch anwesend, so bricht das Leben in die Welt herein. Es entsteht eine neue Welt, neu zunächst für die menschliche

Seele: Im Geiste, an der Grenze des Irdischen, des Bewußtseins, ist alles bereit. Die Seele – das Bewußtsein – wird selbst Geist, erfährt die Geistigkeit der Erde: das Licht. Der Mensch erfährt das Licht der Erde – er wird es.

Das Erkennen der lebendigen Licht-Erde führt den Menschen zur moralischen Intuition: das weitere Leben der Erde wird durch ihn erschaffen. Zunächst erlebt er die Gegenwärtigkeit der Erde: Sie dauert. Sie ist die Erdenwirklichkeit, wie sie von den schaffenden Mächten gestaltet an den Menschen gekommen ist. Die weitere Gestaltung des Lebendigen – des Licht-Lebens – kann nur vom Menschen kommen: durch die Überwindung der Hindernisse sind ihm neue, bis dahin unbekannte Kräfte entstanden. Die Schaffensmächte kennen die Hindernisse des isolierten Bewußtseins, der Getrenntheit nicht.

Mit seiner Anwesenheit wird der Mensch fähig zum Anfang, zum Urbeginn. Es ist eine Möglichkeit für den Anwesenden, einen weiteren Schritt dazu muß er willentlich tun. Die Schöpfung aus dem Nichts kann ihm erreichbar werden.

Die Schöpfung aus dem Nichts bedeutet das Urbeginnen, bedeutet: erkennend etwas tun, was nicht aus Vergangenem, Vorangegangenem folgt. Nicht, daß dazu überhaupt nichts notwendig sei oder ihm vorangehe. Aber, was erschaffen wird, folgt nicht aus dem Vorhandenen und ist vollkommen neu: so wie Beethovens Neunte Symphonie absolut neu war allem bisherigen gegenüber, auch gegenüber den körperlichen Bedingungen ihres Schöpfers. Es ist nicht nur der Seele neu, sondern auch dem Geiste: das Schicksal der Getrenntheit, in der Schwere, im Zeitenverlauf kennen die Schöpfer der gegenwärtigen Welt nicht. Alles, was nicht vom Menschen geschaffen da ist, ist samt seinem unsichtbaren Hintergrund im Geiste fertig: der Mensch kann diese ganze Gegenwärtigkeit in die Erscheinung, in sein Bewußtsein bringen. Was er aber *beginnt,* hat kein Vorbild in der geistigen Welt. Gerade *das* wird vom Menschen erwartet. Allein das kann als Zukünftiges angesehen werden. Was für das gewöhnliche Bewußtsein existiert, ist Vergangenheit. Für das »geistige« Erkennen gibt es nur Gegenwärtigkeit – es gibt kein anderes Erkennen, als »geistiges«; was das gewöhnliche Bewußtsein enthält, ist gerade aus dem geistigen Erkennen herausgefallen. Was im Menschen und durch ihn urständet, ist Zukunft. Doch das sind keine Zeitbegriffe.

Der Mensch *wird* in der Gegenwart und fängt an in der Gegenwart. Was er als Gegenwärtiger beginnt, ist die Zukunft der

Welt. Im Wesen des Urbeginns liegt es, daß er nicht von dem Vergangenen her begründet sein kann, noch von einer Zielsetzung: diese wäre selbst Vergangenheit, nichts Neues.

Wahrscheinlichkeit und Unwahrscheinlichkeit

Nach der Auffassung der Naturwissenschaft wird die Wahrnehmungswelt vom Wahrscheinlichkeitsprinzip beherrscht. Alle Prozesse laufen letzten Endes in die Richtung, in der die mathematische Wahrscheinlichkeit zunimmt; d. h. die mathematische und die in der Wahrnehmungswelt herrschende Wahrscheinlichkeit sind gleich. Die physikalischen und chemischen Prozesse zeigen diesen Ablauf eindeutig; bei den Lebewesen entsteht scheinbar Unwahrscheinlichkeit: Sie wachsen, werden komplizierter. Man kann aber zeigen, daß diese scheinbar dem obigen Gesetz widersprechenden Vorgänge auf Kosten anderer gekoppelter Prozesse geschehen und die Gesamtbilanz doch dem Gesetz entspricht. Unter diesem Gesichtspunkt steuert das Weltall immer mehr dem allerwahrscheinlichsten Zustand zu: der völligen Ausgleichung der Temperaturunterschiede und, dadurch bewirkt, Einfrieren oder aber Auflösung jeglicher Struktur, aller Unterschiede.

Es wurde und wird viel Scharfsinn darauf verwendet, dieser düsteren Aussicht zu entgehen. Aus folgenden Gründen aber zeigt sich kein Trost:

1. Der Mensch kennt zunächst nichts anderes als die Welt der Determiniertheit – die Welt der Vergangenheit, in der tatsächlich alles nach dem Wahrscheinlichkeitsgesetz verlaufen muß. In dieser Welt des schon Erkannten ist letzten Endes alle Bewegung bedingt durch den Abstand vom Endpunkt der größten Wahrscheinlichkeit. Durch das Gefälle in dieser Richtung wird alle Bewegung erregt. Die Determiniertheit – die wenigstens prinzipielle Berechenbarkeit – macht überhaupt eine Naturwissenschaft möglich.

2. Der Mensch legt dem Erkennen keinen Realitätswert bei, weil er die Vorgänge des Erkennens nicht bewußt erlebt. Dadurch entgeht ihm die riesige Summe von Unwahrscheinlichkeit, die in der Welt durch das Zustandekommen von Erkenntnissen entsteht. Die Informationslehre gibt als Maß des Informationswertes gerade die Unwahrscheinlichkeit des Aussage-Inhaltes an. Da aber das Erkennen nicht als etwas Reales aufgefaßt wird, obwohl der Sinneswelt ein Realitätswert durch

ein Erkenntnisurteil zuerkannt wird, bleibt die Zunahme der Unwahrscheinlichkeit im Erkenntnisleben unbeachtet, bzw. wird auf einem anderen Konto geführt.

3. Die Informationslehre bezieht sich zunächst auf eine bestimmte Vorstellung von dem Zustandekommen der Informationen, und das tut auch die statistisch eingestellte Epistemologie (Wissenslehre). Die Wahrscheinlichkeitsberechnung einer Information beruht auf der Fragestellung: ist *es so* oder *so?* Das heißt, ein vorhandenes Objekt und eine vorhandene Frage – eine vorhandene Wahrnehmungsfähigkeit und eine vorhandene Begriffswelt – werden vorausgesetzt. Daß die Fragestellung schon die Intuition der entsprechenden Begriffe und die Wahrnehmungsart, die der Formulierung der Frage zugrunde liegt, erfordert, wird nicht in Betracht gezogen, ebensowenig das Entstehen einer neuen Begriffs- oder Ideenwelt, welche die Fragestellung völlig verändern und auch das Objekt der Frage selbst hervorbringen oder neugestalten kann, wie z. B. die Relativitätslehre mit dem Objekt: Raumstruktur oder absolute Lichtgeschwindigkeit. Daß sich das Erkennen qualitativ ändern kann – auch durch Erkenntnisschulung – geht nicht in die Informationslehre ein, deren eigene Entstehung auch nicht durch sie zu erklären ist.

Daß selbst das Erkennen der Wahrscheinlichkeitsrechnung oder des Gesetzes der im Weltmaße zunehmenden Wahrscheinlichkeit eine unendlich große Unwahrscheinlichkeit – oder »Zufall« – ist, sollte eigentlich die Forscher aufmerksam machen auf die Grenzen dieses Gesetzes, überhaupt auf die Grenzen der Gesetze im allgemeinen.

Die – nur teilweise bemerkte – Unwahrscheinlichkeit einer Information besteht demnach gar nicht bloß in ihrem Inhalt, sondern vor allem darin, daß sie als Erkenntnisakt für ein Subjekt zustande kommt.

4. Wenn es sich wirklich um Erkennen handelt, ist es nie ein äußeres, nominalistisches, registrierendes. Schon das »Was« des Erkennens ist Begrifflichkeit – Intuition – und dringt in die Richtung des Wesens. Qualitäten, So-Sein, Ordnung, Struktur, »so und nicht anders: nicht beliebig«, gehören der Welt an, und gerade sie machen – dem Wesen nach – die Erkennbarkeit der Welt aus. Wieweit der Mensch sie realisiert, ist eine Frage seiner Entwicklungsstufe. Streng gesehen, ist die Erkennbarkeit das Wesen der Welt selber – von etwas, was nicht erkennbar wäre, wüßten wir gar nicht. Das Fragen danach ist schon sein

allererstes Aufleuchten. Die Erkennbarkeit macht das Erkennen möglich. Sie ist eine Eigenschaft des Daseienden. Und wenn man das gegenwärtige Erkennen mit zur Realität rechnet – logischerweise muß der Erkennende das tun –, so schimmert die Wahrheit auf: das Erkennen – nun von *beiden Seiten* verstanden: als Erkennbarkeit und als Erkenntnisakt – ist Weltenprozeß: es gehört zur Welt, ja, da die Welt *durch* das Erkennen *erscheint* – wird –, ist Erkennen die Realität der Welt.

Daß die Erkennbarkeit zur erkannten Welt gehört, bedeutet aber, daß die erkannte Welt völlig unwahrscheinlich ist: sie besteht aus Qualitäten. Es ist etwas zu erkennen da: das Daseiende ist unwahrscheinlich. Gerade das, *was* die Welt *ist,* macht das Erkennen möglich: beide sind eins. In der traditionellen religiösen Sprache wird dies das Licht genannt; wir kennen keinen besseren Ausdruck. Unsere Welt ist eine Licht-Welt, nur ist dem aktuellen Erkenntnisvermögen die Realisierung dieser Welt nicht *gegeben,* sonst könnte der Mensch sein Licht nicht von dem Weltenlicht trennen: kein Selbsterleuchten, kein Selbstbewußtsein, kein Mensch.

Das Unwahrscheinliche allein kann erkannt werden, und das Erkennen selbst – als Tätigkeit – ist das Allerunwahrscheinlichste. Es ist daraus ersichtlich, daß die Unwahrscheinlichkeit stets mit Bewußtseins-Dasein zu tun hat; sei es als Informationswahrscheinlichkeit, sei es als Erkennen selbst, oder sei es als die Idee – Begriff, Form, Qualität, So-Sein – hinter der vom Menschen erkannten Vergangenheitswelt. Jede menschliche Schöpfung – sei es das Zündholz oder die Hammerklaviersonate – ist unwahrscheinlich, neu, Urbeginn. Das Bewußtseinselement, den Urbeginn im Naturreich nicht sehen zu können, ist nur einem sich selbst nicht verstehenden Denken möglich. Es gibt keine natürliche, sich selbst aufbauende Entwicklung, die Unwahrscheinliches produziert. Wenn Darwin dies durch das Auswahlprinzip zu begründen meinte, so wird schon in der Annahme, die Organismen »wollen« sich erhalten, sie wollen leben, ein Element völliger Unwahrscheinlichkeit in die Theorie eingeschmuggelt. Der Kampf um das Dasein ist selbst etwas, was als Prinzip eine Unwahrscheinlichkeitsrichtung bedeutet: das Wahrscheinliche wäre die Tendenz, unterzugehen, die Tendenz zum Tod, zur Gestaltlosigkeit, zum Ausgleich von Differenzen jeglicher Art. Das Auswahlprinzip ist dermaßen anthropomorph – am Menschen entwickelt –, daß der Mensch diesen Zug gar nicht bemerkt.

Jede Schöpfung ist unwahrscheinlich. Es gehört zum Wesen des Menschen, daß er seine eigene gegenwärtige Realität selber hervorbringt. Sie ist aber unwahrscheinlich. Völlig unmöglich wird sie, wenn er sich von Wissenschaftsrichtungen bestimmen läßt, die das Erkennen, das Schöpferische, mit einem Worte: das Menschliche nicht in Betracht ziehen. Die Lösung des Wärmetod-Problems liegt in dem In-Betracht-Ziehen der Unwahrscheinlichkeit, die der Mensch durch Erkennen und durch Schöpfung aus dem Nichts hervorbringt. Durch das *Erkennen* der Prozesse, welche in der Richtung der zunehmenden Wahrscheinlichkeit gehen, wird die Bilanz wenigstens im Gleichgewicht gehalten. Was der Mensch als Schöpfung hervorbringt, drückt die Waage auf der Seite des Unwahrscheinlichen herunter.

Der Mensch und seine Mitmenschen

Als Naturwesen, als Geschöpf ist der Mensch nicht unabhängig von den Mitmenschen, da ihm nicht nur Eltern und menschliche Pflege zum Menschendasein verhelfen, sondern er auch sonst kein individuelles Dasein hat: Er ist einverwoben in Familie, Stamm, Blutzusammenhänge. Das verbindende Element ist einerseits die Liebe, das Verbundensein im Fühlen und Wollen, andererseits das Wort, die Sprache.

Das Wort ist für ihn nicht ein Mittel zum Selbst-Ausdruck, sondern die natürliche und geistige Natur drückt sich in ihm aus, und das Wort lebt in der Gemeinschaft als Wort der Natur, der Natur schaffenden Mächte. Die Seele, das Bewußtsein versteht nicht nur Gefühl und Wollen, sondern auch Sprache; Sprache und Sinn, wenn diese auch am Anfang von Fühlen und Wollen kaum getrennt sind. Das Verstehen – der Welt, des Menschen – wird noch im Vorgang erlebt; deshalb ist es noch kein Verstehen im heutigen Sinn; denn der Mensch verfügt nicht darüber; er kann sich nicht darum bemühen; es kommt oder kommt nicht, wie Sonnenschein oder Wolken. Deshalb weiß der Mensch auch nichts vom Verstehen, vom Erkennen: es ist Welt, gehört der Welt. Diese ist hell, sie enthält das Licht des Erkennens in sich. Aber von Anfang an ist dem Menschen zugesagt, das Ideelle, die Begrifflichkeit – wenn auch dumpf und traumhaft – zu erfahren, d. h. erkennend zu sein, nicht völlig Natur, nicht völlig Welt. Der Mensch im Gegensatz zu den

Engelwesen vermag die wahren Namen der Tiere anzugeben (1. Mos. 2, 19–20), das Ideelle vom Sein getrennt zu schauen. Er kann die Frage: *Was ist das?* stellen oder verstehen. Das Was erscheint ihm getrennt vom Das, wobei sie sich offensichtlich auf dasselbe beziehen – und das ist der Keim des Wortes im Menschen.

Die Verselbständigung des Wortes gegenüber Fühlen und Wollen führt den Menschen immer mehr zum individuellen Dasein, löst ihn aus den natürlichen Gemeinschaften und vereinsamt ihn. Fühlen und Wollen verlieren ihr verbindendes Element, allein das Wort verbindet die Menschen und dazu eine Art dumpfer Liebe. Das Wort wird immer mehr Wort des Menschen, Ausdruck der Individualität, zugleich Träger *seiner* Erfahrungen. Dadurch, daß er die Erfahrungen in Worte faßt, wird der Mensch immer mehr zum wach Erfahrenden und grenzt sich immer mehr von der erfahrenen Welt ab. Er trennt sich dadurch auch immer mehr von denen, die er liebt. Zugleich mit dieser Entwicklung entstehen andere Abhängigkeiten unter den Menschen. Zunächst sind es äußere, soziale Abhängigkeiten, einerseits des Über- und Untergeordnetseins in der sozialen Struktur – das waren früher innere Abhängigkeiten –, andererseits wachsendes Aufeinander-Angewiesensein in der immer zunehmenden Arbeitsteilung. Aber auch eine innere Abhängigkeit entsteht, Abhängigkeit von der Meinung der Mitmenschen, Abhängikeit von Anerkennung, Gefallen, vom »Erfolg«.

Die Menschen sind trotz der Vereinsamung nicht teilnahmslos füreinander. Sind zwei oder mehr Menschen zusammen, so bilden sich sofort Sympathien, Antipathien, Verständnis, Mißverständnis, Nicht-Verstehen, Keime von Liebe und Haß, Keime des Verstehens und Nicht-Verstehens, wie sie nur zwischen Menschen vorkommen. Allein der Mensch wird in dieser Weise vom Menschen geliebt und gehaßt, kein Tier, keine Pflanze, nichts sonst. Negative Erscheinungen: Aversion, Verachtung, Neid, Grausamkeit, mit ihren Spiegelbildern: Überheblichkeit, Geltungsdrang, Machtlust und Eitelkeit entstehen durch eine Kraft, die nicht in der gemäßen Weise und auf der ihr entsprechenden Ebene angewandt wird. Anstelle eines freien geistigen Verkehrs zwischen den Menschen kommen seelische Abhängigkeiten zustande.

Was zwischen den Menschen als Realität erscheint, ist die Sprache, das Wort. Dazu sind mindestens zwei Menschen nötig. Sprache ist nicht bloß die gesprochene, geschriebene, sondern alles, was Ausdrucksmöglichkeit und Möglichkeit des Verstehens ist: Gebärde, Mimik, Blick, Verstehen ohne Blick, Schweigen und Verschweigen. Selbst Nichtverstehen ist nur der Anfang des Verstehens. Verständnis zwischen Mensch und Mensch geschieht immer im Überwörtlichen, der Sinn wird verstanden, nicht bloß die Wörter – wenn auch diese zum Sinn hinleiten. Diese Realität, die sich zwischen den Menschen bildet, kommt aber nur in der Gegenwärtigkeit zu ihrer wahren Wirklichkeit. Nur da wird sie als Licht erlebt, als Licht, das von Mensch zu Mensch strahlt, so daß ein Gewebe aus lebendem Licht entsteht: das Licht der Welt, das Licht der Erde. *Das* Wort wird nur Wirklichkeit *zwischen* den Menschen; ein Mensch genügt dazu nicht. Deshalb heißt es (Matth. 18, 19–20) »Amen, sag ich euch: wenn zwei von euch auf Erden in allem Tun zusammenklingen; was sie auch bitten, es soll ihnen werden von meinem Vater im Himmel. Denn wo zwei oder drei zu meinem Namen – damit mein Name sich bilde zwischen ihnen – versammelt sind, da bin ich in ihrer Mitte«. – Der wiederholte Plural zeigt eine zwischenmenschliche Realität an: die Menschheit kann Wirklichkeit werden. Nicht die Gemeinschaft von Gattungswesen, die von vornherein unfrei vereint sind, auch nicht eine Gemeinschaft, die sich aufgrund des gewöhnlichen Bewußtseins organisiert, etwa aufgrund gemeinsamer Interessen, sondern die Gemeinschaft der freien – weil gegenwärtigen – Individualitäten; denn im Vergangenheitsbewußtsein kann man nicht frei sein. Diese Gemeinschaft wird in der traditionellen Sprache *die Kirche* genannt, die unsichtbare und wahre Kirche, nicht von außen organisiert, nicht von Menschenhänden gebaut. Diese Kirche ist die Wirklichkeit der Menschheit. Sie *ist* ebensowenig, wie der Mensch *ist;* ihre Wirklichkeit muß getan werden, damit sie sei.

Die Wahrheit des Menschen entsteht durch das zweite Aufwachen: durch das Aufwachen in den sonst traumhaft erlebten Seelenprozessen. Wenn der Mensch Wahrheit hat, Wahrheit wird, so kann er auch die des anderen Menschen erkennen. Nur die Wahrheit ist an einem Menschen erkennbar – wenn er sie ist oder hat – was sonst noch könnte an ihm erkennbar sein?

Durch das zweite Erwachen, durch die zweite Geburt, in der er sich selbst gebiert, gerät der Mensch in die Gegenwart. Er erfährt den anderen nun auch als Gegenwärtigen, als Wahrheit, als einen Erfahrenen. Aus den alten Zusammenhängen ist er herausgelöst, es liegt an ihm, ob er neue verwirklicht. Er kann die Menschheit, das Menschheitsbewußtsein verwirklichen durch das erfahrene Ausüben des Wortes, er kann die wahre Kirche bilden und damit die Realität der Erde, ein Erdenbewußtsein schaffen. In dem Zeitalter, da die Mitgift der Erde – Luft, Wasser, Fruchtbarkeit, Rohstoffe etc. – zur Neige geht, wird der Mensch fast gezwungen zu sehen, daß er nichts unternehmen kann, was nicht bald wieder auf ihn zurückfällt, und daß die wichtigen Probleme nur durch die Gesamtheit der Menschen auf der Erde, durch ein Erdenbewußtsein zu lösen sind.

Die negative Sprache – gegenseitiger Haß, Unverständnis, Kampf, Grausamkeit – ist ein Zeichen, ein Hilferuf: wacht endlich auf! Höret nicht auf die sogenannten praktischen Menschen, sie haben euch bis hierher und zum gegenwärtigen Fiasko geführt. Wartet auf nichts mehr, die natürlichen Kräfte sind im Schwinden, die übersinnlichen können nur durch euren lichtvollen Willen in die Welt eingreifen. Es gibt keinen anderen Ausweg als die menschheitliche Liebe: für den anderen zu leben und zu arbeiten, im Vertrauen, daß der andere es auch für mich tut.

Was menschlicher Urbeginn ist, Zukunftsbewußtsein, ist gleichbedeutend mit der Erdenmission. Die Erde soll der Planet der Liebe werden. Der Keim dazu ist in den Menschen gelegt. Sein Ich-Erleben ist eigentlich negativ: im Tableau der Erfahrungen kann er sein Ich nicht finden; sondern nur als Leere traumhaft erleben, als Zwischenraum der Erfahrungseinzelheiten, oder als ihren nichtbeleuchteten Hintergrund. Ich-Erfahren ist leerer Raum, wo eben *nicht* ein Anderes erfahren wird, zunächst nicht. Aber gerade dieser leere Raum ist es, in dem der Andere erfahren werden kann, wenn ich ihn hereinlasse: er paßt herein, sein Platz ist längst vorbereitet. *Mein* Ich *wird* dabei, indem ich diesen Akt erlebe. Nur im Erkennen – indem ich das Andere werde – und in der Liebe – wenn der Andere in den Raum meines Selbst tritt – wird mein Ich, ist mein Ich im Erleben gegenwärtig.

Anwesenheit, Licht, Verstehen wird gesät und keimt im zwischenmenschlichen Sein als Realität auf: als Liebeswärme, als Erdenbewußtsein. Im Geben und Empfangen, im Hin und Her wird das Licht zur Liebe – das ist seine Natur. Dadurch wird verständlich: wenn der Mensch nicht »schuldig« wird, kann er gar nicht in Gegensatz zu dem Anderen geraten. Wenn jemand etwas gegen mich begeht, bedeutet das nicht, daß ich die Begegnung auf der gleichen Ebene fortsetzen muß. Der Mensch wird gegen sich selbst schuldig, wenn er anderen gegenüber schuldig wird: das wahre Selbst in seiner Reinheit kann dem Selbst des Anderen nicht gegenüberstehen; denn nur dieses hilft ihm zur Selbsterfahrung. Nur in der Beziehung zum Anderen wird das Ich in Wahrheit – oder in der negativen Beziehung entsteht das Ego.

Jede Antwort, die sich auf das gegenwärtige »Wie« des Menschen und der Menschheit bezieht, hat nur diagnostische, keine normative Bedeutung. So soll es gerade *nicht* sein. Der Mensch, die Menschheit *wird* nur; er, sie *ist* nicht dasjenige, was jetzt *ist*. Was sein soll, ist nicht zu begründen durch das, was jetzt ist. Mensch und Menschheit bestimmen sich selbst, sind nicht Gesetzen unterworfen, werden durch Intuition.

Die wahre Wirklichkeit des Menschen und der Menschheit *wird,* wenn der Mensch es will und weil er es will: mit seinen Gedanken, mit seinem Willen, mit seinem Gefühl – mit seinem ganzen Wesen, mit seinem ganzen Leben. Die allgemeine Trägheit ist nicht menschliches Sein, das Sich-Verlassen auf etwas, das Sich-Gehenlassen, die Passivität – deren Gegenteil jedoch nicht lärmende, allzu betriebsame Aktivität ist. Der Anspruch auf das Glück – der Anspruch auf das, was »für mich gut ist«, ist ebenso Passivität. Wir sind nicht da, um »glücklich« zu sein, dem Glück nachzujagen, – wodurch wir übrigens am sichersten ins Unglück kommen. Wir sind da, um die Wirklichkeit, vor allem die des Menschen, zu erschaffen: nebenbei ist *dies* das Glück, als Nebenergebnis, nicht als Hauptziel. Die Wirklichkeit ist, so gesehen, unglaubhaft, unwahrscheinlich, ja sogar unmöglich. Und doch ist sie die Realität. Das Unmögliche, das für den gewöhnlichen Menschenverstand das Allerunwahrscheinlichste ist zu verwirklichen; auf anderes, Kleineres hinstreben, lohnt sich nicht. Das Unmögliche, das *sehr* Unwahrscheinliche, was von selbst bestimmt nicht entsteht, was aus nichts »folgt« – das tut der Mensch immer, sofern er Mensch ist. Wenn er dies nicht tut, geht er verloren. Jede Schöpfung ist völlig unwahrscheinlich. Die allergrößte Wahrscheinlichkeit, scheinbare Unmöglichkeit ist das Hervorbringen der Liebe auf Erden. So einmalig unwahrscheinlich, daß es geschehen kann: der Mensch schafft es. Nur wenn auf das Höchste, Unmögliche hingezielt wird, kann das Mögliche zustande kommen.

Das göttliche Licht stammt aus der göttlichen Liebe: diese ist das »Es werde«. Das Licht erleuchtet alles für den Menschen, und auch den Menschen, damit er das Licht gewahre. Das Innewerden des Lichtes entzündet die Liebe zum Licht, zur Wahrheit, die von jeder dunkleren anfänglichen Liebe verschieden ist. Die Liebe zur Wahrheit entzündet die Liebe zu *der* Wahrheit, oder zum Licht, des Anderen: die Liebe, die nicht *ist,* damit sie *werde:* das Tun der Wahrheit, damit sie sei, die Wirklichkeit des Menschen und der Menschheit zugleich. Das ist das neue Leben, neuer Himmel, neue Erde. Daher geht des Menschen Weg aus einem Garten durch die Wüste der Einsamkeit in eine Stadt: in *die* Stadt, in das himmlische Jerusalem, in die aus Licht gebaute, kristallklare Tempelstadt.

Die Blüte des Lebens ist die Weisheit; die Blüte der Weisheit ist die Liebe; das Leben aber ist die Blüte der Ersten Liebe, des Verzichtes, des Opferfeuers.

Über die moralische Intuition

Moralische Erwägungen beziehen sich auf die Zukunft: wie soll es sein? Die Welt des gewöhnlichen oder gespiegelten Bewußtseins ist die vergangene Welt des Gedachten, des Wahrgenommenen, des Vorgestellten, wenn auch der Mensch sich selten darüber Rechenschaft gibt. Deshalb ist dem gespiegelten Bewußtsein die Welt des Moralischen fremd: es gehört nicht zur Welt des »Ist«. Das gespiegelte Bewußtsein ist – weil es die praktische Notwendigkeit der Moralität erkennt – bestrebt, moralische Prinzipien aus der Ist-Welt abzuleiten oder die traditionellen Moralprinzipien auf diese Welt zurückzuführen: damit zeigt es, daß es nicht weiß, was Moralität ist. Die Wissenschaften, die sich mit dem Menschen befassen, sprechen auf anthropologischer oder psychologischer Grundlage Prinzipien aus ohne Anspruch auf Moralität, wonach der Mensch ursprünglich »schlecht«, egoistisch, asozial ist und alles übrige die mehr oder weniger gelungene Zähmung seiner Natur bedeutet.

Was auf anderes zurückführbar ist, ist nicht Moralität. Daß Moralität *ist,* bedeutet: es gibt die Intuition vom *Guten,* das unabhängig von allem anderen ist, vom »Glücklichsein« – was auch eine Intuition ist – vom eigenen Wohl, vom Prinzip des minimalen Leidens oder von einer moralischen »Norm«. Daß in solchem Sinne Moralität existiert, ist selbst eine Intuition, und worin sie besteht, eine weitere Intuition. Damit die Natur der Moralität verstanden werden kann, muß erst das Wesen der Intuition geschildert werden.

Die Natur der Intuition

Daß das Kind sprechen und zugleich denken »lernt«, ist ein rein intuitiver Vorgang, denn sogar die Möglichkeit des Erklärens und des »Lernens« im Sinne des Erwachsenen ist ausgeschlossen: etwas erklären kann man nur einem denkenden Wesen, und nur ein solches vermag zu lernen. Andererseits sind die grundlegenden Begriffe des Denkens und der Sprache bereits für den und durch den unerklärbar, der schon denken und sprechen kann. Solche Begriffe sind z. B.: ist, du, dort, weil, jetzt, denken, ja, usw. Das Erwerben der Begriffe – aus der Welt der Erwachsenen, die unfähig wären es zu erklären, auch wenn schon ein Denken zum Verstehen da wäre – ist nicht Nachahmung: nur Worte sind nachahmbar, nicht Begriffe. Wer Begriffe nachzuahmen weiß, der versteht sie schon, d. h. er hat sie produziert oder reproduziert. Die meisten Begriffe sind im Kind früher da als der adäquate sprachliche Ausdruck.

Grundlegende Begriffe wie die genannten sind abstrakte Begriffe: sie kommen nicht aus dem Wahrnehmen, obwohl ihre Intuition im Wahrnehmen aufgehen kann. Niemand hat *ist, weil* usw. gesehen. Trotzdem sind diese am wenigsten erklärten Begriffe die allerkonkretesten: sie bilden das Gerüst unserer Welt, und die anderen, die sogenannten Wahrnehmungsbegriffe füllen dieses Gerüst aus, aber ohne die grundlegenden Begriffe wären sie nicht möglich.

Wenn man die Natur des Wahrnehmens näher untersucht, wird es klar, daß man nur das wahrzunehmen fähig ist, wofür man einen Begriff hat oder an der Wahrnehmung bildet; auf die Frage »was wird wahrgenommen?«, kann nur ein Begriff antworten. Wer den Begriff – die Funktion – der Gabel nicht kennt, kann die Gabel nicht sehen: er sieht etwas anderes, wofür er den Begriff schon hat. Es ist aus dieser Überlegung ersichtlich, daß Begriffswelt und Wahrnehmungswelt zusammengehören: das Wesen der Wahrnehmungswelt ist die Welt der Begriffe. Wäre in der Wahrnehmungswelt nicht schon das begriffliche Element verborgen, so hätte es keinen Sinn über sie nachzudenken, und man könnte sie nicht erkennen; es gäbe keine Gesetzlichkeit und sogar nicht »Etwas«. Die Wahrnehmungswelt ist immer die erkannte Welt, auf jeglicher Stufe. Im Sinne des Beschriebenen ist sie das Produkt der Intuition.

Intuition ist nicht nur die Art der Begriffsbildung – der Erwachsene erwirbt sehr wenige Begriffe zu den im Kindesalter erworbenen hinzu – sondern auch die Grundlage jeglichen Denkens. Der Mensch, »weiß«, wenn er – was selten ist – wirklich denkt, wie er es tut, – wüßte er es nicht, so könnte er es nicht lernen. Die verschiedenen Formen der Logik sind nachträgliche Beschreibungsversuche dieses »Wie«, sie sind nicht normativ und nie erschöpfend. Jegliche Formulierung des

»richtigen« Denkens fällt zwangsläufig noch nicht unter die formulierte »Regel«, sie erfüllt diese nicht, sie bedeutet eine Überschreitung der Norm. Das Denken ist nicht auf etwas anderes zurückführbar. Die Zurückführung ist wieder Denken und das, worauf es zurückgeführt wird, ein Produkt des Denkens. Daß sie auf nichts zurückzuführen sind, ist der gemeinsame Zug des Denkens und der Intuition.

Das Denken und die Intuition kommen im menschlichen Individuum zustande, sind aber doch nicht subjektiv. Selbst der Ausdruck »subjektiv« oder »objektiv« ist Ergebnis des Denkens – der Intuition; so kann es sicherlich nicht subjektiv sein. Es wäre kein Denken verständlich oder Erkennen mitteilbar, wenn es subjektiv wäre. Beide gelten universell wie die Sprache. Jeder *absichtliche* Ausdruck – Geste, Mimik, Blick, Schweigen – ist Sprache. Die Intuition ist die allerbewußteste menschliche Fähigkeit und doch frei von der Willkür des Subjektes. Das Grundgeheimnis des Menschen liegt darin.

Weder das Denken, noch die Sprache sind Realitäten des *Individuums;* ohne Gemeinschaft sind sie unvorstellbar: es ist für *einen* Menschen allein unmöglich zu sprechen, ja zu denken. Es gibt nicht *einen* Menschen – das gilt nicht bloß in bezug auf seine Abstammung.

Die Ebene des Lebens

Was *Inhalt* des Alltagsbewußtseins ist, ist tot, gespiegelt, leblos. Damit er sich wandle, im Denken, muß der Inhalt aufhören *das* – etwas – zu sein, um anderes zu werden. Wird es nicht ein anderes, so sagt das Denken nichts: es wiederholt – ist kein Denken. Der Inhalt hört auf *das* zu sein, wenn er in das flüssige Element zurückkehrt, aus dem er geboren wurde, aus dem *das* geworden ist, dieser Inhalt. Er kehrt zurück in den Vorgang, in dem das Denken noch ohne Worte und Zeichen *lebt* – der Mensch kennt das nicht, weil sich sein Bewußtsein nur an den *Ergebnissen* des Vorgangs entzündet. *Das* kehrt für einen Augenblick in den Zusammenhang zurück, aus dem es wurde, und der durch einen Begriff als Möglichkeit, als Grab seines eigenen Seins *bewahrt wird*, wartend auf den Denker, in dem der Zusammenhang auferstehen wird.

Der Inhalt der Intuition, der durch das Bewußtsein ergriffen wird, ist nicht der Vorgang der Intuition, nicht ihr Leben, nicht ihr Quellen. Der Begriff ist der tote Schatten der Intuition, die ein Blitz aus dem *ganzen* Leben ist, aus dem lebenden Zusammenhang des Begriffsnetzes, aus der Welt der Verhältnisse und des Sinns. Daher kommt die unaussprechliche, unausdrückbare innere Norm, das Wie des Denkens: die Welt des Lichtes selbst. Diese Welt ist außerhalb des gewöhnlichen menschlichen Erfahrens. Am nächsten sind wir ihr im reinen Denken. Der Erwachsene kennt dies bloß in der Mathematik und in der Logik: da kann er Wahrheiten aussagen, die frei sind von Wahrnehmungselementen, und es ist nicht notwendig, meistens auch nicht möglich, sie aus der Sinneswelt zu beweisen. Das reine Denken ist *rein,* weil es frei von Sinneselementen ist und frei von allen anderen Elementen wie Gefühl, Vorurteil, Sympathie. Alle anderen Bewußtseinsregungen können subjektiv gefärbt sein: im reinen Denken spricht allein das Licht. Es *hat gesprochen,* es ist auch Vergangenheit. Das Kind schöpft alle Grundbegriffe daraus – nicht mit der Bewußtheit des Erwachsenen. Die Kategorien, die Grundelemente des Denkens und der Sprache stammen aus dem reinen Denken, nicht aus der Wahrnehmungswelt. Diese Welt des reinen Denkens in ihrem lebenden Sein zu erfahren, ist das erste Ziel der Bewußtseinsentwicklung.

Für den heutigen Menschen ist – da *er* in der beschriebenen paradoxen Art denkt – der Übergang in diese Welt für Augenblicke offen, aber er hat nicht genügend Atem dafür, von Augenblick zu Augenblick stürzt er zurück in die Welt des vergangenen Denkens, das ein Denken *in Worten* ist. Die Worte aber weisen darauf hin, daß Verstehen da *war* – das Wort ist immer verstanden oder ist gar kein Wort. Sein Wesen ist, daß es Zeichen und Träger des Verstehens ist – nicht das Verstehen selbst. Das Verstehen ist Intuition und Leben: daraus quillt das Denken in Worten und reicht nicht zu ihm hinauf. Die lebende Realität des Denkens – seine Gegenwart – ist wortlos. Da der Mensch im lebenden Denken nicht bewußt ist, hat er keine Gegenwart. Seine Gegenwart ist verborgen: sie ist mit der Vergangenheit beschäftigt, schaut auf sie hin. Aber wer schaut – auch ohne Bewußtsein davon zu haben – muß gegenwärtig sein. Nur für einen Gegenwärtigen kann Vergangenheit sein und entstehen.

Das Blitzen des Erkennens, die Intuition ist aus Freiheit: sonst wäre es *Wirkung,* Folge, Naturprozeß. Es hätte keinen Erkenntniswert und keinen Anspruch darauf, anderes als Naturgeschehen, wie Wachsen, zu sein, ein Vorgang, der unabänderlich vor sich geht und auf den Begriffe wie Wahrheit oder Irrtum zu beziehen, keinen Sinn hat. Dieser Augenblick der Freiheit ist die Berührung mit der lebendigen Ebene und ist in der Gegenwart. In der Vergangenheitswelt gibt es keine Freiheit, und sie hat auch keinen Sinn in dieser Welt der Notwendigkeit.

Das naive Weltbild

Jede Weltanschauung ist naiv *realistisch,* die den Vorgang des Erkennens nicht zum Realitätsbild rechnet, sondern nur auf den erkannten gedachten, wahrgenommenen, vorgestellten Weltinhalt schaut und nur diesen für Realität erklärt, unabhängig davon, ob sie den Realitätsgrund der Welt für Geist, Materie, Gottheit oder für etwas anderes hält. Solche Weltanschauung hat einst – vor dem Christentum – dennoch die volle Realität in sich enthalten können, weil man damals das Erkennen noch als das Gegebenwerden der Dinge – allerdings nicht mit der Schärfe des heutigen Bewußtseins – miterleben konnte und es zur Welt »rechnete«. Heute sind diese Vorgänge nur zu erschließen, nicht zu erfahren, sie können daher auch nicht ein Teil *der* Realität sein, die von dem sie nicht erfahrenden Bewußtsein gesehen wird. Dieses Weltbild aber ist für das *heutige* Bewußtsein eine Krankheit: Symptom einer schweren Bewußtseinserkrankung.

Obwohl nämlich das Bewußtsein sich im Erkenntnis-*Vorgang* nicht *erfährt,* weiß es doch von ihm und spricht darüber; es erhebt erkenntnistheoretische Ansprüche und Fragen, *weiß* über das Denken, über das Wahrnehmen und Vorstellen, weiß über das Bewußtsein. Trotzdem verzichtet es auf die eigene maßgebliche Realität und tritt sie an seine Erzeugnisse ab, an die Inhalte des Bewußtseins, die Ergebnisse des Erkennens. Es hält das Erkannte, Gedachte, Wahrgenommene für realer als die Vorgänge des Erkennens, Denkens, Wahrnehmens: wie der Geisteskranke, der den Inhalt seiner Halluzinationen und Visionen für wirklich hält und die Vorgänge des Halluzinierens und Visionierens im Bewußtsein nicht gewahr wird. Das naive Weltbild ist heute nicht mehr kindliche Unschuld, sondern kollektive Geisteskrankheit.

Die naive Realistik sieht eine Welt, die nach ihrer Meinung *ist*

– unabhängig vom Erkennen. Wie das Bewußtsein unabhängig vom Erkennen, das Erkennen umgehend, von etwas wissen kann, ist ebenso ein Rätsel der Dogmatik wie die andere Formulierung des Weges der Realität ins Bewußtsein: »im Bewußtsein wird die vom Bewußtsein unabhängige Realität gespiegelt«. *Das* Bewußtsein, das *dieses* behauptet, weiß von der »von ihm unabhängigen« Wirklichkeit, von der Spiegelung und von dem Verhältnis der beiden zueinander. Woher? Was für einen anderen Weg in das Bewußtsein kann die Wirklichkeit haben, außer den des Erkennens? Das Bewußtsein kann nicht später sein, als sein Inhalt.

Abgesehen von diesem inneren Widerspruch kann das realistische Weltbild nur aus *fertigen* Inhalten bestehen; ob das Bewußtsein diese nachträglich erkennt oder nicht, ändert nichts an der Welt. Offensichtlich kann die Moralität in dieser fertigen, vergangenen Welt keinen Platz haben, denn Moralität kann nur unter der Bedingung bestehen, daß der Mensch wenigstens in bestimmten Fällen Neues schaffen, *anfangen* kann. Anfangen bedeutet, daß der Mensch unabhängig von allen erforderlichen und erfüllten Vorbedingungen etwas schafft, was aus ihnen nicht zwangsläufig oder alternativ *folgt*. Nur in diesem Fall kann eine Tat oder ein Gedanke moralischen Wert haben, alles andere ist Folgeerscheinung, Fortsetzung oder Fortleben der Vergangenheit. Die Naivität steht der Liebe im Wege, weil sie den Anfang ausschließt: es *ist* das, *was* ist: die schöpferische Gebärde des »Es werde« ist in dieser Welt unmöglich. Der Mensch vollbringt die Passivität des Minerals, anstatt am Mineralischen aufzuwachen: *das* bin ich nicht.

Es ist nicht zu verwundern, daß dem Menschen die Initiative des Geschehens aus der Hand gleitet und einen menschenfeindlichen Charakter annimmt. Naivität ist im ethischen Sinne Faulheit, Warten, Passivität (antike Verhaltensweise). Eine unermeßliche und krankhafte Naivität gehört dazu, daß der Mensch seine Hoffnung auf etwas anderes setzt, die Kraft und Orientierung seines Schicksals, seiner Entwicklung in etwas anderem sucht, als in der Wandlung seines Denkens: des Denkens, womit er jenes *andere* denkt. Die Intuition der Moralität setzt voraus, daß der Mensch, damit seine Freiheit in der Welt noch Platz hat, sie nicht als etwas Fertiges – Vergangenes – sieht, daß er vielmehr die – noch überbewußten – Vorgänge des Erkennens zur Wirklichkeit der Welt rechnet, als Wirklichkeit *empfindet*.

»Travaillons donc à bien penser: voilà le principe de la morale« – Bemühen wir uns also, gut zu denken: das ist der Ursprung der Sittlichkeit (Pascal). Das reine Denken – die höchste Bewußtseinsfähigkeit des Menschen – ist vor allem auf dem Weg des inneren Beobachtens der Bewußtseinserscheinungen zu entwickeln und auszubreiten, die Reinheit des Denkens, sofern sein Freisein von Wahrnehmungselementen und vor allem von nichtdurchleuchteten Halbbegriffen, Vorurteilen und Gefühlskomponenten gesichert ist. Eine erste Erfahrung wird die Entdeckung sein, daß diesen Forderungen nicht leicht nachzukommen ist, weil wir gerne denken, was uns »angenehm« ist zu denken, wie wir auch gern das fühlen, vorstellen und wollen, was uns zu fühlen, vorzustellen, zu wollen angenehm ist. Wenn wir aber seine Reinheit bewahren – auf das Wie des Denkens, uneingedenk jeglicher Lehre der Logik, aufmerksam sind, so können wir seine unausgesprochene und unausdrückbare Norm, sein *So,* das die Art des Denkens bestimmt, entdecken. Diese unpersönliche innere Norm verleiht dem Denken seine Evidenzkraft, seine universelle Geltung; auf sie beruft sich alle Argumentation und jeder Beweis. Die Evidenz offenbart sich umso reiner, je intuitiver, je weniger wortgebunden der Duktus des Denkens ist. Die reine Verwirklichung dieser Art des Denkens wird durch die größte Konzentration des Ich möglich; zugleich aber ist dieses Ich am wenigsten subjektiv oder willkürlich: die innere Norm stammt nicht aus dem Ich, sondern aus einem Nicht-Ich, als dessen Offenbarung sie angesehen werden kann. Das Subjekt ist nicht Herr dieses Lichtes, das lichter ist als jegliche Beweisführung, die sich darauf gründet, sondern gibt ihm nur Möglichkeit und Raum, damit es erscheinen und sich offenbaren kann. Dieses Nicht-Ich ist wirksam und offenbart sich im menschlichen Bewußtsein unter entsprechenden Bedingungen; zugleich ist es aber klar, daß die Vorstellung, es dringe von *außen* auf die Bühne des Bewußtseins, nicht richtig ist und nur infolge der erwähnten Bewußtseinserkrankung auftritt. Da der Mensch dieses Licht-Element wenigstens als an der Grenze seines Bewußtseins wirkend wahrnehmen kann und nach entsprechenden Vorbereitungen – Übungen – auch voll zu erfahren vermag, kann man behaupten, daß dieses Element den Kern des Bewußtseins selbst bildet, in ihm wirksam ist. Das objektive wahrhaftige Licht ist in der Welt und im Bewußtsein eines; denn das Licht durchstrahlt alles; ja, »Alles« wird durch das Licht: es *wird* erleuchtet.

Das Bewußtsein begegnet einem ähnlichen nicht-ich-haften Imperativ im Wahrnehmen, der auch nicht subjektiv ist: subjektiv wäre es, wenn der Mensch nach Belieben grün als gelb oder blau, ein Viereck als Dreieck oder Kreis sehen könnte. Die Wahrnehmung sagt mir aber eindeutig, was ich sehen soll – sonst hätte es auch keinen Sinn, vom Grünen und Gelben, von Dreieck, Viereck usw. zu sprechen. Wir nehmen umso besser wahr, je weniger wir uns einmischen, so wie es auch im reinen Denken geschieht.

Für den Beobachter ist es klar, daß der Mensch im Fühlen und im Wollen keine derartige innere Norm hat, kein universelles »So«. Deshalb sind diese Seelenfunktionen nicht erkennend, nicht universell, sondern subjektiv.

Die Erfahrung der Evidenz ist nichts anderes als das Gefühl: »so«; ein unpersönliches, nicht sich, nicht mich fühlendes Gefühl. Die Evidenz des Wahrnehmens aber – man braucht die Wahrnehmung nicht »zu beweisen« und kann es auch nicht – ist Wille: »so ist es«, ein Wollen von außen, dem wir mit »negativem« innerem Willen folgen und zulassen, daß es in uns waltet. Das gewöhnliche Wollen geht von mir aus. Im hingebungsvollen Beobachten von Pflanze, Stein, Landschaft usw. wende ich mich, dem fremden Willen entsprechend, dem Gegenstand des Beobachtens zu und gebe den eigenen Willen dabei möglichst auf: wir nehmen durch den Willen wahr: das ist der wahrhafte Wille – noch ungetrennt vom Denken; das ist das wahrhafte Denken – noch ungetrennt vom Willen; das ist Denken-Wollen, noch unbetroffen von dem, was aus ihnen später in der Trennung wird.

Das Denken, wenn es wahrhaftig Denken ist, ist improvisiert: ich weiß nicht im voraus, was ich denken werde (oder ich habe es schon gedacht); das wahrhaftige Wahrnehmen ist immer improvisiert: ich weiß nicht im voraus, was ich wahrnehmen werde (oder ich habe es schon wahrgenommen), oder ich bin nicht frei von Vorurteilen und Vorausvorstellungen. Das Nicht-Ich leuchtet in das Ich in beiden Fällen hinein.

Im aktiven wie im passiven künstlerischen Erleben leitet den Menschen auch eine Evidenz. Ich spüre genau: *so* ist es richtig, *so* muß es sein – aber ich kann nicht sagen, warum es eben *so* schön ist. Die religiöse Erfahrung ist eine weitere Evidenz: es gibt keine Möglichkeit, sie zu beweisen oder zu erklären. Jegliche Evidenz ist die Offenbarung des Nicht-Ich: eine lichthelle Offenbarung im Denken, Wahrnehmen, im künstlerischen Fühlen oder in der religiösen Erfahrung. Die Helligkeit unterscheidet sie von allen unterbewußten Impulsen.

Die Grundlage der Moralität ist die moralische Evidenz: die klare lichtvolle Intuition des Nicht-Ich im Fühlen, Denken, Wollen gleichzeitig. Das Gute hat einen Begriff: nur dadurch können wir fragen: *wem* ist es gut? Und daß es einen Begriff hat, bedeutet: es kann eine Intuition davon geben; auch moralische Evidenz ist möglich.

Moralität ist heute vor allem die Intuition, daß es das Gute und das Böse gibt. Als Intuition ist sie unzurückführbar wie alle Intuitionen. Jeder Versuch einer Zurückführung beruht auf Willkür oder auf Grundsätzen, die aus mangelnder Beobachtung hervorgehen. Die Intuition sagt: unabhängig davon, was es für *mich* bedeutet – ob Glück, ob Leid –, *gibt* es das Gute und das Böse. Wenn das naive Bewußtsein, im Bestreben, das Moralische zu »retten«, es aus der Natur, aus der Umwandlung der menschlichen Natur oder sogar aus der Egoität abzuleiten versucht, bemerkt es nicht, daß es dadurch die Moralität als Kategorie tilgt. Denken, Fühlen und Wollen können improvisiert sein: im reinen Denken, im Gefühl des Schönen und im Wahrnehmen; deshalb können wir vom reinen Denken, Fühlen, Wollen sprechen: sie sind gegenstandsfrei, *haben* kein »Was«, sie bringen es hervor, wie jede Intuition ihren »Gegenstand« schafft. Die gleichzeitige Intuition in den drei Seelenkräften ist Moralität: improvisiert, nicht Norm, nicht Prinzip: ein Stück des schaffenden Lichtes, das weiterschafft – in mir.

Die Natur der moralischen Intuition

Die moralische Intuition ist – ebenso wie alle anderen – nicht Sache des gespiegelten, vergangenen Bewußtseins. Es handelt sich nicht um Erwägungen, um Nachahmung von Vorbildern, nicht um Erfüllung einer »konkreten« moralischen Norm – »du sollst nicht töten«, sondern um die Erscheinung einer neuen Idee im Bewußtsein, die oft schwierig auszudrücken ist. Die Möglichkeit zu moralischer Intuition ist heute gegeben wie die der Intuition überhaupt. Als Intuition ist sie – ähnlich wie die Intuitionen des reinen Denkens – frei von Wahrnehmungselementen, das heißt: sie bezieht sich nicht auf ein bestimmtes

Handeln oder auf das Vermeiden einer Handlung, sondern sie bleibt allgemein, umfassend und unbestimmt, von dem gewöhnlichen Bewußtsein aus gesehen »abstrakt«, wie z. B. »liebe deinen Nächsten«, »tu Gutes«, »folge der Wahrheit«. Liebe, Freiheit, Wahrheit sind reine Begriffe. Niemand kann sie »erklären«. Abstrakt sind sie auch in dem Sinne, daß sie kategorienhaft sind und ihre Seinskraft auf der Ebene des Lebens haben: daher ist ihre gespiegelte Erscheinung leer und kraftlos. Sie sind auch zu unterscheiden von den Grundbegriffen des Seins – Kategorien –, denn diese beziehen sich auf die Ist-Welt. So zwar können wir nicht angeben, was »hier« oder »nein« bedeutet, aber wir können diese Worte gebrauchen.

Die Begriffe der moralischen Intuition beziehen sich nicht auf die Ist-Welt, nicht einmal auf die Gegenwartswelt des lebendigen Erkennens, sondern auf eine Welt des »Es werde«, auf die wahrhafte – nicht bloß zeitliche – Zukunft. Wir können sagen – und das behaupten viele – Liebe existiere nicht, Freiheit gebe es nicht, und was Wahrheit ist, und ob es sie gibt, wissen wir nicht. Und das ist richtig, denn Liebe, Wahrheit, Freiheit *sind* nicht, wenn wir unter »ist« das Dasein eines Steines oder eines Landes verstehen. Liebe, Wahrheit, Freiheit: sie müssen getan werden, damit sie sind. Das Tun der Wahrheit (Joh. 3, 21; 1. Ep. Joh. 1, 6) bezieht sich auf eine Wahrheit, die nicht ist, die sein soll. Durch Tun *wird* sie. In diesem Sinne *ist* der Mensch auch nicht. Mensch ist nur, wer sich von Augenblick zu Augenblick erschafft, alles andere ist nur die Möglichkeit zum Menschen.

In den vorchristlichen Zeiten, Kulturen, gab es keine individuelle Moralität, weil es kein individuelles Denken gab; der Mensch konnte nicht sagen: ich denke, er hatte nur inspirierte Inhalte in Gedankenform und moralische Normen von der Gestalt moralischer Intuitionen. Und im Menschen lag die angeborene Liebe zur Familie, zum Stamm, zum eigenen Volk. Das Abklingen dieser instinktiven Moralität dauerte noch lange fort im christlichen Zeitalter, durch die Phase der Gewissensmoralität hindurch. In unserer Zeit verbrauchen wir die letzten Brokken dieser Mitgift. Das Zeichen dafür ist die Tatsache, daß Handeln aus der Egoität Anerkennung und wissenschaftlich-ideologische Billigung findet.

»Die Philosophie der Freiheit« von Rudolf Steiner zeigt zum erstenmal die Möglichkeit einer individuellen Ethik. Diese kann nur aus der Überwindung des naiv-realistischen Weltbildes entstehen – und jeder Realismus ist naiv –, dadurch daß der Urgrund jeder Erkenntnis aufgezeigt wird: das Licht, das in der Intuition scheint und selbst zur Welt gehört, sie zur Welt erleuchtet. Hieraus stammt die Möglichkeit der moralischen Intuition. Der Mensch, der vom Erkennen *weiß* und es ausübt, reicht zur Quelle der moralischen Intuition hin.

Wie die Ergebnisse des reinen Denkens einander nicht widersprechen, wenn sie auch jeweils im Bewußtsein verschiedener Menschen erscheinen, so klingen die Ergebnisse des reinen moralischen Denkens zusammen, weil sie aus dem allen Menschen gemeinsamen Nicht-Ich stammen, wie die mathematischen, künstlerischen und anderen Intuitionen. Seit dem zentralen Ereignis des Christentums gehört dieses »Nicht-Ich« immanent dem Menschen zu.

In den, da unerklärbar, unerklärten Ideen und Kategorien ist sich die Menschheit im allgemeinen einig, so auch über die Evidenz des Erkennens, wenn sie in der Fähigkeit zum *Worte* rein erscheint. Das stammt alles nicht aus dem menschlichen Subjekt – und das gilt auch für die Welt der moralischen Intuitionen. Darin besteht *Hoffnung,* daß es das Wort gibt; sie weist darauf hin, daß das *Gute* möglich ist – daß es sein soll.

Daß die Liebe möglich ist, glauben wir nicht ernsthaft in unserem Unglauben. – Die Wegzehrung des Glaubens, das Licht und die Sicherheit im Gefühl, sind auch ausgegangen. Heute müssen sie aus individueller Intuition entstehen – das ist möglich – ebenso, wie ihr Gegenteil Intuition ist, die Egoität. Außer der Intuition der Liebe ist nichts anderes für das notwendig, was von der Tradition das Reich Gottes auf Erden genannt wird. Ohne Intuition ist Liebe unverständlich, widerspruchsvoll; es liegt nahe, sie zu leugnen, indem die Liebe auf die Egoität, auf das, »was mir gut tut« oder ähnliches zurückgeführt wird. Der Impuls zu dieser Auffassung ist das für mich Gute. Auch in diesem Fall ist die Intuition – wie immer – die »Sache« selbst. Was versteht man durch eine Intuition? Sie selbst. Und die Intuition der Liebe ist zugleich auch die Intuition im Fühlen und Wollen. Wer Liebe erlebt, weiß nicht nur, daß man so leben kann, sondern weiß auch: *nur das* ist Leben, alles andere ist das – vorläufige oder endgültige – Hinausschieben des Leben: das Linsengericht Esaus.

Die Freiheit ist, wie die Liebe, vor allem *Intuition.* Ich kann nicht frei sein, ohne darüber zu wissen; wenn ich meine, frei zu sein, ist es nicht sicher, daß ich es bin. Wer aber darüber grübelt und zu der Frage Stellung nimmt – sei er auch gegen die Möglichkeit der Freiheit –, der ist potentiell frei, weil er – wenn auch ohne die Klarheit der reinen Begriffe – weiß, worum es sich handelt. Wer in keinem Bereich frei ist, vermag nicht über die Freiheit zu sprechen, weder gegen, noch für sie; wäre er vollständig determiniert, so würde er das Problem gar nicht bemerken.

Der Mensch kann gewahr werden, daß Erkennen momentane, flüchtige Freiheit bedeutet, anders hätte es keinen Wahrheitswert oder Wahrheits-Anspruch; wer zu sprechen beginnt, rechnet mit Wahrheit, mit Freiheit und mit Subjekten: ich und du. Der Mensch *weiß* von dem Erkennen, das heißt: es ist wahrhaftig Erkennen.

Die gegenwärtige Freiheit erlischt in den Minuten, Stunden, Tagen des Nicht-Erkennens, und Freiheit *wird* wahrhaftig im Erfahren der Ebene des Lebens, des lebendigen Denkens: in der Erfahrung der Autonomie. Nur das lebende, wortlose, vorwortliche Denken ist *erfahrbar,* weil es gegenwärtig, weil es Realität ist, das *Gedachte* ist es nicht, weil es vergangen ist: deshalb ist es erinnerbar, nicht erfahrbar. Nur das Vergangene kann erinnert werden; ein Gegenwärtiger muß da sein, der sich erinnert, und es ist sinnlos, sich an die Gegenwart zu erinnern: in ihr muß man anwesend sein.

Naiver Realismus und Freiheit schließen sich gegenseitig aus: wird die Rolle des Erkennens, des Bewußtseins im Entstehen der Realität – des Bildes, das die Realität ist – nicht erkannt, so gibt es auch kein Organ für das Wahrnehmen dessen, der frei sein kann. Nur gegenwärtiges Bewußtsein kann frei sein, nicht vergangenes; denn das Bewußtsein der Vergangenheit – des Gesehenen, des Gedachten, der unbemerkte naive Realismus – ist Vergangenheitsbewußtsein: es ist unerfahrene, also nicht verwirklichte Gegenwart trotz eines Subjektes, das gegenwärtig sein muß, sonst gäbe es Bewußtseinsinhalte ohne Bewußtsein. Dieses Bewußtsein bedeutet: auf einen Inhalt und auf sich selbst als Vergangenheit zu schauen.

Die Welt der Notwendigkeit ist die Vergangenheit: sie festzustellen und auszusagen ist nur aus Freiheit möglich; und eben *dazu dient die ganze Vergangenheit,* die Welt der Notwendigkeit: daß sie dereinst, wenn dies alles eingesehen wird, sich in Verstehen auflöse, nicht in abstraktem Verständnis, sondern im Erfahren.

Die Tatsache der Freiheit ist die *Wahrheit* – die Tatsache des Erkennens. Deshalb taucht die Frage nach ihr zugleich mit der Erkenntnisfrage auf, und die Freiheit wird ein nicht verwirklichter Begriff: weil der Mensch in seinem irrtümlichen Realismus das Erkennen »vergißt«. Das Erkennen wird nicht *verwirklicht,* weil es nicht Erfahrung wird: der Mensch erkennt die Wahrheit, die »Aletheia«, nicht und *wird* daher nicht frei (Joh. 8, 32), obwohl er seinen Kräften nach frei ist. Er muß die Wahrheit *tun.*

Nur aufgrund der Wahrheit kann der Mensch unabhängig oder selbständig sein: das Erkennen bringt ihm seine Loslösung von den *Wirkungen* – sein Stillstehen.

Nur die Möglichkeit zur Freiheit kann der Ideologie und Verwirklichung der Notwendigkeit Raum bieten, dadurch daß die Ideologie das erkennende Subjekt paradoxerweise an das Erkannte fesselt: es an das Kreuz der Leblosigkeit des Erkannten schlägt. Das ist die Hauptquelle des Irrtums. Jeder Irrtum ist zugleich ein moralischer Irrtum: aus dem Anspruch des Subjekts, sich selbst zu fühlen. Nicht das Erkennen irrt, die Moralität des Menschen führt ihn in den Irrtum, der nicht-erkennende Mensch. Irren ist immer das Fortbestehen eines nicht-erkennenden Elementes im Gewand des Erkennens.

Das Licht ist unfehlbar: es ist die Realität.

Die höchste Erkenntniskraft wird an die Vergangenheitswelt gefesselt, die sie in negativer Weise schafft, indem sie die eigene Gegenwärtigkeit, den Vorgang des Erkennens nicht bemerkt und nicht erfährt. Aber das gibt auch die Hoffnung und die neue Möglichkeit; denn diese Situation trägt ihre Lösung in sich selbst wie ein Bilderrätsel: man muß es nur sehen; sie hängt vom Menschen ab, von einer einzigen Gebärde.

Das wahre Subjekt, das Ich, ist gegenwärtig. Seine Vorstellung, auf die wir uns dauernd berufen, das Ego, ist Vergangenheit.

Der Mensch handelt überwiegend auf Grund der Vergangenheit, auf Grund von Vorstellungen. Wenn Erkennen in ihm geboren wird, zeigt sich klar ein neues Element: sonst wäre das Erkannte schon vorher gewesen. Nicht der Inhalt des Erkennens ist frei, sondern die Tatsache, daß erkannt wird. Das denkende Bewußtsein bleibt stehen zwischen der Wahrnehmung, der Vorstellung, und dem Handeln, es handelt nicht reflexhaft. Wenn inzwischen Erkennen geschieht, kann es sein, daß das Handeln frei wird. Das Erkennen aber führt nicht unbedingt zum richtigen Handeln. Im allgemeinen wird durch die charakterologische Beschaffenheit entschieden, ob und was für ein Handeln aus dem Erkennen folgt. In diesem Fall ist die Tat durchaus vergangenheitsbestimmt. Es ist aber möglich, daß der Mensch seine charakterologische Anlage bewußtseinsgemäß auflöst, durchschaut und sie nicht in den Entschluß hineinsprechen läßt. Dann ist das Ergebnis des Erkennens nicht im Kraftfeld der aus der Vergangenheit stammenden Begierden, Neigungen, Ängste usw., diese entscheiden nicht. Das Bewußtsein, das Subjekt selbst entscheidet aus der Gegenwärtigkeit. Das Erkennen urständet in der Ebene des reinen Denkens – kein subjektives und kein Wahrnehmungselement ist in ihm; das »Entscheiden« ist gleichfalls intuitiv und meistens schon im Erkennen verborgen, sonst würde das Erkennen gar nicht entstehen; das reine, gegenstandslose Wollen und das fühlende – nicht sich und nicht mich fühlende – Gefühl gehen ihm entgegen. Das heißt: es ist ein Anfang, nichts wird fortgesetzt, weder in der Sinneswelt, noch im Bewußtsein: es ist Schöpfung aus dem Nichts. Genauer ausgedrückt: die moralische Intuition ist dem Urbild eines Schöpfungsaktes analog, ihrer ersten Idee. Nichts zwingt sie daher, in der Wahrnehmungswelt zu erscheinen. Damit sie sich verwirkliche, muß das gespiegelte Bewußtsein noch den Weg finden, muß die moralische Phantasie wirksam sein. Im künstlerischen Schaffen ist das die Ausarbeitung in der Welt der Töne oder der Farben. Das gespiegelte Bewußtsein aber löscht seinem Wesen nach jeden Zwang, jede Wirkung aus: der *Wille* des Menschen muß immer neu entscheiden.

Die moralische Intuition läßt der Phantasie weiten freien Raum: liebe deinen Nächsten – aber wie? Sofern es sich wirklich um Intuition handelt – und nicht um einen abstrakten Gedanken –, trägt sie fast immer so viel – noch unbestimmtes, gegenstandsloses – Willenselement in sich, daß sie die Phantasie nähren, daß sie den Weg zur Verwirklichung durchlaufen kann.

Es ist heute allgemeine Überzeugung, daß der Mensch seiner »Natur« nach egoistisch, »ursprünglich« selbstsüchtig sei, daß alles übrige Sublimierung der ursprünglichen Egoität, Verdrängung, erzwungener Kompromiß sei: diese Überzeugung wurde von verschiedenen Wissenschaftszweigen inauguriert und bewiesen. In den Urkulturen war es nachweislich nicht so: der Mensch war nicht bestimmt durch die Zweckmäßigkeit des für ihn Guten, und auch die Struktur der Gesellschaft war nicht dementsprechend gestaltet. Die Egoität wurde am Anfang des 19. Jahrhunderts als das menschliche Leben beherrschendes und orientierendes Prinzip formuliert. Sogar – wie durch Marx und Stirner – als revolutionäre Tat, die das scheinheilige Dogma des altruistischen Menschen mit heiligem Elan entlarvte. Später wurde gerade *dies* wieder zum Dogma, das die Entwicklung hindert; denn diese Diagnose formuliert nur – ebenso wie der historische Materialismus – eine Tatsache, die schon lange bestand, deren der Mensch sich jedoch schämte. Er schämte sich, daß es so ist, daß er so ist und sah es – jedenfalls lehrten die Kirchen so – als Folge des Sündenfalls an, nicht als ursprüngliche Charaktereigenschaft. Im Laufe des 19. Jahrhunderts wurde diese Fragestellung zur Feststellung eines Sachverhaltes – im Liberalismus, durch Marx, durch Darwin, durch Freud. Und nun ist diese – an sich richtige – »Erkenntnis« weiterhin gültig als Norm:

So ist es, so muß es sein, ein jeder fühlt es so. Die Tatsache wird nachträglich formuliert und scheint dadurch verewigt zu sein: sie *ist* ja eine *Tatsache*. Anders ausgedrückt: das allgemeine Ziel ist »Glück« oder wenigstens das Vermeiden von Leiden oder seine Minimalisierung; dabei kann von Moralität keine Rede sein.

All das bedeutet: das Selbstgefühl des Menschen ist so stark, daß es seinem Leben Richtung geben kann. Dieses Gefühl ist in gleicher Weise entstanden wie das gespiegelte Vergangenheitsbewußtsein. Das Lebenselement, das dem Vergangenheitsbewußtsein fehlt, das erkennende Gefühl und Wollen, hat sich in den Instinkt des Selbstgefühls gewandelt, lange bevor es als Prinzip formuliert wurde. Somit schließt das Alltagsbewußtsein den Menschen zweifach von der Intuition der Moralität ab.

Solange der Mensch sich als ein Teil der Wahrnehmungswelt fühlt – sich in diese Welt einordnet – ist jede Diagnose zugleich auch Gesetz und Norm für ihn. Diese Einstellung aber zieht nicht in Betracht, daß der Mensch das Subjekt des Erkennens ist; mit anderen Worten: sie übersieht das Erkennen, das nicht Gegenstand seiner selbst sein kann, aus der gleichen Haltung heraus, die sie zu den Dingen der Sinneswelt hat. Sobald die Erkenntnisnaivität überwunden ist, steht der Weg zur moralischen Intuition offen. Man kann zugeben, daß der Mensch egoistisch ist, wie man eine Krankheit zugibt, z. B. die Naivität, aber daraus folgt nicht, daß dies so sein muß. Es ist nicht bewiesen, daß die Egoität »ursprünglich« ist, wie man nicht beweisen kann, daß der Mensch unbegabt ist. Das Kind ist jedenfalls unerhört »begabt«: es lernt sprechen und denken, bevor es ein Denken hat, um nach Art der Erwachsenen lernen zu können: rein intuitiv wird es sprechend und denkend. Zu dem, was das Kind so lernt, kommt später nicht ein Hundertstel durch des Menschen eigenes Tun und das auch nur dank seiner intuitiv erworbenen Grundfähigkeiten. Der Mensch ist also ursprünglich wunderbar begabt. Die Egoität ist im Kindesalter gar nicht da: kein gespiegeltes Bewußtsein, kein Selbstgefühl. Zwar bewirkt die kranke Umgebung der Erwachsenen rasch, daß beide entwickelt werden. Die Egoität kann erst mit dem Sprechen- und Denken-Können auftreten; vor allem dann, wenn das Kind »ich« sagen kann. Daraus ist zu ersehen, daß der Mensch »ursprünglich« ein begabtes und unegoistisches Wesen ist.

Es ist möglich, daß Taten und Entschlüsse aus moralischer Intuition für mich gut sind oder mein Leiden vermindern. Aber ihr Beweggrund ist das nicht, dieser »natürliche« Trend. Wenn der Mensch die moralische Intuition bejaht, was in den meisten Fällen gleichbedeutend damit ist, daß er sie hat, identifiziert er sich mit ihr, und es ist für ihn »gut«, wenn er danach handeln kann, und in vielen Fällen ist es ein »Leiden«, wenn er durch äußere Umstände verhindert wird, danach zu handeln. Aber nur in sehr abstrakter und unsachgemäßer Weise kann dieses nachträglich feststellbare »Gute« oder »Nicht-Gute« mit dem gleichen Maß gemessen werden, wie die egoistischen Taten. Wer aus Intuition handelt, verzichtet meistens auch noch auf dieses Gute, das sich nachträglich an die Tat knüpft, weil dies im allgemeinen zum Rein-Halten der Intuition gehört: »nicht ich . . .«. Es ist die grundlegende Gebärde der künstlerischen Tätigkeit, in der der Künstler sein Sich-selbst-Fühlen in den Vortrag oder in das Werk hineinopfert – sonst gäbe es das Werk nicht, und der Zuschauer oder Zuhörer würde nicht zum Fühlen des Werkes bewegt. Nur der Dilettant empfindet dabei und hinterher das Angenehme.

Die moderne – modern scheinende – Psychologie irrt sich in-bezug auf den Begriff der »Sublimation«. Das »Gute«, das So-ziale *ist* das Ursprüngliche, das Egoistische und Asoziale ist sein pervertierter Abkomme. Deshalb ist, wenn man von diesem »sublimierend« ausgeht, nur weitere Perversion möglich: die Umwandlung der sekundären Instinkte in ähnliche Verhaltens-formen auf »höherer« Ebene, z. B. anstelle der körperlichen Agressivität das Kritisieren. Es handelt sich dabei nicht um Sublimation, sondern um die Wiederherstellung der ursprüngli-chen Relation zwischen Mensch und Welt auf der Ebene des Selbstbewußtseins, auf dem Wege der Überwindung und Besei-tigung der Hindernisse. Durch die Überwindung und Beseiti-gung werden Wesen und Charakter der neuen Eigenschaften gegeben: sie sind unverlierbar, weil der Mensch durch die Zone des Bösen gegangen ist, durch ihr Gegenteil. Die neue morali-sche »Natur« – Spontaneität – ist die ursprüngliche höhere menschliche Natur, die auf der Grundlage des Ichbewußtseins, aus dem Ich heraus wieder hergestellt ist.

Einen Menschen gibt es nicht: nur in menschlicher Umge-bung wird aus dem Säugling ein Mensch, nur in dieser richtet er sich auf, wird ein sprechendes und denkendes Wesen. Die Spra-che, das Denken, ist eine zwischenmenschliche Realität, es ist demnach unwahrscheinlich, daß der Mensch ursprünglich aso-zial ist.

Daß das Prinzip der Egoität formuliert wird, bedeutet, daß jemand sie wahrnimmt, nicht mehr mit ihr identisch ist. Mit anderen Worten: es ist nicht mehr zwingend, ihr entsprechend zu leben, sonst würde der Mensch gar nicht bemerken, daß so etwas wie Egoität existiert. Der Bereich des Menschen, in dem er das bemerkt, kann nicht mehr in den Wirkungskreis der Ego-ität fallen. Das wird aber von dem naiven Bewußtsein, das den Vorgang des Erkennens »vergißt«, nicht wahrgenommen, – und damit auch nicht, daß für den *Menschen* eine Feststellung, die *er* ja sogar schon selbst ausspricht, kein Gesetz ist; wenn es auch »so ist«: beim Diagnostizieren *ist* es schon nicht *so,* und der Mensch entscheidet, *wie* es sein soll. Das gilt für die Erkennt-nisse, die sich auf die geistige und in gewissem Grade auf seine seelische Wesenheit beziehen. Moralität kann es nur geben, wenn der Mensch sich neben den »Ist-Wahrheiten« mit der Möglichkeit der »Es-werde«-Wahrheiten befreundet. Das Zeitalter der Egoität ist abgelaufen. Das erste Zeichen dafür ist, daß man das Prinzip der Egoität – nachträglich – formuliert. Die moralische Intuition aber, die das nächste Zeitalter orientiert, muß *im voraus* zustandekommen – jegliche »natürliche Entwicklung«, die sich ohne bewußtes Wollen, Streben, Arbeiten des Menschen vollzieht, führt die Menschheit und das Individuum – beide – nur noch abwärts.

Anbruch der neuen Zeit

Das finstere Zeitalter – in der indischen Tradition Kaliyuga genannt – ist vorbei: das Zeitalter der Egoität und auch die Zeit der instinktiven Güte. Es gibt viele Zeichen dafür, für die Forderung, daß der Mensch das Schicksal der Erde nun bewußt in die Hand nehmen muß. Die Untersuchungen des »Club of Rome«, die Fragen der Abrüstung, der Überbevölkerung: sie alle sind nur aufgrund eines Gesamtmenschheitsbewußtseins anzugreifen; aber das Enden des Finsteren Zeitalters ist eine *Intuition,* und diese Intuition, daß es beendet ist, ist selbst das Ende dieses Zeitalters. Denn die Möglichkeit der Intuition ist das potentielle Auflösen der Finsternis; die Realisierung der Intuition ist ihr effektives Ende. Die Möglichkeit zeigt sich in der Intuition, im Ausdrücken des Egoitätsprinzips. Das Formulieren kann auch die Geltung des Prinzips erhärten und seine Überwindung hindern. Diese Erscheinung am Ende einer Epoche ist die *Krisis:* das Urteil oder die Wahl oder das Gewähltwerden, nach welchem heute das Individuum entscheidet: *bleibt* es bei der Ist-Wahrheit – bei der richtigen Diagnose –, oder *arbeitet* es für die Es-werde-Wahrheit, für die Überwindung und Veränderung der Lage, die durch diese richtige Diagnose gekennzeichnet ist, daß es *nicht mehr so sei.* Die Intuition der Egoität ist: so ist es!; die der Liebe: so ist es noch nicht, aber so werde es!

Auf den Menschen warten zwei Heilungen, d. h. Wiederherstellungen: zunächst das Geheiltwerden von der naiven Anschauungsweise durch das Erblicken der Realität im Erkennen und durch die Erfahrung, daß das Licht des Erkennens nicht hinter dem Erkannten vergessen, verborgen, verloren bleibt; daß es eine sich selbst durchschauende, durchleuchtende Wahrheit ist: Á-LÉTHEIA; daß der Mensch, wenn er auch aus dem Wasser der Léthe trinkt, sich selbst nicht verliert. Sodann wartet auf den Menschen das Geheiltwerden von der Egoität, die CHARIS, die Fähigkeit des Menschen, aus dem Um-sonst, ohne Ursache und Ziel, aus dem Nichts – aus dem Nirwana – zu schaffen; die Fähigkeit des Anfanges: daß er fähig wird aus sich heraus – dem Anderen – das GUTE zu tun, so wie er aufgrund der Álétheia fähig ist, aus sich heraus das Wahre festzustellen. Diese zwei Realitäten werden dem Menschen durch den Logos gebracht (Joh. 1, 14, 17). Durch diese zwei Heilungen entsteht das »Volk« des Heiligen Geistes, das weder die Wahrheit noch das Erbarmen gelehrt werden muß[15].

Das neue Zeitalter wird seit langem vorbereitet. Die *Lehre* von der Liebe und vom Mitleid – Buddha, Lao-tse, Konfutse –, setzte den Keim für die Auserwählten, für die Mönche – für die Menschen, die sich von der Welt zurückgezogen haben –, als »Weg« vor 2600 Jahren; das Christentum ist nicht – wie deren *Lehre* – ein Weg für die wenigen, sondern Kraft, Möglichkeit, Tat des Christus, die den Weg für *alle* Menschen öffnet zur Intuition der Wahrheit und der Liebe und zu ihrer Steigerung. Zur *Kraft* wird dies durch die irdische Erscheinung des Logos: denn zu jeder Zeit war das *Sehen* dieses Wesens die höchste Lehre und Kraftquelle zugleich. Diese Möglichkeit der zweiten Geburt des Menschen wird durch das Herabdämpfen seiner höheren Empfindlichkeit, durch die Narkotisierung seiner Begabung verwirkt. Die Ideologie der Egoität, die durch sie ins Recht gesetzte Bequemlichkeit, Zerstreuung, das Leben nach dem eigenen Wohlbefinden oder das Einnehmen von Bewußtsein-herabdämpfenden Mitteln: das alles hat das Ziel der Verhinderung. Das, wogegen wir in verschiedenen Formen Beruhigungsmittel nehmen, die Spannungen in uns, damit müßten wir unser Leben verändern! *Diese* Kraft ist – unverwendet – unruhig in uns, sie wird in ihr eigenes Gegenteil und ihr eigenes Hindernis verzerrt. Begabung, Empfindlichkeit höherer Art, bringt Leiden, Offenheit gegenüber verborgenen Wahrheiten bringt Wunden. Das Herabdämpfen der Empfindlichkeit, um das Leiden zu vermeiden, hat zur Folge, daß der Mensch seine Begabung nicht austrägt, seine Wunden nicht hinnimmt; dadurch werden sie nicht zu Erkenntnisorganen. Die Wunde, die nicht zum Sinnesorgan wird, was ihre wahre Genesung ist, heilt nicht und steckt an. Die geheilte Wunde wird Sinnesorgan, mit dessen Hilfe der Mensch auch anderen den Weg zur Heilung zeigen kann. Die Wunde ist Erfahrung. Das Nichterfahren – in Aufregung und sonstigen Seelenzuständen – ist der Anfang der Entfremdung: die nicht-heilende Wunde des Amfortas.

Das »Nahen der Himmelreiche« meint, daß für den Menschen die Möglichkeit der Erkenntnis und damit der moralischen Intuition gegeben ist: Álétheia und Charis. Die »Wahrheit« quillt aus dem reinen Denken: *sie* ist das ewige Element des Denkens, sein »So«, das das gespiegelte Denken orientiert. Davon erfährt der Mensch im dialektischen, aber selbstbewußtseinsfähigen Denken – Kama-Manas – der Ich-Bezogenheit entsprechend, bloß das Spiegelbild. Wenn er aber das ewige Element verwirklicht, wird es ihm zum höheren Element der Empfindlichkeit, dem Träger des wahren Subjekts: Geist-Selbst, Manas oder Álétheia. Das Gefühl dagegen ist heute im Menschen nicht-erkennend, es ist fast völlig subjektiv; im Gegensatz zu dem des Denkens ist sein ewiges Element kaum auszudenken. In ihm könnte das Gefühl erkennend werden, wie das Denken es ist. Das ewige Element ist die Charis – Buddhi – das nach außen strahlende Fühlen wie das Denken, das weder sich noch mich, sondern *Das* denkt, das Andere, und aufhört, Denken zu sein, sobald es »mich« oder »mir« denkt. Die moralische Intuition ist »Mitleid« – das Fühlen des Anderen: ich fühle, was er fühlt, und demnach weiß ich, was zu tun ist. Die Steigerung der Erfahrung: zu erfahren, was der Andere, die Anderen erfahren. Schon das einfache Erfahren ist aus dem Nichts; ich entnehme nichts aus dem, was ich sehe oder höre. Das Mitleid ist aktives Erfahren: es gibt dafür keine im voraus fertigen Sinnesorgane. Ich werde aus mir heraus, durch Auflösung meiner »Form« selbst zum Sinnesorgan, aus Anfang: keine Ursache und kein Ziel bewegen mich nach Maßgabe des gespiegelten Bewußtseins.

Der Inhalt des neuen Gebotes[16] ist grenzenlose Liebe. Das Maß für die Liebe ist es, wie ich den von mir am wenigsten geliebten Menschen – meinen Feind – liebe: wenn in mir Haß oder Aversion sind, kann ich auch das am meisten geliebte Wesen nur mit einer Liebe dieser Qualität lieben. – Die andere Formulierung der moralischen Intuition des neuen Zeitalters ist das *Dienen*. Der ist der »Größte«, der »Erste«, der zum Diener aller und unter allen der »Letzte« wird[17]. Das Wesen des Menschen ist offen, »unfertig«, unvollendet, ohne feste Form: so kann der Mensch Erkennender, Mitleidender sein. Der wahre Körper ist ohne bestimmte Form: fähig durch die Macht des Ich jede Form anzunehmen. Der Mensch ist aus Teilen gebildet: als stofflicher Körper, als Lebewesen und auch als Empfindender. Die Teile behalten die Tendenz ihres Teil-Gewordenseins und wollen Teile bleiben: sie stehen im Kampf miteinander, wie in der Fabel des Menenius Agrippa. Der Friede des Bewußtseins wird durch sekundäre Instinktformen, Gewohnheiten, Komplexe zunichte gemacht, der Kampf der Teile führt zum Tod: »Der Gedanke des Leibes ist der Tod« (Römer 8, 6). Der Friede, im Sinne von Joh. 14, 27, ist die Arbeit des Ich in der Seele und durch sie tiefer hinab nach unten. Friede heißt: Auflösung der Formen, Bilden von Leibern ohne Form, die erkennend, fühlend, durchsichtig sind: »der Gedanke des Geistes aber ist Leben und Friede« (Römer 8, 6). Der Träger des Erkennens ist das selbstlose Element im Menschen: der himmlische Mensch. Die Egoität ist das In-Form-Gerinnen des Ich, und so ist es nicht-erkennend: nicht-fühlend, weil es sich selbst fühlend ist; nicht-wollend, weil es sich selbst wollend ist. Die Menschheit steht heute im Kampf ihrer Teile, der Ego-Wesen, gegeneinander. Das kann durch das Entstehen eines allgemeinen absoluten Mißtrauens zum totalen Kampf werden, wenn der Mensch nicht der moralischen Intuition des neuen Zeitalters gemäß für den wahren Frieden arbeitet: an der Auflösung der Egoität, des Haftens am »Eigenen«, am »Eigentum«.

Die Menschheit ist heute keine Wirklichkeit, nur eine abstrakte Vorstellung, ganz im Gegensatz zu der erwähnten zwischen-menschlichen Realität des Menschen, derzufolge es *einen* Menschen nicht geben kann. Der Mensch kann die Menschheit zur Realität machen, indem er *seine* Wahrheit tut, sie verwirklicht. Die Verwirklichung des Wortes unter den Menschen ist die wahre Sprache, die vollständige Form der Alétheia (Matth. 18, 20), und die Taten der moralischen Intuition, die die Menschen untereinander tun, die vollständige Form der Charis. Diese beiden Bekundungen der zwischen-menschlichen Realität aus der gleichen Quelle des »Es werde«: das sind Schritte der Verwirklichung des Menschen und der Menschheit – eine gemeinsame Gebärde[18]. Zugleich sind es Bauelemente der irdischen Wirklichkeit des Logos; denn die Realität des Logos ist zur Zeit nicht auf der Erde, sondern im »nächsten Himmel«, in der Sphäre des Lebens: aus der alle Intuitionen des Erkennens und der Liebe stammen. Daher sind die Taten der Liebe – den Hungrigen zu speisen, den Durstenden zu tränken, den Fremden zu beherbergen, den Nackten zu kleiden, den Kranken und den Gefangenen zu besuchen –, die der Mensch dem kleinsten Bruder des Logoswesens tut, für ihn getan; Taten die der Mensch dem Mitmenschen zu tun verschmäht, sind ihm verschmäht. Irdische Realität des Logos sind diese Taten.

Es gibt *eine einzige moralische Intuition*.

Allmählich kann es aufdämmern, daß die Intuition der Wahrheit und der Charis den Weg der Verwirklichung des Menschen und der Menschheit abzeichnen: die Verwirklichung der wahren Kirche, deren Teil seiner Anlage nach jeder Mensch und deren Ich der Logos ist: gegenwärtig in allen seinen Gliedern.

Nur eine kleine Weile ...

Er war ein brennend und scheinend
Licht, ihr aber wolltet nur eine kleine
Weile fröhlich sein in seinem Lichte.
(Joh. 5, 35)

Die Erscheinung

Was für den Menschen in Erscheinung tritt, aus dem ist die Wirklichkeit des Geistes, die Kraft des Seins schon geschwunden, es ist vergangen. Welt ist: »Das habe ich gesehen, das habe ich gehört«. Die vergangene Welt, die Natur, der gedachte Gedanke sind Zeichen. Wenn ich ihr Zeichen-Dasein nicht erkenne, kann ich die Zeichen nicht lesen. Lesen bedeutet, in meinem Bewußtsein das Erscheinen dessen gewahr zu werden, was sich aus den Zeichen ergibt. Wenn ich ein Wort lese, so bedeuten Wort, Satz, Inhalt, Erscheinen im Bewußtsein. Anderswo gibt es kein Wort; Wort ist nicht auf dem Papier, dort ist nur Tinte oder Farbe. Da ich das Erscheinen der Tinte in meinem Bewußtsein nicht wahrnehme, sondern nur das erschienene Wort, meine ich, die Tinte besitze eine stärkere Wirklichkeit als das Wort, das mit der Tinte geschrieben ist.

Naiver Realismus meint, der Vorgang des Erscheinens liege außerhalb des Bewußtseins. Nur das Erschienene spiegelt sich in ihm: die Erscheinung.

Was im Bewußtsein zu erscheinen vermag, wird durch die Qualität, durch die Ebene des Bewußtseins bestimmt. Deshalb ist jedes Weltbild Bewußtseinsstufe. Die Erde ist unsere Bewußtseinsstufe. Da unser Bewußtsein sich auf seine Vergangenheit stützt, ist unsere Welt die Welt der Vergangenheit.

Die Lehre

Sobald die Lehre in Form von Wort, Schrift, Tradition in die Welt der Erscheinungen tritt, wird sie Vergangenheit wie alles, dessen Erscheinen nicht mit dem Bewußtsein verfolgt wird. So kann auch die Lehre Opfer des naiven Realismus werden. Solcher Realismus des Lehrens lautet: es existiert eine bestimmte Lehre unabhängig vom Verstehen der Lehre, es existiert das Wort des Meisters ohne das Auffassen des Jüngers oder des Widersprechenden. Für das heutige Bewußtsein kann jede Lehre das Kleid der Vergangenheit annehmen. Sie wird zum Buchstaben und kann unbewegliches Mineral bleiben.

Der Buchstabe ist ein Tor. Er ist durchlässig und fordert deshalb zur Bewegung auf. Wenn ich dem Ruf nicht folge, wird er undurchlässig, ein Ding, ein Gegenstand, ein Hindernis. Die Lehre, zum Buchstaben geworden, ist ein Gewicht, das mich noch weiter in die Tiefe zieht.

Je höher der Rang eines Unterrichtes ist, desto schwerer sind seine Worte zu lesen. Unterricht von hohem Rang vollzieht sich verborgen – das kann nicht anders sein. Er verlangt eine gewaltige innere Bewegung des Schülers und würde nicht zur Lehre, wenn er diese Bewegung nicht anregte – den unkörperlichen Aufschwung. Ohne diesen wird aus einer Lehre, auch der allerhöchsten, ein Dogma, ein Idol, das seine Krallen aus seinem Vergangenheits-Dasein in die Gegenwart streckt.

Das gemachte Bild

Wer die Lehre nicht lesen kann, bildet sich Vorstellungen über sie. Die Vorstellung wird durch das rationale Denken ohne Inspiration – nach dem Bild der Vergangenheit und aus ihr heraus – genährt, ja geformt. Das Götterbild von Menschenhand war einst Zeichen. Es war Ausgangspunkt zum Aufstieg, zum Überwinden des Bildes, zum Lesen. Sonst wäre es unverständlich, wie ein menschengeschaffener Gegenstand Objekt der Vergötterung werden konnte. Mit dem Hinschwinden der Fähigkeit zur Inspiration konnte das geschnitzte Bild nur noch Idol sein, nur noch Buchstabe – im Sinne des Realismus.

Wer sich mittels seines gespiegelten Denkens Vorstellungen über den Geist bildet, steht niedriger als ein Götzendiener, weil dieser noch keine Wahl hatte. Der heutige Mensch ist Träger des heiligen Geistes – er könnte sonst den Geist nicht leugnen! Je umfangreicher die unbewußt bleibende geistige Kraft ist, umso größere Zerstörungen können die Geister der Hindernisse durch sie anrichten. Die Sünde gegen den Heiligen Geist – das Leugnen des Geistes, des Ich, der Erkenntnis – wird heute mit der Kraft des Geistes von jedem begangen. Es kann für diese Sünde keine Vergebung von außen gewährt werden, denn es sündigt ein jeder vor allem gegen sich selbst. Sofern er aber gegen sich selbst sündigt, sündigt er gegen jeden Menschen.

Ein Altar ist nicht aus handgehauenen Steinen zu bauen (2. Buch Mose, 20, 25); die Vorstellung des Geistes ist ein profaner Gedanke. Verstehst du die Lehre als Buchstaben, so gehst du mit der Bewegung durch sie hindurch, und deine Bewegung ist selbst Geist. In deiner Bewegung zeichnet sich ein wahres, lebendiges, unaussprechbares Antlitz ab.

Der Widerstand

Der Unterricht muß heute von solcher Art sein, daß ein Widerstand ihm gegenüber möglich ist. Der Widerstand ist nicht Zurückweisung. Er ist die anfängliche Berührung, der Beginn der Assimilation. Gibt es keinen Widerstand, so besteht keine Freiheit, und es entsteht auch kein Unterricht, sondern bloße Wirkung. Wahre menschliche Regung kann nicht bewirkt werden. Wenn sich der Mensch auf Grund einer Wirkung regt, dann bewegt sich eben nicht der Mensch in ihm. Der Buchstabe ist nötig, damit man ihn lesen kann. Lesen bedeutet Freiheit.

Der Buchstabe ist nötig, damit man ihn lassen kann, – auf ihn verzichten; verzichten auf das, was unmittelbar gegeben zu sein scheint, was in Wirklichkeit aber der Schleier des Unmittelbar-Gewährten ist, – seine Hülle. Beim Lesen wird die Bewegung des Verzichtes geübt, und nur diese Bewegung ist wichtig, nicht *was* wir lesen. Was wir lesen, gestalten wir nach dem eigenen Bild, unserem Schauen und unserer moralischen Ebene, die mit dem Schauen identisch ist, entsprechend. Alles Lesen vollzieht sich mehrfach – so sollte es jedenfalls sein; von Verstehen zu Verstehen, von Licht zu Licht wandelt sich der Text mit uns, indem wir im vertieften Lesen zum Licht hinschreiten. Jedes Wort und jedes Wortgefüge birgt unendlichen Sinn, aus einem jeglichen Wort kann der einzige Sinn erlangt werden.

Die Zurückweisung

Das Widerstehen, das Verneinen ist keine Zurückweisung, denn als anfängliche Berührung kann es jederzeit in das Verstehen übergehen. Die wahre Zurückweisung ist die Übernahme, der Beifall, das Annehmen der Lehre als Gewand, das Aufnehmen des Buchstabens oder des strahlenden Lichtes, der Wärme, oder was sonst an ihr wahrzunehmen ist, ohne eigene Weiterbewegung. So etwas war in alten Zeiten unmöglich, weil der Unterricht eine Verwandlung oder sonst gar nichts bedeutete. Heute ist es durch das gespiegelte Denken und durch das umgekehrte Fühlen – das direkte Sich-selbst-Fühlen – möglich, jede Lehre im Interesse und in voller Bejahung der Egoität zu verwenden.

Die listigste Art der Zurückweisung ist Hinnahme des Buchstabens ohne Lesen und ohne Mitbewegung. Das Hindernis bleibt unbemerkt – und jede Mitteilung ist ein Hindernis, durch dessen Überwindung zum Sinn zu gelangen ist, der sich nur ohne Hilfsmittel vermitteln läßt. Im Zeitalter der Öffentlichkeit muß mitgeteilt werden, was früher, als Mitteilung noch aufgrund einer Auswahl erfolgte, im Verborgenen blieb. Die Auswahl wird heute von jedem Menschen selbst getroffen; er entscheidet jeweils anhand des ihm mitgeteilten Textes, welche Art Gewählter er ist, von welchem Range, welcher Ordnung. Diese Entscheidung hat nichts mit der Meinung des Betreffenden zu tun. Wer beim Verständnis des gespiegelten Bewußtseins bleibt – es müßte eigentlich Unverständnis genannt werden –, der hat entschieden, wohin er gehört.

In früheren Zeiten geschah das Verbergen nicht aus Furcht vor Zurückweisung, sondern weil man unbefugtes Annehmen befürchtete. Der Unterricht bedeutet Kraft, Kraft-Mitteilung, und da stellte der Mißbrauch durch Unbefugte eine Gefahr dar. Heute liegt das Geheimnis in der Vielschichtigkeit der Mitteilung. Bis zum ersten Schleier kann jeder gelangen. Wer aber die moderne Form des Verrats begeht, d. h., ohne selbst Quell zu werden, die Vorstellungswelt, die der äußeren Erscheinung des Lebens entspricht, begeistert und zustimmend aufnimmt, sie, ohnmächtig durch eigenes Wohlgefühl, bejaht, gefährdet vor allem sich selbst. Er erschwert aber auch anderen das Annähern an die Lehre. Mit seinem ungeklärten, nicht sich selbst erfahrenden Seelenleben zieht er den dicken Rauch der Undurchsichtigkeit zusammen – wie eine rußende Flamme – und verströmt ihn in die Welt. Er schafft lebendig wirkende, schädliche Gedanken-, Gefühls-, und Willensformen als negative Spiegelbilder eines lebendigen, vollkommenen Denkens.

Das Erkenntnisvermögen, der Erkenntnisapparat ist gegeben. Ohne innere Aktivität des Menschen treffen Wirkungen von außen darauf. Durch das System der Sinnesorgane wird das Wahrnehmen auf das Erleiden der Wirkungen herabgemindert, und daran erkrankt das System selbst. Das Organ des Denkens degradiert die Gedanken zu Wirkungen und wird dabei krank.

Die innere Aktivität besteht nicht im intensiveren Ausüben gegebener Möglichkeiten – Spekulation, immer mehr Wahrnehmungen –, sondern in der Bildung neuer Bewegungen über die gegebenen – also vergangenheitsmäßigen, gesetzmäßigen – Möglichkeiten hinaus. Dazu ist die Fähigkeit zum absoluten Anfang notwendig – darin liegt der Anfang. Was zur Wirkung wird, der Antrieb, sollte die innere Bewegung entfachen, die mit ihm zusammen die Realität bildet. Ohne diese wird der Antrieb zum Schein und macht durch einseitige Inanspruchnahme das Organ krank, zu dessen gesundem Leben die ausgleichende Bewegung gehört.

Die innere Bewegung besteht aus den Gebärden des höheren Erkennens, die keinen Widerstand, kein Hindernis, nichts Abzuwehrendes benötigen, also auch keinen Antrieb.

Das wahrhaftige Erfahren

Das wahre Erfahren ist immer Wechselwirkung, – Nehmen und Geben, nicht Nehmen allein, sondern auch die Erfahrung des Gebens, also ein zweifaches Erfahren, sowohl des Objektes, als auch des Subjektes. Solange das Erfahren des Subjektes zugleich das des Objektes ist, gibt es noch kein Subjekt und kein Objekt. Es gibt die Erfahrung des Erfahrens: nur reines Licht, das wahre oder vollständige Erfahren. Sonst brechen Sein und Erkennen auseinander, und der Mensch erkrankt an der Einseitigkeit.

Die Organe des Erkennens sind zum Erkennen, zum Erfahren geschaffen. Erkennen kann nur Erfahrung eines Subjektes sein. Die Erfahrung des Subjektes aber ist, daß es sich erfährt, d. h. daß es zugleich seine Subjektivität erfährt; sonst kann es auch anderes nicht erfahren. Die Erfahrung des Subjektes ist unpersönlich; denn da es Subjekt ist, ist es ein Seiendes. Persönlich kann der Mensch nur in seinem Verhältnis zu einem Objekt sein; das Erkennen jedoch bedeutet kein Verhältnis zwischen Objekt und Subjekt. Die Erfahrung des Subjektes ist das Erwachen des Seins zum Selbstbewußtsein – zum Bewußtsein in einer Gruppe und endlich im Individuum. So wird das Sein vermehrt.

Das Subjekt wird heute aus dem Objekt ausgeschlossen, es wird bestimmt durch das Objekt seines Erkennens – des nicht vollständigen Erkennens – das dadurch zum Objekt wird, daß die Erkenntnis nicht Erkenntnis des Subjektes ist. Es gibt keine Erfahrung darüber, daß das Erkennen Erkenntnis für das Subjekt ist, höchstens abstraktes Schließen. Diese Art »Erkenntnis« verdirbt das Objekt, das Subjekt und die Organe des Erkennens, es verdirbt die Welt.

Die Weisheit

Der Mensch hat kein Verdienst an der Weisheit, die in der Welt ist, noch an seiner Fähigkeit, mit der er die Weisheit der Welt erfaßt; denn diese Fähigkeit ist identisch mit der Weisheit, die sie erfaßt. Sie ist die Weisheit selbst, oder das Erkennen oder, anders gesagt, die Welt. Ursprünglich ist sie Wille: »Es werde« . . ., oder Liebe. Die Liebe ist Erkennen. Die menschliche Liebe sollte individualisierte Weisheit sein: das ursprünglich-anfängliche Auflodern des Erkennens, die Fähigkeit, für einen anderen Menschen Weisheit zu schaffen, sein Wohl zu wollen, oder das Wohl der Welt, das man erkennen muß, um es wollen zu können. Das ist die Fortsetzung der Weltschöpfung, die Fähigkeit zum Anfang.

Die Bewußtseinsstufe, auf der die Weisheit vom Menschen unabhängig in die Welt und in den Menschen – als Keim zu einer Fähigkeit – gepflanzt wurde, wird als alter Mond bezeichnet. Alles was nicht zeitlich, sondern dem Wesen nach vorchristlich ist, bedeutet Fortsetzung des alten Mondes auf der Erde. Die Erde soll der Kosmos oder die Bewußtseinsstufe der Liebe werden: das ist die Aufgabe des Menschen, der die Weisheit des alten Mondes in sich aufgenommen hat. Das Ziel der Erde ist die Liebe. Sie kann nur geboren werden, wenn der Mensch durch die Egoität hindurchgeht und diese *durch*schreitet, mit Hilfe der ihm verbliebenen Weisheit, seines Denkens; von diesem ausgehend, erobert er die Kräfte des Geistes, die heute durch die Identifizierung mit dem Körper in der Seele gefesselt sind. Das Ziel der Schulung ist die Liebe, nichts anderes.

Der Mensch hat die Möglichkeit, auch die größte Liebe zurückzuweisen, und zwar durch die tiefste Zurückweisung: ihre scheinbare Annahme, den wahren Verrat. Liebe, die ihre Herkunft aus der Weisheit verkennt, wird unvermeidlich das Sichselbst-Fühlen nähren und damit die Liebe krank machen, je größer die Liebe, umso mehr; sie ist die am leichtesten verderbliche Substanz.

Das Annehmen der Liebe muß *Verstehen* sein, sonst kommt auch die Liebe als *Wirkung* an, worauf dann das Sich-Selbst-Fühlen antwortet. Dieses faßt, was geboten wird, als Objekt auf. Dem Menschen kann nur geschenkt werden, was er imstande ist aufzufassen. Früher war auch das Verstehen der Liebe, ihr Annehmen, durch das reine Fühlen möglich. Heute ist immer Aktivität notwendig, die der Liebe kongeniale Gebärde des Verstehens. Wenn diese fehlt, erkrankt die Seele an der Einseitigkeit.

In der egoistisch-aktiven Liebe fehlt die Weisheit, das Verstehen, ebenso in der egoistischen Entgegennahme der Liebe. Wenn das Ideenelement fehlt, erfreut sich das Ego-Wesen der Wärme und des Lichtes, es genießt sie, erfährt sie, ohne sie zu erkennen.

Entgegennehmen der Liebe ist ihr Ausstrahlen, Rückstrahlen, Weitergeben. Die Lehre kann nicht aufbewahrt, konserviert werden, denn wenn das Verstehen, das unmittelbare Erkennen, das Lesen, die Fähigkeit des lebendigen Denkens verlorengegangen ist, dann sagt die Lehre nichts mehr, oder eben das nicht, was ihr ursprünglicher Inhalt ist, gerade *das* nicht. Auch die Ausdrucksform dieser Liebe wird ohne Lesen *Wirkung,* Verhinderung der ursprünglichen Bewegung, die im Schüler entfacht werden sollte – in *ihm* würde sie zur *Lehre*. Die Darstellung ist das umgekehrte Bild der ursprünglichen Bewegung, das mit dem gespiegelten Denken und der im Sich-Selbst-Fühlen mit ihm identischen Egoität zu ihrer Verfestigung benutzt wird.

Wenn die Flamme sich entzündet, muß sie weiterzünden, um nicht zu verlöschen.

Nicht um für sich des Guten zu erwerben,
Was nimmer sein kann, nein, daß rückentstrahlend
Ihr Glanz »Ich bin vorhanden« sagen könne,

Erschloß in ihrer Ewigkeit sich, außer
Der Zeit und jeglicher Begrenzung, wie's ihr
Gefiel, die ew'ge Liebe in neun Lieben.

Dante, Paradiso 29, 13–18.
(Übers. v. Philaletes)

Geisteswissenschaft und Christentum

Die Fragestellung

In Rudolf Steiners Werk wird über das Christentum auf verschiedene Weise gesprochen. Es scheint, daß Rudolf Steiners Äußerungen darüber vor und nach der Jahrhundertwende schwer in Einklang zu bringen sind. Wäre diese Schwierigkeit nicht das Zeichen eines möglichen Mißverstehens seines ganzen Werkes, so würde es genügen, auf das 26. Kapitel seines »Lebensganges« hinzuweisen. Aus diesem ist ersichtlich, daß er kurz nach der Jahrhundertwende seine innerlich-geistig schon immer bestehende Erfahrung des Christentums, die er bis dahin nur nicht mit diesem Namen bezeichnet hatte, mit der Hauptgestalt der traditionellen Lehre verbinden konnte. Diese Lehre ging aus dem Wesen des Christentums hervor, wurde aber durch das Herabglimmen der Erkenntniskräfte ein verzerrter Erkenntnisinhalt. Dieser Hinweis auf seine Selbstbiographie genügt aber mit Recht denen nicht, die nicht imstande sind, in »Die Philosophie der Freiheit« und anderen erkenntniswissenschaftlichen Schriften, in den Einleitungsaufsätzen zu Goethes Naturwissenschaftlichen Schriften[19] und besonders in dem Aufsatz »Der Individualismus in der Philosophie« die gleiche christliche Substanz zu finden, welche sie aus seinen späteren Schriften vermeinen herausholen zu dürfen. *Das* bildet das eigentliche Problem.

In dem erwähnten Aufsatz (1899) werden Philosophiegeschichte und auch christliche Lehre *als philosophischer Inhalt* aus der Position des gewöhnlichen Bewußtseins beleuchtet. Daraus geht eindeutig hervor, daß jede transzendentale Lehre, jeglicher Spiritualismus oder jede traditionell religiöse Weltansicht auf einer Voraussetzung beruhen: Alles wird vom Menschen gedacht, beurteilt, vorgestellt und beschrieben, ist sein Produkt, nur vergißt er seine eigene Rolle. Er hat kein Recht, über etwas zu sprechen, das ein Übermenschliches sein soll, denn es ist doch immer er selbst, der die Quelle der Aussagen bleibt. »Auf dem Plane der Verstandesseele ist der Materialismus eine Wahrheit und der Spiritualismus die Position eines Denkens, welches nicht mit genügendem Selbstbewußtsein ausgestattet ist!«[20]

Es wäre heilsam, aus dieser Wahrheit alle Konsequenzen zu ziehen – mit jener Folgerichtigkeit, welche zum Beispiel in der Geschichte des Zen schon vor vielen Jahrhunderten erreicht worden ist –, um dann *wirklich* weiterschreiten zu können. Auf die »Gatha« von Shen-Hsiu (7. Jhdt.)[21]

> Unser Körper ist der Bodhi-Baum,
> Und unser Geist ist ein heller Spiegel;
> Stunde um Stunde wischen wir ihn sorgfältig ab
> Und lassen keinen Staub sich darauf niederlassen

antwortete sein Zeitgenosse Hui-neng radikal:

> Es gibt weder einen Bodhi-Baum
> Noch einen Ständer mit klarem Spiegel.
> Da alles Leerheit ist,
> Worauf kann der Staub sich niederlassen?

Der gewöhnliche Verstand ist nicht imstande, die wesenhafte Wahrheit zu fassen oder sie auszudrücken. Die Leere – von Worten, Begriffen, Vorstellungen – muß erreicht werden, damit die Wahrheit darin aufleuchten kann.

Selbstverständlich ist es dem modernen westlichen Menschen nicht mehr möglich, die uralt-östliche Lehre zu realisieren. Vor allem, weil er sie mit dem Bewußtsein auffaßt, das er durch sie überwinden möchte. Jedoch bleibt die Frage bestehen: Falls es für das gespiegelte Bewußtsein nicht sachgemäß ist, über irgendein Transzendentes zu sprechen, weil es nur dogmenhaft geschehen kann – wie kommt es dann aus seinem »rechtmäßigen« Materialismus heraus und entwickelt sich weiter?

Sodann erhebt sich die Frage: Wie steht es mit der Christlichkeit der »Philosophie der Freiheit«? Zwar wird sie von Steiner immer wieder als paulinisch-christliche Erkenntnislehre bezeichnet,[22] sie stammt jedoch aus dem Jahr 1894, zusammen mit »Wahrheit und Wissenschaft«, einer Schrift, die gleichfalls als christlich-paulinisch bezeichnet wird. Das ist also vor dem erwähnten, scheinbar christentumfeindlichen Aufsatz von 1899. Falls Steiner sich im Sinne seiner Selbstbiographie erst um die Jahrhundertwende zum Christentum durchringt, bilden diese Aussagen ein weiteres Problem.

Die Christlichkeit enthüllt sich nicht unmittelbar im Inhalt; sie lebt im Gang oder in der Art des Denkens. »Aber nicht darauf kommt es an, daß man die Erkenntnistheorie damit beginnt, daß man irgendwelche in der Theologie gebräuchliche Formeln an die Spitze setzt: sondern auf die *Art* des Denkens. Und ich darf sagen: In den Schriften »Wahrheit und Wissenschaft« und »Philosophie der Freiheit«, trotzdem sie ganz aus der Philosophie herausgearbeitet sind, lebt paulinischer Geist. Von dieser Philosophie aus ist es möglich, die Brücke hinüberzufinden zu dem Christus-Geist, wie man von der Naturwissenschaft aus die Brücke zum Vater-Geist finden kann.[23] Sehr häufig spricht Steiner von dem »Durchchristen« des Denkens. Was ist damit gemeint, was ist unter der »Art« zu verstehen?

Diese Frage ganz voraussetzungslos zu stellen, ist wichtig, besonders im Hinblick auf den genannten Aufsatz von 1899. In ihm wird jede Möglichkeit grundsätzlich geleugnet, daß das Ego-Bewußtsein aus sich heraustreten könnte. Am Ende des Aufsatzes wird der Weg angegeben, auf dem das Ego-Bewußtsein sich in sich wandeln kann: Es kann seine eigene Erkenntnistätigkeit beobachten. Das ist jener Weg, der in der »Philosophie der Freiheit« gegangen wird. Mit ihm beginnt aber auch die Wegweisung über die »Schwelle der geistigen Welt«. Alles hängt davon ab, wie tief und ernst man diese »Beobachtung« faßt und übt. Eine erkenntniswissenschaftliche Einsicht kann dadurch errungen werden, daß man einsieht: Das Erkennen gehört zum Weltenprozeß. Es kann aber darüber hinaus die Ausführung, Ausübung dieser »Beobachtung« tief in die geistige Schulung hineinführen. Diese Möglichkeit führt aus dem gespiegelten Vorstellen in die Erfahrung des *prädialektischen* Moments des Denkens: in das lebendige Denken. Der zweite Teil der »Philosophie der Freiheit« fußt auf diesem Erleben – des gegenwärtigen, nicht des vergangenen Denkens. Diese Bewegung des Denkens zu seinen eigenen Quellen hin ist der Anfang eines Weges über die Schwelle der geistigen Welt. Er ist geleitet durch das Vertrauen zum Denken.[24] Das Vertrauen gilt nicht den gespiegelten Gedanken, sondern führt dahin, woher sie kommen: zu der Weltwesenheit des kosmisch-lebendigen, nicht bloß »gedachten« Denkens.

In den Tiefen allen Denkens wirkt das Verstehen: Es ist nicht Ergebnis, es ist Quelle des Gedachten. Gedachtes kann zum

Verstehen führen, insofern es *verstanden* wird, d. h. indem der lebendige Sinn der gedachten Form in dem Verstehenden durch eine Art von Lesen zum Leben erwacht. Dann kann das Verstandene wieder in Form gerinnen, gleichsam zum Buchstaben gegossen – zum toten Text für den nächsten Lesenden.

Die Technik der geistigen Schulung im Sinne der anthroposophisch orientierten Geisteswissenschaft richtet sich vor allem darauf, die reale Lebensform des Denkens in gedanklicher Intuition zu erfassen. In philosophischer Form wurde das zum Beispiel von Hegel und Gentile geleistet – was durchaus ein Gipfel des abendländischen Philosophierens ist. Diese Schulung will dazu führen, die kosmische Lebendigkeit bewußt zu erfahren. »Kosmisch« ist sie, weil sie nicht so zum Menschen gehört, daß sie einfach in das gewöhnliche Bewußtsein fällt. Des Menschen Anteil am Denken ist gerade das »Spiegeln«. An unzähligen Stellen wird von Steiner darauf hingewiesen, daß das Erleben der aktuellen Denktätigkeit zum ersten Schritt auf dem Wege zu einer höheren Erkenntnisart ist. Prägnant ist der Übergang aus der gespiegelten Tätigkeit zur reinen Tätigkeit und darüber hinaus zum übersinnlichen Bewußtsein geschildert in der Schrift »Die Schwelle der geistigen Welt«: ». . . Man schafft lebendige *Bilder*. Aber es kommt nicht darauf an, mit der Seelenkraft bloß in diesen Bildern zu verweilen. Man lenkt die Aufmerksamkeit von den Bildern ab und der eigenen bilderschaffenden Tätigkeit zu. Dadurch findet man sich in einem innerlich erkrafteten Selbstbewußtsein; man bemerkt aber auch, wenn man diese innere Seelenübung immer wieder aufgenommen hat, nach Wochen, Monaten oder auch nach längerer Zeit, daß man durch diese Erfassung seines erkrafteten Selbstbewußtseins in Zusammenhang mit einer übersinnlichen Welt gekommen ist.«[25]

Die angeführte Stelle ist die genaue Beschreibung einer Konzentrations- oder Meditationsübung, die in die Kontemplation mündet. Die Tätigkeit eines Vorstellens, das so stark wird wie die Wahrnehmung, beginnt im gewöhnlichen gespiegelten Bewußtsein. Durch die Übung kommt aber das Bewußtsein dahin, von einer »objektiven« übersinnlichen Welt berührt zu werden. Andere Ausführungen im Nachwort aus dem Jahr 1918 gehen auf entsprechende Erlebnisarten ein.

Ist dieser Vorgang als ein Durchchristen des Denkens zu verstehen? Gewiß gehört die geschilderte innerliche Gebärde zu den wesentlichen des Christentums. Sie entsteht, wenn der

Mensch durch gesteigerte Verwirklichung seines eigenen Denkens fähig ist, auf das Gedachte zu schauen. Die Weiterentwicklung, in die Freiheit des Menschen gegeben, liegt im Aufsteigen zur Kontemplation des lebendig-gegenwärtigen – eben des kosmischen Denkens selbst. Der es schaut, ist das wahre Ich. Der es denkt lebt im Denk-Wesen. Nicht ich denke, sondern der Logos denkt in mir: die solare Quelle alles Denkens. Zur geschilderten Gebärde gehört die absolute Immanenz des Geistes, seine geistig-innere Sonnenhaftigkeit, die sich selbst wie alles andere beleuchtet. Seine Lichtnatur erleuchtet sich selbst, nicht allein das Beleuchtete, das mondenhaft gespiegelte Vergangene, Vorchristliche.

Vom Schattenwurf des Denkens

Die unverwandelte vorchristliche Gebärde führt konsequent in den Materialismus. Wenn der Mensch das »Wesen« außen sucht, findet er keine Gottheit, sondern lediglich eine *numinos* verbrämte Wahrnehmungswelt. Der Trieb zum Monismus leitet den Menschen bis hin zur Idee der Materie. Er erkennt sie aber nicht als Idee; darin offenbart sich das Wesen des Materialismus. Wenn der Mensch nur auf Körperlichkeit schaut, das Schauen selbst aber vergißt, wird er zwangsläufig Atheist. Er entwirft sich ein mechanisches Weltbild, beherrscht von Zufallsentwicklungen. Nichts ist in der körpergebundenen Beschaffenheit der Seele, was durch diese Weltanschauung nicht erklärt werden könnte – außer dem Erkennen. Alles Gedachte, Wahrgenommene, jeder »Tatbestand« kann durch sie erklärt werden. Die Spiritualisten gehen in die Irre, wenn sie diesen Weltanschauungen scheinbar unerklärte Erscheinungen entgegenstellen. Morgen werden sie erklärt sein! Der Atheismus ist die Krankheit des an das Nervensystem gebundenen Denkens.[26] Wer im gespiegelten Denken ehrlich und konsequent bleibt, kommt zum Materialismus. Dabei ist der Mensch als der Erkennende völlig vergessen, auch von denen, die eine »spirituelle« Weltansicht durch »Tatsachen« verteidigen wollen: sie sind sich nur ihres Materialismus nicht bewußt. Sie sind nicht einmal so nahe an der Schwelle zur Erfahrung des Geistes wie die Materialisten.[27]

Der Stirnersche Individualismus[28] und die Erkenntnislehre Steiners fußen auf der Einsicht, daß alles, was im Bewußtsein erscheint, auf dem Individuum gründet. Es *wählt*. Viel später werden die Existentialisten wach für diese Grunderfahrung. Das Individuum gibt sich selbst Erkenntnis und Lebensform. In der Gedankenwelt des Menschen erscheint, was er für das Wesen der Wahrnehmungswelt hält. Diese Position kann dahin zusammengefaßt werden: Alles kommt aus dem Denken, aus dem Selbstbewußtsein des einzelnen. Es hat keinen Sinn, die Quelle seines Erkennens, seiner Taten außerhalb seiner zu suchen. Selbst das Suchen ist seine Tat. – Sichtlich bleibt dieser Gedankengang innerhalb der gespiegelten Bewußtseinsart. Er bildet eine Zwischenstufe, ja Scheidewand, in der Verständigung mit sich selbst. Die Individualität hat sich von aller Äußerlichkeit freigerungen: Sie ist virtuell frei, – nur virtuell frei, weil sie auch im Bewußtsein zunächst körpergebunden ist –, und für Körperlichkeit als solche gelten mit Notwendigkeit Gesetze der Unfreiheit. Nur die Individualität kann jetzt ihre Freiheit verwirklichen, oder von ihrer Quelle in eine Egoität sinken, die sich frei wähnt. Die Verwirklichung der Freiheit wird eröffnet mit der Fragestellung: Was ist das Erkennen? Wie erwacht das Denken zu sich selbst? Diese Frage ist gleichbedeutend mit der anderen nach der Selbsterkenntnis: Wer ist der Mensch?

Damit erlebt der Mensch seine Ohnmacht, seine Grenzen. Denn sein Denken kann nicht übersprungen werden. Das im Gedanken gespiegelte Denken kann von seiner eigenen Quelle keine unmittelbare Erfahrung haben.[29] Aber es ist umgekehrt: es kann sich selber bis zu seinen Quellen verfolgen.[30] Das geschieht in der Kontemplation.

Zum Wesen des Christentums, zur Erkenntnis der erkennenden Kraft, zum wahren Licht, das alle menschlichen Erkenntnisse beleuchtet, gehört es, vorzuschreiten zum Gott des Erkennens, zum Logos. Durch ihn ist die Welt geschaffen worden. Durch ihn kann der Mensch Eigendenker sein. Durch ihn kann er den Vatergott wiedererkennen.

Den der eigenen Tätigkeit innewohnenden Geist erleben, heißt: erfahren, was im Erkennen universell ist. Heißt: mit der Individualität aus dem isolierten Ego in die Welt des lebendig-kosmischen Denkens einzutreten. Nur dadurch kommt der Mensch zur Erkenntnis des Christus. Er ist erkennbar, als Quelle der Realität der Welt, welche das Erkennen nicht ausschließt, sondern beinhaltet. Die Welt »erscheint«, beleuchtet als erkennbare Welt.

Wenn der Mensch bis zur Erfahrung seiner Autonomie, seiner Eigengesetzlichkeit durchdringt, den nächsten Schritt aber nicht tun kann, so gerät er in die absolute Egoität. Der nächste Schritt wäre das Erleben des Denkwesens im Erkennen: ein Meditations-Schritt, der außerhalb des Bereiches der traditionellen Philosophie liegt. Beispiele für die Egoitäts-Philosophie sind Stirner und Nietzsche.

Ihnen fehlt die Einsicht in die Natur des Erkennens. Konsequent führt das gespiegelte Bewußtsein zum Egoismus, gerade wenn es die Autonomie des Denkens erfaßt. Ohne die Erfahrung der Autonomie wird das Bewußtsein in den Materialismus getrieben.

Am Rande der dualistischen Weltanschauungen erscheinen die transzendentalen Erfindungen: das »Ding an sich«, das »Unterbewußte« usw. – alles Produkte des Bewußtseins: Widersprüche, Begriffe, hinter denen sich das wirklich Unbewußte verbirgt: das Denken selbst, das sich im Vorgang nicht selbst erlebt und sich schon vergessen hat, wenn es im Produkt erwacht. Das ist der Grund, warum die Erkenntniswissenschaft zersplitterte: Sie hätte etwas mehr erfordert als Spekulation. Die Furcht vor dieser Forderung verhinderte meistens den letzten entscheidenden Schritt innerhalb des gespiegelten Bewußtseins. Trotzdem wird das Ungenügende des gespiegelten Bewußtseins erlebt. Und so kommt die geistig selbstmörderische Kritik des Denkens zustande, die den Verlust des Vertrauens zum Denken zur Folge hat, und dieser führt zur Neigung für die Rechenmaschine: ein Produkt des Denkens, dem man nicht vertraut! Diese Tendenzen untergraben das Gefühl, im Denken einen festen Grund zu haben. Sie fördern eine verhängnisvolle Unterwürfigkeit des Selbstbewußtseins. In dem Maße, in dem ihm die Grundlage entzogen ist, wächst die Unterwürfigkeit gegenüber Personen, Ansichten, Lehren, Gruppierungen; besonders aber gegenüber solchen falschen Meistern, die irgendeine »Befreiung« vom Denken versprechen.

Die einzige Kritik des Denkens kann nur darin bestehen, daß sie den Weg aus dem gewöhnlichen Vorstellen heraus *innerhalb* des gewöhnlichen Denkens zeigt. Das Denken kann seine eigene Überschreitung vorbereiten und ausüben. Es sucht keine »Wahrheit« außerhalb seiner selbst, es tritt in sich selbst ein. Es ist die einzige Tätigkeit der Seele, die reell ist: sie kann zur eigenen Quelle führen. Wenn das Denken sich mit der Erahnung seiner Autonomie begnügt, ohne die Tathandlung der Rückwendung zur eigenen Quelle, kommt es leicht zu jener Ansicht, die in der protestantischen Theologie zur Parole geführt hat: »Gott ist tot«. Dieselbe Auffassung gewann Raum im nichtmaterialistischen Existentialismus. Diese Attitüde erwächst aus einer gesunden Einsicht in die Unmöglichkeit jeder »Transzendenz«, in die Unmöglichkeit einer Gottheit, die irgendwie »außerweltlich« ist. »Das Reich des Himmels ist inwendig in euch.« Da bläst das gespiegelte Bewußtsein durch den Funken seiner Autonomie leicht seine Egoität lodernd auf und empfindet in sich das Göttliche. Es bläht sich zum Übermenschen auf mit seinem arteigenen Atheismus. In diesem Mißverständnis könnte man sich sogar auf Rudolf Steiner berufen: »Der Weltenlenker hat sich in die Welt vollständig ausgegossen; ... er treibt sie von innen ... Die höchste Form, in der er innerhalb des gewöhnlichen Lebens auftritt, ist das Denken und mit demselben die menschliche Persönlichkeit[31].« Nur für das gespiegelte Bewußtsein hat *außen* und *innen* eine Bedeutung. Für ein nicht an den Leib gebundenes Bewußtsein gibt es keine bedingenden Grenzen – außen, innen – wie etwa die Hautgrenze, mit der das Bewußtsein sich insofern identifiziert, als es sich »innerhalb« der Haut erlebt. Das Denken selbst kennt keine Grenzen. Wenn es solche zu erkennen vermeint, gewahrt es nicht, daß diese schon, indem sie erscheinen, innerhalb des Bewußtseins sind. »Außen« und »Innen« sind Begrifflichkeiten, welche sich von etwas her bestimmen, was über »Außen« und »Innen« steht. Das naive Bewußtsein glaubt, was es selber erzeugt: die »Realität« ist draußen, ich bin innen. Ebensolche Unmündigkeit spricht sich darin aus, das Göttliche »innen« zu suchen. Wenn das zu seiner Autonomie erwachte Denken diese Autonomie nicht sogleich im Dienste bloßer Egoität verlöre, so würde es nach seiner Quelle fragen. Es würde durch die Konzentrationsübungen aufsteigen können in die Kontemplation und dabei gewahren: Wenn jemand sein Denken kontempliert, erfährt er: Es ist nicht *sein* Denken, und nicht *er* ist es, der es kontempliert. Die Fragen nach Transzendenz und Immanenz, außerhalb oder innerhalb des menschlichen Erfahrungsbereichs, Ich und Nicht-Ich gehören zum gespiegelten Bewußtsein. Wer Wert auf die Frage legt, ob Gott »außerhalb« der Welt, des Menschen, existiert oder nicht, zeigt, daß er keine Erfahrung hat vom leibfreien Bewußtsein.

Gott hat sich mit dem Menschen vereinigt, durch ihn von neuem mit der Welt – indem er sein Sonder-Dasein aufhob. Ist nun die Welt göttlich – oder Gott menschlich? Jedenfalls hat die Göttlichkeit Raum geschaffen für den Menschen und für seine Welt. Dies ist die Gebärde der Liebe – freien Raum zu schaffen in der Seele für den anderen Menschen. Die ursprüngliche göttliche Liebe macht diese Gebärde. Nicht damit der Mensch die Gotteslehre einfach feststelle, sondern damit er *lese:* Die *Leere Gottes* ist seine Liebe zum Menschen. Sie spricht in ihrer Stille vernehmlicher als alle andere Offenbarung.

Tätigkeit, die sich entäußert

Das Reich der Himmel ist nicht außen. Aber auch keineswegs im Innen des Ego-Bewußtseins. Innerhalb des gewöhnlichen Bewußtseins ruht indessen der Keim, aus dem die Integration des Menschen beginnen kann.

Daß das Denken dem Menschen gehört, wird dadurch bewiesen, daß er die Realität des Denkens in Zweifel ziehen kann, ohne auch nur für einen Augenblick das Denken zu unterbrechen oder in den Tiefen seiner Seele sein Vertrauen gegenüber dem Denken aufzugeben. Wer das Gedachte sieht, kann fähig werden, auch das Denken zu schauen.

Die Welt kann nur dann wirklich Außenwelt sein, d. h. Gegenstand, wenn der Mensch fähig ist, auf seine Gedanken zu schauen. Solange wir in der Dualität leben, löschen wir das Ich aus; denn es ist die unteilbare Einheit: Individualität. Die dualistisch transzendentalen Weltanschauungen mißverstehen die Situation des antiken Bewußtseins. Dessen Quelle war tatsächlich außerhalb desselben und gehörte noch nicht dem Menschen. Deshalb war dieses Bewußtsein auch kein Selbstbewußtsein, sondern ein Bewußtsein »des Anderen«. Christentum bedeutet: die Quelle des Bewußtseins, das Denken, innerhalb des gewöhnlichen Bewußtseins zu finden. Sie ist seit Golgatha dort erreichbar. Aber die Verständigung mit sich selbst verharrt noch in der antiken Gebärde, – der Mensch sucht die Quelle außen.

Die Kontemplation des Denkens ist ein christliches Tun. Vor der Zeitenwende war sie nicht möglich. Die Zeitenwende war vor allem Bewußtseinswende. Das ursprüngliche Sonnenelement, fähig, sich selbst zu entäußern, bewegt sich im Denken.

Im Akt des Erkennens hat das Denken die Kraft, sich selbst zu vernichten, um sich »grenzenlos« dem Gegenstand hinzugeben. Da das Denken in diesem Sinne tot ist, seine Vernichtung – als Tod seiner abgestorbenen Wesenheit – in sich die Überwindung seines erstorbenen Zustands trägt, so stirbt es, um der Intuition des Gegenstandes Platz zu schaffen. Es ist entscheidend, im Denken die Kraft des Auferstehens zu entdecken.

Die Kontemplation des Denkens enthüllt den Weg zur neuen Schöpfung. Die Tradition konnte von ihr nicht wissen, weil sie ihre Vorbedingungen nicht besaß: Sie ist die Tat, die das Element der inneren Auferstehung in die Welt trägt, einen ersten Anfang, das ursprüngliche Sonnenelement.

Der Logos erscheint in der Freiheit

Das Verstehen ist keine Verstandesarbeit. Der Rationalismus entstand nicht aus Rationalismus und wird nicht durch Rationalismus vom Menschen gewählt. Wer das Geistige sucht, geht von einer Idee des Geistigen aus: Diese Idee sollte er als Erfahrung, nicht als leere Abstraktion haben. Durch Kontemplation kann er zu ihr – nicht zu dem, was sie für das gespiegelte Bewußtsein bedeutet – gelangen; zu einer Kraft der Seele, deren Auslöschung mit der Bedeutung zusammenfällt. In dieser Kraft kann er das unkörperliche Element des Willens wirkend erfahren. Man bedarf der klaren Erkenntnis dessen, was man sucht: Die Bewegung dieses Erkennens enthüllt sich als der Anfang, als das Prinzip dessen, was man sucht: des Geistes selbst. Und von dieser Kraft, von dieser Erfahrung wird die Vorstellung des Geistes weggefegt als blutloses, schwaches Schattenbild. Was man sucht, kommt unerwartet entgegen, als Ideenkraft, und vernichtet die Vorstellung von dem Geist, die die menschliche Schwachheit braucht.

Nicht der Inhalt macht das Denken aus, sondern allein das Wie. Der Inhalt ist immer dialektisch, gespiegelt, aber die Kraft, die ihm zum Ausdruck verhilft, ist das Lebendige. Steiner findet die Denkart der materialistischen Denker »einer sehr weitgehenden Spiritualität« trächtig. So spricht er von Darwin, Haeckel, Comte, Clifford, Vogt, Moleschott, Büchner u. a. *Was* sie sagten, ist nicht wesentlich: die Art, *wie* sie denken ist der Keim einer neuen Spiritualität.[32]

Dieses »Wie« spricht aus dem Aufsatz von 1899[33], aus den

erkenntniswissenschaftlichen Schriften, durchzieht das ganze Werk und greift in grandioser Weise am Lebensende auf »Die Philosophie der Freiheit« zurück: im »Michael-Mysterium«.[34]

Auf den Inhalt zu schauen, ist eine ärmliche Verständnisgeste. Es heißt, die Gedanken weiterzudenken! Und dort, wo im Werk am eindrücklichsten an das Erleben des Denkens appelliert wird, dort erscheint der Stern der Freiheit.

Das Mysterium Michaels, die Zurückführung des individuellen Denkens zum kosmischen – lebendigen – Denken innerhalb des Denkens, ist das zentrale Thema der modernen Einweihung, deren Begründer der Meister war, der als Rudolf Steiner in unserer Zeit lebte. Es war das größte Opfer dieser Persönlichkeit, in menschliche Sprache zu fassen, was übermenschlich ist, die Erkenntnis, die das menschliche Vorstellen, das heute an das Sinnlich-Wahrnehmbare gebunden ist, erlösen kann. Von diesem Opfer spricht Rudolf Steiner öfter in ergreifender Weise.[35] Der Logos aber, heute im menschlichen Denken verborgen, ist – und war es immer – schwer zu erkennen. Er wird heute im Denken gekreuzigt, indem das Denken verwendet wird, ihn zu verleugnen, sich selbst zu verleugnen, nicht die erlösende Kraft in sich selbst zu entdecken, auf den Inhalt des Denkens zu schauen, nicht auf seine Bewegung. So bilden die Werke Rudolf Steiners vor der Jahrhundertwende – als Inhalte genommen – Schwierigkeiten für die, denen die »Meinungen« wichtig sind, und die auch in Haeckel und Nietzsche nicht die Spiritualität entdecken, die Rudolf Steiner in ihnen empfunden hat; die nicht vernehmen und nicht vernehmen wollen die Worte des Meisters. Dieser sagt: Begib dich auf den Weg, ändere dein Leben, werde Wein. Und er hat nicht gesagt: Vergleiche meine Meinungen, vergleiche die verschiedenen Stellen meines Opfers – meine Wunden. Es waltet der höchste Logosgeist in seinem Werk auch dort, wo kein einziges Wort vom Christentum fällt.

Warum Geistes-Wissenschaft?

Heute wird dem suchenden Menschen eine große Anzahl von Lehren angeboten, die ihm ein Verständnis der Welt versprechen. Teils sind sie »spiritueller« Art, was man auch darunter versteht. Wer sich von ihnen angezogen fühlt, ist selten imstande anzugeben, was ihn bewegt und warum es ihn zu eben der betreffenden Lehre zieht. Denn diese Lehren haben keine wissenschaftliche Form, wogegen die mehr materialistischen Weltanschauungsgebäude wenigstens dem Anspruch nach wissenschaftlich begründet sind. Die Geisteswissenschaft Rudolf Steiners, die Anthroposophie, ist jedoch eine spirituelle »Lehre«, die von ihrem Urheber als methodisch zu erarbeitende Wissenschaft entwickelt wurde. Es ist eine weitere Frage, ob sie durch ihre Anhänger als Wissenschaft behandelt und gehandhabt wird.

Hier sollen nun zwei Fragen behandelt werden:
1. Ist sie wirklich eine Wissenschaft, und worin besteht ihre Wissenschaftlichkeit?
2. Warum halte ich sie für aktuell?

Es wird sich zeigen, daß diese beiden Fragen eng miteinander verknüpft sind.

Was ist Wissenschaft?

Wissenschaft kann nur sein, wo Fragen sind. Fragen können nur sein, wo Dunkelheit bemerkt wird: wo Licht und Finsternis beide anwesend sind und wahrgenommen werden. Das bedeutet: der Mensch hat Begriffe, mit denen er fragen kann, und er sucht die Vervollständigung seiner Begriffe durch diese Fragen. Diese »Vervollständigung« kann darin bestehen, daß er seine Begriffe auf die Wahrnehmungswelt bezieht und sie dort »bestätigt« findet.

Diese Beschreibung des wissenschaftlichen Vorgehens unterscheidet sich wesentlich von der Vorstellung von Wissenschaft, die seit Bacons Festlegung der Erfahrung als einzig sicherer

Quelle der Wissenschaft allgemein verbreitet ist. Aber die Betrachtung des ausgeprägten Beispiels einer Wissenschaft kann davon überzeugen, daß die Baconsche Empirie gar nicht existiert: Die *Naturwissenschaft* geht historisch und logisch nicht von Beobachtungen aus, sondern von Fragen. Denn um beobachten zu können, muß man innerhalb der gesamten Welt der Wahrnehmungen eine Auswahl treffen, und die Auswahl geschieht anhand einer Theorie, die auf das hinweist, was aus dem Chaos der Möglichkeiten an konkreten Beobachtungen herauszuheben ist. Theorie bedeutet Begriffswerk. Das Begriffsnetz der Naturwissenschaft wurde größtenteils durch Newton geliefert; er entwickelte aus reinem Denken die grundlegenden Begriffe – Masse, Kraft, Beschleunigung, seine logischen Axiome –, durch die das ordnende und geordnete Fragen in der Wahrnehmungswelt möglich wurde. Das Gerüst der Begriffe wurde mit Wahrnehmungen erfüllt, zum Teil mit Wahrnehmungen aus Versuchen. Um beobachten zu können, mußte man dieses Begriffsgerüst also erst schaffen. Es entstand aus Intuition. Nie wurde eine Bewegung ohne Reibung beobachtet, noch weniger ein Massenpunkt: Das reine Denken ermöglichte die Wahrnehmung der Newtonschen Welt. Diese Welt gab es vorher nicht.

An den Beobachtungen bildeten sich neue Fragen, neue Begriffe. Zu dieser Weiterentwicklung aber mußte erst die entsprechende »Anschauungsweise«, ein Begriffsgerüst, da sein, und diese ergab sich Newton in den zwei Jahren von seinem 24. bis zum 26. Lebensjahr intuitiv. Er stellte in diesen Jahren kaum Beobachtungen an, auch später nur sehr wenige.

Der »Ruck«, der alle folgende Wissenschaft bis zum heutigen Tag – selbst die Quantentheorie verwendet die Newtonsche Begriffsstruktur, und allein die Realivitätstheorie ergab einige neue Begriffe und damit neue Beobachtungsmöglichkeiten – in Gang brachte, einschließlich der Technik, das war das Erscheinen des reinen mathematischen Denkens. Dieses bildet Gedankenstrukturen, die an sich »abstrakt«, »bildhaft«, ohne sinnliche Realität sind, die sinnliche Realität aber kategorial ordnen, gestalten und bestimmen. Die Wissenschaft entsteht und besteht also dadurch und darin, daß der Mensch ein Begriffsgerüst, das ihm durch reine Intuition gegeben wird, mit Wahrnehmungsinhalten ausfüllt, die er mit Hilfe der Begriffe aus dem gegebenen Weltinhalt aussondert, man könnte sagen: in ihm erblickt. Das bildet die Grundstruktur der Wissenschaft. Wenn sie geschaffen ist, können Beobachtungen gemacht werden, die selbst zur Bildung neuer Begriffe führen. Wo der Weltinhalt dem Menschen nicht in Begriff und Beobachtung – in Wahrnehmen und Denken – erscheint, ist Wissenschaft nicht möglich.

Naivität

Am besten kennen wir das reine Denken in seiner mathematischen Erscheinungsform. Ohne Bezug auf die Wahrnehmungswelt kann es durch innere Evidenz ausgebildet werden, die im Denken mit einer Sicherheit, die jedes Wahrnehmungserlebnis übertrifft, getragen wird. Wir durchschauen diese Begriffe vollständig in ihrer quantitativen Struktur, und wir versuchen die Wahrnehmungswelt mit ihnen zu durchdringen. Was allgemein nicht bemerkt wird, ist, daß zu dieser Durchdringung noch weitere Begriffe notwendig sind, die ebenso nur rein intuitiv gewonnen werden können wie die mathematischen, ihnen jedoch keineswegs an Klarheit und Durchschaubarkeit gleichkommen. Solche sind z. B. die physikalischen Begriffe von Kraft, Masse, Bewegung, Energie. Weiter kann man einsehen, daß zur Physik schon die ganze »Sprache« erforderlich ist, darunter die aristotelischen Kategorien und andere begriffsartige Gebilde, die das Denken und die Sprache überhaupt ermöglichen, wie Kausalität: »weil«, ich, ja, usw. Niemand kann sie wahrnehmen, definieren, weil sie bei jeglicher Erklärung schon vorausgesetzt werden müssen. Man könnte sagen, wir verwenden sie halbbewußt und hüten uns, sie näher in Frage zu ziehen.

Durch das geschilderte Verhalten entsteht das allgemein verbreitete, halbbewußte Weltbild des naiven Realismus. Man kann es charakterisieren durch das Dogma: Das Erkennen hat keinen Realitätswert, nur das Erkannte. So formuliert, springt die Widersprüchlichkeit ins Auge. Sie wird aber vom Bewußtsein kaum bemerkt, und das ist eben ein Krankheitssymptom: das Bewußtsein schaut auf seine eigenen Erzeugnisse und hält sie für wirklich, während es sich selbst, seine Wirksamkeit gar nicht bemerkt, sich »vergißt« und so aus der Wirklichkeit ausschließt. So entsteht die paranoide Welt der vom Erkennen unabhängigen Wirklichkeit. Obwohl es vom Bewußtsein nicht bemerkt wird, ist diese Welt eine Vergangenheitswelt: eine Welt des Gedachten, des Wahrgenommenen, des Vorgestellten.

Eine Gegenwartswelt wäre für das Bewußtsein nur im Erleben des Denk-, Wahrnehmungs-, Vorstellungsaktes möglich. Dann aber würde es auch die Realität dieser Vorgänge erleben.

Das antike Bewußtsein

Die Vorgänge, die der heutige Mensch verschläft und abstrakt als »Erkennen« zusammenfaßt – falls er das Erkennen vom Ergebnis des Erkennens unterscheiden kann –, wurden vom antiken Menschen mehr oder weniger »erlebt«. Dieses Erlebnis ist eben deshalb nicht zu vergleichen mit dem heutigen »Erfahren« des Erkannten, das zugleich Wissen über dieses Erfahren, ein bewußtes Verhältnis dazu bedeutet. Das antike Erleben war vielmehr ein Darinnen-Stehen, ohne Reflexion, die ja gewissermaßen auch ein Element des Außen-Stehens enthält. Das Gegebenwerden der Welt wurde wahrgenommen – in mehr traumhafter Weise – als Bewegung eines Herankommens: dadurch war jene Welt ganz verschieden von der unsrigen. Welt und Bewußtsein der Welt, Denken und Wahrnehmen waren Einheit: der Mensch empfand sich als ein Teil des Weltganzen; und Mysterienwissen und Mysterienstreben sollten dem Menschen zum Selbstbewußtsein verhelfen, d. h. ihn bewußtseinsmäßig von der Welt, die das Geistige – heute unser »Erkennen« – noch enthielt, trennen, ihm aber zugleich mit dieser Trennung das Bewußtsein des Göttlich-Geistigen – Erkennen – verschaffen; so war das Bestreben aller Mysterienschulen zu allen Zeiten, soweit sie die Menschheit *vorwärts* leiten und nicht in Bewußtseinszustände abgelebter früherer Epochen zurückführen wollten. Diese Mysterienströmung mit dem Ziel, den Menschen und auch die kosmische Intelligenz »nach unten«, zur Erde zu leiten, wird von Rudolf Steiner als die Strömung des Zeitgeistes Michael bezeichnet.

Im Menschen hat sich das gespiegelte Bewußtsein entwickelt: in ihm wird nun nicht mehr die Bewegung der Licht-Welt zum Menschen hin erlebt, sondern die Wirkung – Spiegelung – dieser Bewegung im Bewußtseinsorganismus, an dem der Mensch sich erlebt.

Damit entstand nach und nach das Erkennen in *zwei Takten:* das Hingegebensein an *Etwas* und – das Hingegebensein unterbrechend – das Bewußtsein des *Etwas* im Selbsterleben.

Naturgemäß konnte keine Frage, keine Wissenschaft vorher

da sein. Das zweitaktige Erkennen erst bringt Frage und Antwort getrennt durch das Spiegel-Bewußtsein. Damit aber bildet sich im Abgetrenntsein von der Welt das Eigenwesen, das Selbstbewußtsein, die Möglichkeit des Fragens: der Keim der Freiheit.

Dem antiken Bewußtsein waren Sehen, Hören, Riechen usw. Wunder, weil es deren übersinnlichen Anteil miterlebte: das Sinnliche kam als Ergebnis des übersinnlichen Vorganges zustande. Mit der Entwicklung des gespiegelten Bewußtseins, das *nur* auf dieses *Ergebnis* schaut, hat sich die göttlich-geistige Welt – die Welt des Erkennens – von der sinnlich-irdischen – der Welt des Erkannten – abgesondert.

Die Suche nach dem Geist

Als krankhaft kann man den geschilderten Entwicklungsgang in der Phase bezeichnen, in der das Wissen – Erinnern, instinktives Fühlen – des göttlich-geistigen Elementes, das in jedem Erkenntnisakt wirksam ist, hinschwindet und der »Blick« des Bewußtseins einseitig von der Welt des Erkannten fasziniert wird. Selbst das Erkennen als Vorgang wird zurückgeführt auf das durch das Erkennen Erkannte – das ist Symptom der Erkrankung.

Wenn er sich nun trotz der Erkrankung unmöglich in der Welt der Vergangenheit heimisch fühlen kann, so geht der Mensch aus sehr verschiedenen Impulsen auf die Suche nach dem Geistigen. Er tut das zunächst offensichtlich mit dem teilweise intellektuell erkrankten Bewußtsein. Das Symptom der Erkrankung kann darin gesehen werden, daß das Bewußtsein eine scharfe Trennung zwischen »außen« und »innen« empfindet, und die Welt der Wahrnehmung außen als Wirklichkeit, die der Bewußtseinsprozesse dagegen als relativ unwirklich vorstellt. Das ist auch dann der Fall, wenn der Mensch durch erkenntnistheoretische Erwägungen die Unhaltbarkeit dieser Ansicht einsieht. Im Empfinden bleibt die Erkrankung. Daher ist es fast selbstverständlich, daß der Mensch die Geistigkeit zunächst nicht im Vorgang des Erkennens, sondern im Erkannten sucht: in einer vorgestellten, daher vergangenen Welt, für die er keine Sinnesorgane hat. Diese vorgestellte Geisteswelt ist eine Transzendenz, ein Produkt des erkrankten Bewußtseins. Dieses ändert sich und seine Wirkungsweise nicht durch das Thema; ob es

Sandstein denkt, ob es Erzengel denkt – es bleibt das gleiche dualistische Denken. Das »Finden« des Geistes ist nur möglich, wenn die suchende innere Gebärde sich an die Vorgänge des Erkennens wendet: den Geist in dem sucht, was dem Erkannten vorangeht. So kann der heutige Mensch in der suchenden Gebärde selbst finden, was er sucht. Man wird an Aussprüche Meister Eckharts, Pascals und der Zen-Meister erinnert.

Die Überwindung des gespiegelten Bewußtseins

Es mag aus dem Vorangehenden klar geworden sein, daß der Geist nicht im Vorstellungsgebiet des gespiegelten Bewußtseins zu finden ist, d. h. nirgendwo »draußen«, nicht »irgendwo«, sondern in der Bewegung des Bewußtseins selbst. Da der bewußte Mensch jede Gebärde mit dem Denken macht, ist zuerst das Denken zu verwandeln, ist im Denken die Gegenwart des Vorganges vor der Spiegelung zu erfahren. Daß dieses Gebiet der Erkenntnisprozesse kein subjektives ist, macht überhaupt das Erkennen als universelle Tätigkeit möglich. Diese Prozesse sind Weltenvorgänge.

Erkenntnistheoretische Überwindung der Naivität

Die theoretische Betrachtung kann nur von der Beobachtung des Bewußtseinsfeldes ausgehen, sonst ist sie nicht ohne Vorbedingungen, nicht voraussetzungslos. Beobachtung und Logik sagen dem Menschen: der Bewußtseinsinhalt – Dinge, Welt – kann nicht früher sein als das Bewußtsein, das Erkannte nicht eher als das Erkennen. Das Gesehene – das Ding – ist nicht Ursache, sondern Ergebnis des Sehens. Das Erkannte kann nicht wirklicher sein als das Erkennen selbst. Damit ist jeder Anspruch des naiven Bewußtseins auf die Priorität der »Welt« und auf ihr »unabhängiges Bestehen« vor dem Bewußtsein aufgehoben.

Eine Besinnung erblickt den intuitiven Charakter aller Begriffe. Kein Begriff ist erklärbar: um ihn zu erklären, braucht man wieder andere Begriffe, und so fort.

Die dritte Besinnung zeigt das unmittelbare Licht, das unmittelbare Erkennen. Wir brauchen Vermittlungen: die Schwingungen der Luft versetzen das Trommelfell in Schwingung, das reizt die Hörnerven, der Impuls geht durch die Nervenleitung weiter, usw. Es entstehen chemische, physikalische, elektrische u. a. Wirkungen. Am Ende der Vermittlungskette jedoch muß einmal das Bewußtsein – das Verstehen – da sein: unvermittelt. *Einer* muß es nach der letzten Vermittlung verstehen. Ihm ist jede Vermittlung nur Zeichen. Zeichen gelten aber nur für ein Bewußtsein. Wenn das unmittelbare Verstehen nicht möglich wäre, so wären alle Vermittlungen umsonst. – Diese Erwägungen weisen auf ein gewöhnlich nicht erschlossenes Gebiet des Bewußtseins. Falls die erste Erwägung in bezug auf die Untrennbarkeit von Welt- und Bewußtseinssphäre wirklich tief verstanden wurde, entfällt der Einwand, daß das neue Gebiet des Unmittelbaren *nur* zum Bewußtsein gehört.

Praktische Überwindung der Naivität

Nach den Erwägungen theoretischer Art kann die Frage entstehen, warum wir die noch ungespiegelte lebendige Phase des Denkens nicht erleben? Die Antwort kann aus der Beobachtung des Denkens kommen: Es ist allzu dekonzentriert, unselbständig in dem Sinne, daß es nur auf ein Ziel gerichtet ist, um etwas zu erdenken, und nicht um seiner selbst willen zustande kommt. Daher muß das Denken sich zuerst erkraften, konzentriert werden. Dadurch erkraftet auch seine solare Natur, die darin besteht, daß das Denken von sich weiß: es weiß, daß es denkt und was es denkt, wenn dieses Wissen sich auch nur nachträglich realisiert, nachdem gedacht wurde. Die Erstarkung der Solarität bedeutet, daß das Denken sich vor seiner gespiegelten Phase durchleuchtet erfährt: es erlebt zugleich sich selbst. Es löst sich von den Worten, wird wortloses Denken. Worte sind beim heutigen Menschen später als das eigentliche Denken.

Das unmittelbare Bewußtsein würde im Augenblick der Begegnung mit dem Ding, mit einem Wesen *wissen;* das gespiegelte Bewußtsein verschläft die Begegnung und weiß nachher vom Ding, doch nicht von der Begegnung und nicht von sich selbst. Wenn es von sich weiß, ist das auch nachträglich; es verschläft die Gegenwart in jedem Fall. Im wortlosen Denken wird Erfahrung, daß die Welt eine Licht-Welt ist: lauterer Sinn; und dieser Sinn ist zugleich Bewußtsein. Der Charakter der wahren Realität ist Bewußtseinslicht. Bewußtseins-Licht – Realität – zu sein, nicht etwas, was ohne Licht da ist und vom Licht beleuchtet wird, um Bewußtseinsinhalt zu werden – so wenigstens *scheint* es zu sein –: das ist das wahre Sein. Wir sind stets im Licht. Wir sehen: das ist Licht; wir wissen darüber: das ist Licht. Nichts, selbst nicht die Finsternis, ist außer der Licht-Natur der Welt gegeben.

Die Struktur der Geisteswissenschaft

Die Geisteswissenschaft beginnt mit der theoretischen Auflösung der Naivität in den erkenntnistheoretischen Werken. Sie schreitet weiter zur Gesundung des erkrankten Erkennens: Übungen zur »Reinigung«. Sie bringt dann eine intuitiv zu erwerbende neue Begriffswelt an das vom Dualismus des Außen und Innen geheilte, gesunde Bewußtsein heran und führt weiter zur Verwirklichung einer neuen Wahrnehmungswelt, welche das Gerüst der neuen Begriffe erfüllt: die Welt der höheren Erfahrungen, die sonst verschlafenen Erkenntnisvorgänge.

Die Ergebnisse des Geistesforschers sind verständlich für den gesunden und unvoreingenommenen Menschenverstand. Diesen gibt es heutzutage fast nicht mehr. Gesund ist der Verstand, der außen und innen nicht mehr als Dualität empfindet: »Solange sie den Glauben hegen, daß dasjenige, was da draußen ist, ein Äußeres ist und was da drinnen ist, ein Inneres ist, solange können sie gar nicht zu dem kommen, was ich immer nenne: durch den gesunden Menschenverstand die geisteswissenschaftlichen Tatsachen einsehen; denn die geisteswissenschaftlichen Tatsachen kann man nur einsehen, wenn man zugrunde legt ein unbefangenes Anschauen.«[36] *Das* ist gleichbedeutend mit der praktischen Überwindung der Naivität. Anders formuliert: »Ich will mich nur des physischen Gehirns zum Verstehen bedienen, ich will nicht lernen ein anderes Denken als das, welches sich faul an das physische Gehirn anlehnen kann. Mit dem ist natürlich anthroposophische Weltanschauung nicht zu verstehen. Nicht als ob man hellsichtig sein müßte, um sie zu verstehen, aber man muß sich üben in einem solchen Denken, das nicht an das physische Gehirn gebunden ist. Und was in der anthroposophischen Literatur vorhanden ist, was mit dem gesunden Menschenverstand – und der ist nicht an das Gehirn gebunden, nur der kranke materialistische Verstand ist an das Gehirn gebunden –, was mit dem gesunden Menschenverstand erlernt werden kann, das trainiert allmählich ein solches Denken, ein solches Empfinden, ein solches Wollen, daß dieses

Denken umd Empfinden und Wollen den entsprechenden Ereignissen der Gegenwart gewachsen ist.«[37]

Es ist ersichtlich, daß das verstandesmäßige Verhalten für den heutigen Menschen nicht ohne Vorbedingungen möglich ist. Die theoretische und praktische Heilung von der anerzogen »angeborenen« Naivität ermöglicht erst die Erwerbung von neuen intuitiven Begriffen, die für die Welt des Erkennens, die geistige Welt, das Gerüst bilden wie die Newtonsche Begriffswelt für die Naturwissenschaft.

Danach folgt die Ausbildung neuer Erkenntnisorgane, besser gesagt, von neuen Funktionen des Bewußtseins. Diese liefern zu der neuen Begriffsstruktur die »Beobachtungswelt«. Die Begriffe müssen wir wie in der Naturwissenschaft schon haben, um zu wissen, was zu beobachten ist. Das Gebiet der Geisteswissenschaft wird von Rudolf Steiner nach zwei Richtungen hin abgegrenzt: von der begriffslosen »Hellseherei«,[38] die – in Ermangelung entsprechender Begriffe – die neue Wahrnehmungswelt mit dem gewöhnlichen Denken nur deuten kann und sie deshalb mißverstehen muß; und von dem in der erkrankten Vorstellung verhafteten Bewußtsein, das nicht imstande ist, die mitgeteilten »Inhalte« zu verstehen, weil es durch die Bewußtseinserkrankung an der Bildung intuitiver Begriffe verhindert ist.

Wie die Mathematik geeignet ist zur Durchdringung der mineralischen Welt in ihrem quantitativen Aspekt, so das imaginative Denken zur Durchdringung der Lebenswelt. Ein Anfang davon ist Goethes Idee der Urpflanze. Wie das Denken geheilt und weiterentwickelt werden kann – vor allem zum wortlosen Denken –, so kann das Vorstellen und das Wahrnehmen eine entsprechende Gesundung und Fortentwicklung erfahren, wobei Denken, Wahrnehmen und Vorstellen einander stufenweise immer näherrücken. Die *Wissenschaftlichkeit der Geisteswissenschaft* besteht also darin, daß sie das Erwerben einer Begriffsstruktur ermöglicht und in der Weiterentwicklung des mathematischen Denkens zur Imagination[39] den Weg angibt, wie zu der neuen Begriffswelt eine neue Wahrnehmungswelt zu realisieren ist. Diese füllt das Begriffsgerüst aus. Allerdings sind zum Gewahrwerden dieser Welt neue Bewußtseinsfunktionen auszubilden, ähnlich wie man neue Instrumente braucht, um die mikroskopische Welt zu beobachten.

Im Lichte dieser höheren Erkenntnis erscheint die Sinneswelt als die letzte Phase des Erkennens, sein Zum-Stillstand-

Kommen, sein Ende: sein Grab, das als Schriftzeichen auf den Leser wartet, um in ihm aufzuerstehen und wieder Teil der lebenden Gegenwartswirklichkeit zu werden.

Weil andere »geistige Lehren« entweder die Erkrankung des modernen Bewußtseins nicht bemerken, da sie an der gleichen Krankheit leiden, oder weil sie, aus älteren Zeiten stammend, zu ihrer Zeit nicht mit dem gespiegelten Bewußtsein zu rechnen hatten, liefern sie dem modernen Bewußtsein Inhalte, die diesem nicht helfen können. Diese Lehren sind daher, oft gerade durch ihre ästhetische und psychische Anziehungskraft – meistens appellieren sie eindringlich an die Sehnsucht nach dem »ursprünglichen« geistigen Daseinszustand – Irrwege für das kranke Bewußtsein und sind Krankheitsherde, hinter denen rückläufige Impulse wirken.

Jeder historische Impuls ist letzlich dadurch in Dekadenz geraten, daß die »konservativen« Lehren – oder die Deutung von Lehren – Oberhand gewannen über die Bestrebungen, das menschliche Bewußtsein zur Verselbständigung und zur eigenen Schöpferkraft zu führen, unter Beibehalten wenigstens der Erinnerung an den geistigen Charakter des Erkenntnis-Lichtes. Diese Mißdeutung, dieser Mißbrauch kann auch mit der Geisteswissenschaft geschehen, wenn sie von dem ungeheilten naiven Bewußtsein als eine dualistische Geist-Vorstellungslehre erfaßt wird, also nicht als Geistes*wissenschaft*.

Das Schicksal der kosmischen Intelligenz

Die naive Anschauung meint, das menschliche Bewußtsein sei immer so gewesen wie das des heutigen Menschen. Die spirituell-naive Anschauung weiß, daß das alte Bewußtsein von dem heutigen verschieden war, rechnet aber paradoxerweise doch nicht damit, daß das heutige Bewußtsein sich demnach vom alten unterscheiden muß: Es kann die Lehren und Inhalte der Tradition, die in einer dem alten Bewußtsein entsprechenden Form geboten wurden, nicht in adäquater Weise entgegennehmen – sonst hätte es ja diese Inhalte gar nicht nötig und würde nicht den aussichtslosen Versuch machen, das moderne Bewußtsein durch die alten Lehren zu verwandeln. Das wäre auch überflüssig, wenn dieses Bewußtsein die traditionellen Lehren und Anweisungen verstehen könnte. In dieser Haltung liegt wieder eine Naivität.

Im Übergang von dem antiken in das gespiegelte Bewußtsein ereignete sich das Herniedersinken der kosmischen Intelligenz in den Menschen – in extremer Form ausgedrückt: »und der Logos ward Fleisch«, womit die traditionellen Lehren nicht rechnen, nicht rechnen können. Sie rechneten mit dem Zustand des Bewußtseins, der vorausging, damit einmal dieses Hinuntersinken der Schöpfungskraft geschehen werde. Mit dem neuen Zustand zu rechnen, ist gleichbedeutend mit dem Aufbau einer wissenschaftlichen Methode: einer Wissenschaft, die die sonst verschlafenen Vorphasen des Erkennens in das Feld der Forschung rückt, sowohl begrifflich wie anschauungsweise: damit geht sie über die von den Sinnen gegebene Welt hinaus.

Das alte Wissen galt für wenige Auserwählte. Die neue Wissenschaft des Geistes ist »demokratisch«, weil die heutigen Menschen der Anlage nach in sich tragen, was die alten vorwärtsgerichteten Mysterien sich als Ziel setzten: die Kraft des Logos. Dies bildet die Grundlage der Demokratie: jeder ist potentiell auserwählt und entscheidet selbst, ob er seine Auserwähltheit verwirklicht oder auf sie verzichtet. Alle »fortschrittlichen« Mysterien zielten auf die Lostrennung des Menschen von der Einheit mit dem Göttlichen. Den Übergang vom Mysterienwissen zur Wissenschaft bildet *Aristoteles*. Aus Mysterienweisheit verschlüsselte er die geistige Welt in der Kategorienlehre: sie bildet das Gerüst unserer Wahrnehmungswelt. Zugleich sind die Kategorien – nicht nur die aristotelischen – die Schlüssel zum Eintritt in die geistige Welt: dort haben sie ihre Realität, und im gewöhnlichen Bewußtsein ist nur ihr Schatten; und doch halten sie diese Welt der Sinne wie Pfeiler.

Das Ziel der alten Mysterien war auch Erfahren des Lichtes, solange es – das geschah in jeder Kulturepoche – nicht verdrängt wurde durch die rückgewandten Tendenzen, die das Teilnehmen am Licht, ohne es zu erfahren, zum Ziel hatten, – zurück ins Paradies. Fast jede Kultur scheiterte an dem winzigen Unterschied in der »Technik« der Einweihungsvorgänge – der aber am Ende zum absoluten Antagonismus auswuchs.

Erfahrung kann nur Erfahrung des Ich sein.

Die Dekadenz der alten Mysterien lebt heute weiter in den Impulsen, die nicht das Erfahren des Lichtes im Denken, im Erkennen anstreben, sondern mit »geistigen Inhalten« Dogmen, »Wissen«, von undurchleuchteten Ausgangspunkten aus am »Übersinnlichen« teilhaben wollen.

Derselbe Impuls zeigt sich in jeder Erlebnismöglichkeit des

Menschen, an der er sich nicht erkennend beteiligen kann oder will.

Das Erleben – Erfahren – der abstrakten Kategorien wie Sein, Zeit, Raum, bedeutet das Leben in ihrer Wirklichkeit. Das Erfahren des »Seins« – Kategorie – *ist* das Sein. Das *Das* – TAT – das Gegebene, Gegenüberstehende, das heute die natürlichste »Wahrnehmung« des Bewußtseins ist, war einst die Intuition des Eingeweihten: – das vom kosmischen ICH Abgetrennte. *Das* bist du – *tat wam asi* – das war ein Erziehungsmittel zur Ich-bin-Erfahrung.

Es könnte gefragt werden: wo zeigen sich in der skizzierten geistigen Wissenschaft die Inhalte, die vom Geistesforscher in der traditionellen Sprache oft als übersinnliche Wesenheiten angedeutet werden? Wenn der Mensch sich beobachtend auf die Art seines Denkens besinnt, entdeckt er, daß dieses Denken keine Willkür duldet; es hat ein regulatives Element, ein »So«, das in der gewöhnlichen Sprache nicht auszudrücken ist, etwa eine neue Kategorie. Man denkt »so«. Die Logik ist eine nachträgliche und immer partielle Beschreibung dieses »Wie«, das stets neue logische Formen produzieren kann: es lebt. Wer denkt in mir dieses lebende »Denken«? Man könnte auch fragen: Wer »unterrichtet« und wer »lernt« im Kind das Denken und Sprechen? Denn das Kind – und so auch die Menschheit – lernt nicht durch das »*Ich*« sprechen: Um »ich« zu sagen, muß schon gesprochen und gedacht werden. Man begegnet rein denkend der Tätigkeit hierarchischer Wesen; man trifft sie in der Tat, wenn man die Begriffe und das lebende Denken erfährt.

Die alten Mysterien führten die kosmische Intelligenz auf die Erde herab; es ist aber die Erinnerung an den Ursprung dieser Intelligenz, das Wissen um seine göttlich-geistige Natur in ihnen nie erloschen. Die Geisteswissenschaft tritt in einer Zeit auf, in der dieses Wissen erloschen ist, wo die Erfahrung des Erkenntnislichtes durch die Struktur des gespiegelten Bewußtseins ohne seine Wandlung unmöglich ist. Dieses Ziel, diese Möglichkeit des Licht-Erfahrens denkerisch-begrifflich zu erfassen, ist auch nur einem Bewußtsein möglich, das vom allgemeinen Krankheitszustand einigermaßen geheilt ist: von der Erkenntnisnaivität jeder Art.

Es ist nicht zu verwundern, daß die Geisteswissenschaft von vielen Menschen nicht als Wissenschaft genommen und gepflegt wird. Noch weniger verwunderlich ist es, daß viele Menschen den grundlegenden Unterschied zwischen der Geisteswissenschaft und jeglicher traditionellen Geisteslehre oder Weltanschauung nicht gewahrwerden: Um den Unterschied zu sehen, genügt nicht Sympathie oder Antipathie, sondern dazu ist wenigstens das gesunde Denken nötig, das eben ohne vorausgehende heilende Schulung so selten ist. Die Schwierigkeiten, sich *dieser* Lehre anzunähern, bilden ihren Schutz und machen die Schärfe der Wahl und der Entscheidung für sie aus: die *solare Tradition,* deren Nachfolge sie ist, war in den letzten Jahrtausenden immer eine verborgen wirkende Kraft und wird es noch lange bleiben. In der Verborgenheit aber liegt die Wirklichkeit des Menschen, der Menschheit und der Welt. Die Vergangenheit ist uns offenbart, die Gegenwärtigkeit des Erkennens und die Zukünftigkeit des Moralischen liegt noch verborgen. Die Kraft der Verwirklichung aber nimmt in Richtung der Zukunft zu.

Die Wissenschaft des Menschen

Die Wissenschaft des Geistes unterscheidet sich von anderen Wissenschaften vor allem darin, daß sie das Feld der Forschung auf das Erkennen selbst als Vorgang ausdehnt. Sie gewinnt dadurch eine neue Realität: die Wirklichkeit der Gegenwart, d. h. auch: die Sphäre des Lebens. Das Verhältnis dieser Wahrnehmungswelt zu der ihr entsprechenden Begrifflichkeit ist dem der gewöhnlichen – sinnlichen – Wahrnehmungswelt entgegengesetzt: Sonst bringt der Mensch die eine Hälfte der Wirklichkeit – die Begriffe – aus sich hervor, die andere Hälfte – die Wahrnehmung – ist ihm das »Gegebene«; in der Imagination bringt er beide Hälften der Wirklichkeit aus sich hervor, so unpersönlich-universell wie sonst die reinen Begriffe.

Die Realität des gespiegelten Bewußtseins ist die Vergangenheit der lebendig-gegenwärtigen Realität, somit dieser gegenüber eine abgeschwächte Wirklichkeit. Der Ursprung der Gegenwartswelt liegt vorwiegend nicht in der menschlichen Sphäre. Im Erkennen aber fängt die menschliche Freiheit an und setzt sich fort in dem, was Moralität ist: eine Schöpfung aus dem Nichts. Anders gesagt: es ist die *Fähigkeit zum Anfang, zum Ursprung.* Im Anfang war das Wort, im Urbeginn; das Wort ist beim Menschen angekommen und mit ihm die Möglichkeit des Urbeginnens: Daß der Mensch *von sich aus,* aus Intuition das Gute tue, das ist der Sinn des Wortes

»Gnade«; daß der Mensch *von sich aus* die Wahrheit wisse, das ist der Sinn des Wortes »Wahrheit«. Charis und Alétheia sind die beiden Fähigkeiten, die dem Menschen durch den Logos, der Fleisch ward, zukommen. Schöpfung aus dem Nichts, Anfang, Moralität aber ist dem naiven Bewußtsein, das nur eine vom Menschen unabhängige Realität kennt, völlig unvorstellbar: sie gehören nicht dieser Welt an. Wahre moralische Intuition: Liebe ist nur möglich durch die Heilung von naivem Realismus und von der Egoität. – Egoität ist das »moralische« Antlitz des naiven Bewußtseins. – Deshalb bauen Idee und Wirklichkeit der Freiheit auf ein Bewußtsein, das die Naivität überwunden hat[40].

Die stärkste Wirklichkeit ist die der Zukunft. Sie ist die Welt der menschlichen Moralität. Die Wirklichkeit welkt gegen die Vergangenheit hin. Die Realität des – erkennenden – Menschen ist die der Gegenwart: der Mensch *ist* nicht, er *wird* immer, – alles andere ist Schein: seine Vergangenheit. Aus der Gegenwärtigkeit heraus kann er *anfangen:* die zukünftige moralische Welt aufzubauen, zu schaffen in der Welt der stärksten Wirklichkeit, deren Ergebnis die Welt der Vergangenheit ist, »die Wahrheit zu tun«, damit sie sei, – diejenige Wahrheit, die noch nicht ist.

»Planen« in der Welt der Vergangenheit ist ein Tun innerhalb der Vergangenheit. Die wirkliche, nicht bloß zeitliche Zukunft liegt zusammen mit der Gegenwart als *verborgene* Welt in der Unsichtbarkeit. Sie ist der Grund der sichtbaren Welt. In dem Verborgenen zu schaffen, ist das wahre menschliche Dasein. Zu diesem erzieht ihn die Geisteswissenschaft: das ist ihr Sinn, dazu ist sie da.

Anmerkungen

1 Siehe dazu Kühlewind: Bewußtseinsstufen. Meditationen über die Grenzen der Seele. Stuttgart 1976. Kap. Konzentration und Kontemplation.

2 R. Steiner: Die Schwelle der geistigen Welt. Dornach 1972, Gesamtausgabe GA 17, S. 12. – Alle weiteren Titel von Rudolf Steiner sind ohne Verfasserangaben.

3 Hierzu siehe das Kapitel »Geisteswissenschaft und Christentum«. Zugleich sei das Studium der Monographie »Philosophie der Freiheit« von Otto Palmer empfohlen.

4 S. Anm. 1, bes. Kap.: Das Grunderlebnis des Geistes.

5 Die geistige Vereinigung der Menschheit durch den Christus-Impuls. 13 Vorträge Dezember 1915 / Januar 1916 in verschiedenen Städten gehalten. Dornach 1965, GA 165, S. 101 ff.

6 Lebendiges Naturerkennen, intellektueller Sündenfall und spirituelle Sündenerhebung. 12 Vorträge, Januar 1923 in Dornach gehalten. Dornach 1966, GA 220, S. 146, 154.
Die menschliche Seele in ihrem Zusammenhang mit göttlich-geistigen Individualitäten. 11 Vorträge, April/Juli 1923 in verschiedenen Städten gehalten. Dornach 1966, GA 224, S. 110.

7 Soziales Verständnis aus geisteswissenschaftlicher Erkenntnis. 15 Vorträge Oktober/November 1919 in Dornach gehalten. Dornach 1972, GA 191, S. 153.

8 Der innere Aspekt des sozialen Rätsels. 10 Vorträge Februar/November 1919 in verschiedenen Städten gehalten. Dornach 1972, GA 193, S. 92; dazu auch: Geistige und soziale Wandlungen in der Menschheitsentwicklung. 18 Vorträge Januar/Februar 1920 in Dornach gehalten. Dornach 1966, GA 196, S. 92–96.

9 Wie erwirbt man sich Verständnis für die geistige Welt? Vorträge April/Mai 1914 in verschiedenen Städten gehalten. Dornach 1973, GA 154, S. 67.

10 Das christliche Mysterium. 31 Vorträge Februar 1906 / März 1907 in verschiedenen Städten gehalten. Dornach 1968, GA 97, S. 208.
Die Erkenntnis des Übersinnlichen in unserer Zeit. 13 öffentliche Vorträge Oktober 1906 / April 1907 in Berlin, 1. Dezember 1906 in Köln gehalten. Dornach 1959, GA 55, S. 186.

11 Das christliche Mysterium. Dornach 1968, GA 97, S. 223.

12 Grenzen der Naturerkenntnis. 8 Vorträge September/Oktober 1920 in Dornach gehalten. Dornach 1969, GA 322, S. 109.

13 Der Mensch im Lichte von Okkultismus, Theosophie und Philosophie. 10 Vorträge Juni 1912 in Kristiania gehalten. Dornach 1956, S. 129.

14 Dazu: Von Jesus zu Christus. 11 Vorträge Oktober 1911 in Karlsruhe gehalten. Dornach 1974, GA 131.

15 Joh. 6, 45; 14, 26; Jer. 31, 34.

16 Matth. 5, 39 f; Luk. 6, 27 f; Joh. 10, 11 f; 13, 34; 15, 12; Eph. 5, 2; Römer 12, 14–20.

17 Matth. 20, 25–28; 23, 11; Mark. 9, 35–37, 10, 42–45; Luk. 22, 25–27.

18 Matth. 25, 35–36.

19 »Der Individualismus in der Philosophie. Der Egoismus«: In: Rudolf Steiner: »Methodische Grundlagen der Anthroposophie«. Gesammelte Aufsätze 1884–1901. Dornach 1961, GA 30, S. 99–151.

20 M. Scaligero, La Tradizione Solare. Rom 1971, S. 17.

21 Zitiert in D. T. Suzuki, Zen – Lehre vom Nichtbewußtsein. München-Planegg 1957, S. 16, 21.

22 Siehe: Otto Palmer, Rudolf Steiner über seine »Philosophie der Freiheit«, Kap. »Von der christlichen Substanz«. Stuttgart 1966.

23 Das Karma des Materialismus. 9 Vorträge Juli/September 1917 in Berlin gehalten, VI. Vortrag. Zusammen mit »Menschliche und menschheitliche Entwicklungswahrheiten«, 8 Vorträge Mai/Juli 1917 in Berlin gehalten. Dornach 1964, GA 176, S. 315.

24 Die Schwelle der geistigen Welt. Erstes Kapitel. Dornach 1972, GA 17.

25 Ebenda. Nachwort zur Neuausgabe 1918, S. 95.

26 Der Tod als Lebenswandlung. 7 Vorträge, November 1917/Oktober 1918 in verschiedenen Städten gehalten. Dornach 1969, GA 182, S. 176.

27 Ebenda, S. 64.

28 Max Stirner: Der Einzige und sein Eigentum. 1845.

29 Der menschliche und der kosmische Gedanke. 4 Vorträge, Januar 1914 in Berlin gehalten. Dornach 1961, GA 151, IV. Vortrag.

30 M. Scaligero, a.a.O., S. 89.

31 Rudolf Steiner, Grundlinien einer Erkenntnistheorie der Goetheschen Weltanschauung, Kap.: Die menschliche Freiheit. Dornach 1960, GA 2; ferner: M. Scaligero, a.a.O., S. 89.

32 Wie kann die Menschheit den Christus wiederfinden? 8 Vorträge Dezember 1918 / Januar 1919 gehalten in Dornach und Basel, 6. Vortrag. Dornach 1968, GA 187, S. 136 f.

33 »Der Individualismus in der Philosophie«, a.a.O.

34 Anthroposophische Leitsätze. Der Erkenntnisweg der Anthroposophie. Das Michaelsmysterium 1924/25. Dornach 1976, GA 26.

35 Der Tod als Lebenswandlung, a.a.O. Dornach 1969, GA 182, S. 178–179.

36 Soziales Verständnis aus geisteswissenschaftlicher Erkenntnis. 15 Vorträge Okt. 1919 in Dornach gehalten. Dornach 1972, GA 191, S. 153.

37 Der innere Aspekt des sozialen Rätsels. 10 Vorträge, Februar/November 1919 in verschiedenen Städten gehalten. Dornach 1972, GA 193, S. 92.

38 Die tieferen Geheimnisse des Menschheitswerdens im Lichte der

Evangelien, 11 Vorträge Oktober/Dezember 1909 in verschiedenen Städten gehalten. Dornach 1966, GA 117, S. 71 f. (Stuttgart, 13. 11. 1909).

39 Naturbeobachtung, Mathematik, Wissenschaftliches Experiment und Erkenntnisergebnisse vom Gesichtspunkt der Anthroposophie. 8 Vorträge, März 1921 in Stuttgart gehalten, 1.–4. Vortrag. Dornach 1972, GA 324.

40 Rudolf Steiner: Die Philosophie der Freiheit, Grundzüge einer modernen Weltanschauung (1894), I. Wissenschaft der Freiheit, II. Die Wirklichkeit der Freiheit. Dornach 1973, GA 4.

Bücher von Georg Kühlewind

terbewußtsein und gibt dem Leser schließlich Empfehlungen und Ratschläge an die Hand, unter denen er die kranke Normalität in eine »gesunde und überbewußte Seelenverfassung« verwandeln kann.

Aus dem Inhalt: Sprechen und Denken. Die Verleugnung des Erkennens. Die Innenseite des Seelenlebens. Die Quelle der unbewußten Gewohnheiten. Die Egoität. Seelenhygienische Maßnahmen. Sprechen und Zuhören. Das Umgehen mit der Zeit. Selbstverwirklichung oder Selbsterkenntnis? Konzentrationsübungen. Meditation. Über die Freiheit des Menschen. Was vermag der freie Mensch?

Das Leben der Seele zwischen Überbewußtsein und Unterbewußtsein

Elemente einer spirituellen Psychologie.
92 Seiten, kart.
ISBN 3-7725-0050-1

Das Licht des Wortes

Welt, Sprache, Meditation.
204 Seiten, kart.
ISBN 3-7725-0794-8

Vom Normalen zum Gesunden

Wege zur Befreiung des erkrankten Bewußtseins.
248 Seiten, kart.
ISBN 3-7725-0171-0

Nach einer Bestandsaufnahme des »normalen« Bewußtseins beschreibt Kühlewind dessen Krankheitssymptome, analysiert deren Ursache im Un-

Bewußtseinsstufen

Meditationen über die Grenzen der Seele.
2. Auflage,
102 Seiten, kart.
ISBN 3-7725-0659-3

Die Diener des Logos

Der Mensch als Wort und Gespräche.
164 Seiten, kart.
ISBN 3-7725-0735-2

Das Gewahrwerden des Logos

Die Wissenschaft des Evangelisten Johannes.
165 Seiten, kart.
ISBN 3-7725-0705-0

Rudolf Steiner
Ausgewählte Werke

Herausgegeben von Kurt E. Becker
und Hans-Peter Schreiner

10 Bände in Kassette.
Die Bände sind auch einzeln lieferbar.

Fischer Taschenbuch Verlag

fi 430/1

Perspektiven der Anthroposophie

Frans Carlgren

Frans Carlgren, 1925 geboren, arbeitet als Lehrer an der Stockholmer »Kristofferschule« und am Rudolf-Steiner-Seminar in Järna. Er gilt als Kenner und Darsteller der Waldorfpädagogik. Seine Arbeiten zu verschiedenen anthroposophischen Themen haben in Schweden z. T. starke öffentliche Beachtung gefunden.

Erziehung zur Freiheit
Die Pädagogik Rudolf Steiners
Berichte aus der internationalen Waldorfschulbewegung
Band 5502
Kein Schultyp wird heute so häufig zitiert und diskutiert wie die Waldorfschule. In diesem Band wird ausführlich berichtet über die erste, seit 60 Jahren funktionierende Gesamtschule: Begründung durch Rudolf Steiner, pädagogische Grundlagen, Lehrplan, Selbstverwaltung der Schule, Praxisberichte vom Kindergarten bis zum Abitur, bildungspolitische Probleme der internationalen Waldorfschulbewegung.

Der anthroposophische Erkenntnisweg
Band 5543
Immer mehr Menschen fühlen heute ein Bedürfnis nach der inneren Ruhe und Seelenstärke, die durch Meditation erreicht werden können. Dieses Buch möchte Entscheidungshilfe bieten, um einen Übungsweg zu finden, der nicht nur die erwünschte Wirkung vermittelt, sondern auch dem modernen Menschen westlicher Zivilisation voll entspricht.

Fischer Taschenbuch Verlag

Perspektiven der Anthroposophie

Der anthroposophische Weg

Kurt E. Becker
Anthroposophie – Revolution von innen
Leitlinien im Denken Rudolf Steiners
Band 3336

Der Band zeigt Leitlinien im Denken Rudolf Steiners auf: daß Denken Handeln ist, ein Tun, das in einem wechselwirkenden Prozeß an der Wirklichkeit sich entfaltet, ein Werden, das dem Individuum in einer steten, sich und die Welt in jeweils gleichem Maße einbeziehenden Erfahrung die Einsicht in die Einheit des Universums vermittelt.

Rudolf Steiner:
Der anthroposophische Weg
Herausgegeben von Kurt E. Becker/Friedrich Hiebel/
Hans-Peter Schreiner
Band 5504

Das Buch beantwortet die Fragen: Was ist der Mensch? Woher kommt er? Wohin geht er? Was bedeutet »Karma«? Was »Reinkarnation«? Welche Position hat diese Sicht vom Menschen im abendländischen Denken?

Walter Abendroth
Rudolf Steiner und die heutige Welt
Ein Beitrag zur Diskussion um die menschliche Zukunft
Band 5513

»An Hand einer scharfen Analyse der modernen Massengesellschaft wird der Wert von Steiners Sicht des Menschen als ganzheitlichen Wesens hervorgehoben und als Ausweg der heutigen Situation erkannt.«
Hannoversche Allgemeine Zeitung

Fischer Taschenbuch Verlag

Perspektiven der Anthroposophie

Der anthroposophische Weg

Rudolf Steiner –
Praktizierte Anthroposophie
Beiträge für ein humaneres Leben
Herausgegeben von Kurt E. Becker
und Hans-Peter Schreiner
Band 5534

Daß Anthroposophie mehr ist als geistige Erbauung in esoterischen Zirkeln, daß sie eng mit der Lebenspraxis verbunden ist, macht ihre zunehmende Anziehungskraft auf so viele Menschen aus. »Praktizierte« Anthroposophie heißt deshalb heute nicht allein, übersinnliches Schauen zu erlernen, mit Steiners Geisteswissenschaft Eingang in höhere Welten zu finden, es heißt vor allem auch, anthroposophische Erkenntnis auf den Alltag zu übertragen.

»Die Anthroposophie will praktisch verstanden werden und nicht als das ›utopisch-mystische Schwärmen unpraktischer Leute‹.« *Rudolf Steiner, 1924*

Anthroposophie heute
Herausgegeben von Kurt E. Becker
und Hans-Peter Schreiner
Band 5535

Dieses Buch gibt Aufschluß darüber, welches heute die meßbaren Ergebnisse der Anthroposophie sind, es erörtert, was in der Zukunft möglich erscheint, und es beschäftigt sich mit der Frage, welche ganzheitliche »Alternative« die Anthroposophie dem Menschen von heute bietet.

Fischer Taschenbuch Verlag

Perspektiven der Anthroposophie

Friedrich Husemann
Vom Bild und Sinn des Todes
Geschichte, Physiologie und Psychologie des Todesproblems
Band 5510

Durch die anthroposophische Auffassung von Reinkarnation und Karma erfährt die Frage nach dem Sinn des Todes eine den Erkenntnisbedürfnissen des modernen Bewußtseins angemessene Beantwortung, durch die zugleich alte Menschheitsvorstellungen wieder nachvollziehbar werden.

Alfred Schütze
Das Rätsel des Bösen
Band 5511

Alfred Schütze schildert »das Böse« als ein ernst zu nehmendes Faktum, das sich mit moraltheologischen oder gesellschaftlich-sittlichen Normen nicht fassen läßt. Er zeichnet vielmehr eine Entwicklungsgeschichte des Bösen und seiner Erscheinungsformen, die mit der Geistesgeschichte der Menschheit eng verbunden ist. Auch die Frage nach dem »Wesen des Bösen« erfährt mit Hilfe anthroposophischer Erkenntnisse wesentliche Antworten, durch die schließlich auch »das Gute« in einem neuen Licht gesehen werden kann.

Rudolf Bubner
Evolution, Reinkarnation, Christentum
Band 5538

Der Gedanke an wiederholte Erdenleben stößt in christlichen Kreisen meist auf Ablehnung und Unverständnis. Solange Reinkarnation als Lehre verstanden wird, wird sie häufig als östliches Geistesgut abgetan.

Fischer Taschenbuch Verlag